COMPRENDRE ET PRATIQUER LE COACHING PERSONNEL

Odile Cluzel, Francis Colnot,
Florence Vitry

COMPRENDRE ET PRATIQUER LE COACHING PERSONNEL

Comment devenir un bon coach de vie

Préfaces de Michaël Pichat et Florence Lamy

4e édition

INTERÉDITIONS

Illustration de couverture : © fotolia.com

Création graphique de la couverture : Hokus Pokus Création

InterEditions est une marque de
Dunod Éditeur, 11, rue Paul Bert, 92240 Malakoff
ISBN : 978-2-7296-1934-3

Sommaire

Nouvelle préface

Le coaching personnel :
une pratique d'accompagnement, en plein essor,
pour développer les ressources du bénéficiaire, fabriquer du sens
et structurer son développement

Dans le contexte d'une époque en quête exacerbée d'un mieux-être personnel et relationnel comme d'une mise en sens accrue de nos activités quotidiennes, les attentes en matière d'accompagnement personnel sont fortes. Témoins de ces nouvelles formes d'expression sociale de ces besoins fondamentaux, diverses disciplines académiques et pratiques sont actuellement en pleine émergence.

La mouvance de la psychologie positive, par exemple, met en lumière le besoin, pour les pratiques d'accompagnement, de se décentrer des seuls dysfonctionnements et problématiques des individus pour mieux identifier ce qui fonctionne déjà chez eux, leurs compétences psychologiques ou relationnelles (ressources), afin de les comprendre et ainsi de les pérenniser et intensifier au service des finalités impliquées.

L'approche d'acceptation et d'engagement (ACT), quant à elle, met en avant la forte nécessité des individus accompagnés de clarifier ce qui est vraiment important pour eux, au fond, dans leur vie hic et nunc ; afin de mettre en œuvre, enfin, des actions engagées au service de la réalisation effective de ces « valeurs » ainsi identifiées.

Permettant « d'héberger » la mise en œuvre, auprès de la personne accompagnée, de ces divers nouveaux paradigmes théorico-pratiques de référence, le coaching personnel, tel que présenté dans cet ouvrage, est un solide cadre méthodologique au service des finalités propres du bénéficiaire. Cadre structurant d'autant plus important que les demandes actuelles d'accompagnement ne se cantonnent nullement au seul cadre spécifique de la psychothérapie : d'autres formes complémentaires de relation d'aide sont également maintenant demandées, bien légitimement, et deviennent ainsi nécessaires à acquérir pour les praticiens.

Le présent ouvrage permet de se doter d'un panorama opérationnel des principes, finalités et méthodes du coaching personnel. Il développe, avec structure et rigueur, le cadre spécifique du coaching de vie, l'identité et la posture du life coach, l'analyse de la demande puis son opérationnalisation, la contractualisation puis le démarrage de l'accompagnement, les méthodes, techniques et outils constitutifs de la pratique effective du life coaching.

Qu'il me soit ici permis de rendre hommage à Odile Cluzel, Francis Colnot et Florence Vitry pour cet ouvrage, résolument pédagogique, et d'autant plus précieux qu'il est le fruit d'une intense expérience professionnelle et qu'il constitue à ce jour une des rares publications de référence en matière de coaching personnel.

Michaël PICHAT
Maître de conférences des universités en psychologie
Directeur pédagogique de diplômes universitaires en coaching
Dirigeant du Cabinet Chrysippe, R&D en Sciences Humaines et Sociales (www.chrysippe.org)

Préface à la 4e édition

Florence Lamy

C'EST PEU DE DIRE que si ma route n'avait pas croisé celle de Odile, Francis et Florence, ma vie ne serait pas ce qu'elle est devenue aujourd'hui, tant leur transmission, leur influence sur ma pratique, leur position d'exigence vis-à-vis de la profession de Coach Personnel mais également de grande ouverture aux divers courants, a profondément enraciné mon être et ma destinée professionnelle[1].

Il fallait une certaine sécurité ontologique, comme on dit dans notre métier, alliée à une grande capacité prospective pour créer ce Desu de coaching personnel il y a plus de dix ans !

Souvenez-vous, à cette époque, le coaching était encore un phénomène étrange, venu d'ailleurs, qui bien souvent même pouvait effrayer ou faire sourire.

Odile, Francis, Florence ne nous ont jamais « envoûtés » ou « mystifiés », nous les étudiants d'alors. Avec eux, le coaching personnel, c'était avant tout une discipline, une forme d'ascèse et une théorie en émergence dont il fallait commencer par rassembler les « bases ».

---

1. Une ancienne du Desu coaching personnel 2005, aujourd'hui coach, superviseur et formatrice de coachs et co auteur d'ouvrages sur le coaching

Ils étaient stables sur leur socle commun et unis dans ce que depuis j'ai exploré avec délices, une certaine intelligence collective. Face à nous, les étudiants d'alors, nous avions une équipe soudée, une équipe qui allait gagner.

Nous avions grâce à eux, une conscience aiguisée par leur regard sur la profession, à la fois réaliste mais également critique sur les points nécessaires (par exemple le fait de ne pas se prendre pour des « psychothérapeutes », de ne pas jargonner inutilement, de ne pas conseiller...).

Et surtout, pour la rêveuse que je suis, le champ des possibles était ouvert. Grâce à une forme d'épure dans la pratique telle qu'ils nous l'ont transmise et dans l'impeccabilité de la posture qui était attendue, nous avons pu ciseler un coaching minimaliste, dont l'élégance peut se décliner dans bien des domaines. Cela, je l'ai découvert plus tard...

Avec le recul, je suis heureuse d'être entrée dans le monde du coaching par la porte ouverte par ces trois-là ! La porte de la simplicité et de l'humilité face à l'autre, dans une forme de curiosité anthropologique et bienveillante.

Le coaching personnel, et ce encore plus que le business coaching, nécessite cette qualité de questionnement, cet art d'ouvrir le regard de l'autre, de l'aider à décaler son point de vue pour sortir de la boîte. Intégrer le questionnement comme un art relationnel permet d'aborder de nombreuses perspectives et même parfois de sauter d'un niveau de sens à un autre. Et surtout, faire de cet art un des points centraux de sa pratique de coach (nous ne sommes pas uniquement dans l'écoute même si elle se doit d'être, elle aussi, de grande qualité), nous préserve de l'écueil majeur de tomber dans le conseil. Ce qui de mon point de vue serait une des plus grandes aberrations dans laquelle pourrait se fourvoyer le coach – et le coach personnel avec des conséquences encore plus dramatiques, parce que plus en lien avec l'être dans ses dimensions affectives. Quelle illusion ce serait alors d'emmener l'autre vers l'autonomie en le conseillant sur sa conduite...

Il me semble qu'accompagner les personnes dans leurs questionnements existentiels, que ce soit sur des niveaux très concrets ou relié au grand sens de la vie, est une des plus belles missions sur terre. Je ne remercierai jamais assez Odile, Francis et Florence de m'avoir transmis leur vision du coaching personnel, leur technique, leur art et leur science.

Et surtout, ce qui est remarquable, dans le respect de ma singularité et dans un regard très « coachy » sur mon potentiel d'alors. Car quand on a de la marche à faire, comme dit un vieux proverbe chinois, on a deux solutions, soit recouvrir la terre de cuir, soit se façonner des chaussures appropriées. En appliquant à ma vie les questionnements que mes professeurs m'avaient transmis, j'ai pu arpenter le monde, y faire ma place et à mon tour accompagner les uns et les autres dans leur chemin de vie. J'ai renoncé à recouvrir la terre de cuir et j'ai commencé à arpenter les sentiers avec mes chaussures, des chaussures que j'ai façonnées avec eux, à la coach !

Ce cercle vertueux continue encore de porter mon élan vital, je les entends souvent, comme trois esprits farceurs, murmurer à mon oreille « Qu'est-ce que tu veux ? À quoi sauras-tu que ce que tu veux est ce que tu veux ? Que fais-tu quand tu fais ce que tu fais ? Et ce premier petit pas, tu le feras quand ? »... Et bien d'autres choses encore.

Remerciements

Nous tenons à adresser nos remerciements à :

- nos étudiants des différentes sessions du DESU de coaching, qui ont su par leurs questions nous donner envie d'écrire ce livre et de continuer à le faire évoluer ;
- nos clients, qui nous ont fait confiance ;
- nos formateurs, qui ont su nous transmettre leur passion et leur amour du métier et nous encourager à développer notre propre pratique ;
- nos pairs, auxquels nous devons de riches heures de partage ;
- la direction et l'équipe de la formation permanente de l'université Paris-VIII, qui œuvre dans le sens de la reconnaissance de notre métier ;
- Pierre Angel, à l'origine des DESU de coaching à Paris-VIII, pour son enthousiasme et sa capacité à initier l'action ;
- Hélène de Castilla, notre éditrice, qui a cru en notre projet ;
- nos familles, pour leur soutien et leur patience.

Introduction

Oser réinventer sa vie

CET OUVRAGE VOUS LIVRE la 4e version de notre réflexion sur le coaching personnel. Du chemin a été parcouru depuis la 1re édition en 2008, puis ses réactualisations en 2011 et 2015.

À l'origine initiateurs d'un premier DESU de coaching personnel puis chargés de cours à l'université de Paris 8 sur un DESU élargi intitulé Pratiques du coaching[1], deux raisons nous avaient amenés au départ à la rédaction de cet ouvrage : les nombreuses questions et réflexions très riches soulevées par les étudiants tout au long de leur formation sur les aspects théoriques et pratiques de ce type spécifique de coaching d'une part, et l'absence majeure de publications sur le coaching personnel d'autre part. Tous trois, coachs professionnels de cadres dirigeants en entreprise depuis plusieurs années, nous nous étions très tôt intéressés aux applications de notre pratique auprès de clients individuels, de plus en plus nombreux, dont les demandes d'accompagnement visaient très précisément à l'élaboration et à la réalisation d'un projet personnel. Désireux de changement dans la conduite de leur vie, soucieux de franchir un cap qui les engagerait totalement, en accord avec leurs propres

1. Diplôme d'études supérieures universitaire (formation diplômante Bac +4)

aspirations et compétences, ils souhaitaient pouvoir « se poser », prendre du recul, faire des tris et décider librement de leurs choix. À la lumière de notre expérience professionnelle dans ce domaine, de nos recherches et échanges avec d'autres coachs de formation identique ou différente, de notre implication dans l'enseignement de notre pratique à Paris 8, nous avons pensé qu'il était aussi de notre rôle de rendre compte de notre métier dans ce présent ouvrage.

Ce diplôme, créé en 2005, a depuis fait son chemin. Proposant à ses débuts des ateliers pédagogiques et des conférences animés par des intervenants de premier plan, tels que Sylvie Angel, Irène Bouaziz, Roland Brunner, Lynne Burney, François Delivré, Olivier Devillard, Bernard Hévin, Jane Turner, François Klein, Françoise Kourilsky Vincent Lenhardt, Jean-Jacques Wittezaele, et bien d'autres, il s'est ensuite enrichi de nombreux apports théoriques et méthodologiques. Ainsi, à l'occasion des différents DESU, les stagiaires ont-ils pu bénéficier du panorama professionnel le plus complet possible et des enseignements les plus divers en matière de coaching.

Pourquoi une 4e version aujourd'hui ?

C'est d'abord pour continuer à répondre aux besoins exprimés par nos étudiants, qui, guidés par les différentes remises à jour de ce livre dans leur compréhension du coaching, ont contribué à nous donner envie de l'enrichir encore par leurs remarques et suggestions. De plus, l'univers du coaching s'est fait connaître peu à peu du grand public ce qui a contribué à donner une image plus concrète et positive du métier et a permis d'apaiser les débats autour de sa légitimité. Débats définitivement clos depuis la dernière remise à jour du présent ouvrage, comme nous le verrons plus loin. Cela a débouché sur une plus grande confiance et curiosité du public et il nous a semblé important de lui offrir une version réactualisée de ce que le coaching personnel peut lui apporter aujourd'hui.

« Le coaching personnel est-il un vrai métier ? ». Au début des années 2000, magazines en tous genres, journaux professionnels et grand public, reportages et émissions télévisées variés, tournaient et retournaient à plaisir la question dans tous les sens, menant vaillamment l'investigation, caméras cachées à l'appui, apportant des bouts de réponses souvent bien pauvres et sensationnalistes à la fois. Peu importait semblait-il, la formation et les compétences ! Tout individu n'était-il pas naturellement un Monsieur Jourdain du coaching en devenir ? Qui n'avait pas été le confident fiable et dévoué de quelques amis d'école, donc définitivement prédisposé à « être coach » ? Alors était-ce « vraiment » un métier à part entière ? Aujourd'hui, la réponse est acquise : oui, le coaching est un vrai métier, d'autant que nombre de formations y conduisant sont aujourd'hui reconnues par l'état, validées, homologuées par le titre RNCP (Répertoire National des Certifications Professionnelles). Cependant, l'existence du coaching personnel semble encore parfois controversée, notamment du fait des frontières souvent méconnues avec la thérapie. Aussi nous importe-t-il de continuer à affirmer l'existence de ce métier d'accompagnement du changement à travers le partage de nos idées et pratiques et peut-être aussi, de parvenir à dissiper certains a priori immérités. Ce métier requiert des compétences et capacités spécifiques, tant personnelles que professionnelles. Il ne s'improvise pas, mais s'élabore, se fortifie et se développe au fil de l'expérience, des années de pratique et d'apprentissage. Nous ne pensons pas qu'il existe une seule approche ou un modèle unique de coaching, au contraire, nous croyons à la richesse des échanges, au dynamisme des différences, à la mixité des écoles, à l'inventivité des divers praticiens, à condition de ne jamais perdre de vue ni le client ni sa demande. Sans surtout négliger la qualité de la relation qui nous unit à lui vers l'atteinte de son objectif professionnel et personnel. Non, notre métier n'est pas de l'ordre du conseil, pas plus qu'il ne relève de la formation ni de la thérapie. C'est pourquoi, s'agissant pour nous, dans ce présent ouvrage, de présenter nos réflexions sur notre pratique du coaching personnel, il nous semblait de première importance d'en cerner au mieux le cadre et les limites. De les partager ensuite avec nos collègues, nos étudiants, nos clients, toutes celles et ceux aussi qui ne sauraient aujourd'hui que penser du coaching en général et du coaching personnel en particulier.

S'agissant du sujet de cet ouvrage, nous préférons utiliser le terme de coaching personnel/de vie à celui de *life coaching*. Celui-ci à notre connaissance, correspond précisément dans la culture anglo saxonne à un type d'accompagnement individuel, recouvrant une gamme de demandes hétéroclites, parfois strictement du conseil au sens large, qui n'entre pas dans notre conception du métier de coach. Nous lui préférons la désignation française de coach personnel ou de vie, traduction certes littérale, mais mieux adaptée, selon nous – nous le verrons dans les chapitres successifs –, à notre pratique. Si nous soutenons, comme un certain nombre de nos confrères, qu'une personne ne peut être « découpée en rondelles » par celui qui l'accompagne, qu'il est préférable de l'aborder dans sa globalité plutôt que de façon analytique et segmentée, nous avançons qu'à ce titre le coaching personnel recouvre toutes les autres formes de coaching. Comme s'il les contenait toutes. D'où, l'urgence pour celui qui le pratique de veiller au cadre et aux limites de son intervention, de savoir entendre et respecter la demande de son client. En l'occurrence, dans le cadre du coaching personnel, l'action d'accompagnement de l'individu coaché procède toujours d'une demande individuelle, la sienne propre, visant à l'élaboration puis la mise en œuvre d'un projet personnel/de vie. Certes, l'expérience nous montre que cette demande spécifique est souvent exprimée au départ, lors de la première séance, sous forme d'une plainte liée à l'activité (ou absence d'activité) professionnelle. Cette porte d'entrée en la matière n'est pas pour surprendre, tant il est fort probable qu'un nombre grandissant d'individus éprouve bien des formes de mal-être sur leur lieu de travail[1]. Le coach, à l'écoute de son client, saura l'aider à faire le tri des différents éléments de sa demande, souvent confus et livrés en vrac, pour lui permettre de repérer ses véritables besoins. Parmi nos clients de coaching personnel, il n'est pas rare de rencontrer par exemple des étudiants qui, très engagés avec succès depuis plusieurs années dans un long cursus, se rendent compte tout à coup qu'ils se dirigent « droit dans le mur », c'est-à-dire vers un métier, un avenir qu'ils n'ont pas véritablement choisis ou sur lesquels ils se sont (ont été) trompés. Ils se sentent alors pris dans l'urgence de revisiter (ou visiter pour la première fois) leur propre système de valeurs, de faire le point sur leur parcours, de se poser les bonnes questions quant à leurs propres motivations, de manière à réorienter leur vie. Le coach sait que ce qui importe dans la relation de coaching, c'est de permettre à l'autre de faire quelque chose pour lui-même. À son client qui le supplie parfois de l'aider en le conseillant, le coach répond : « Ma façon de vous aider est

---

1. P. Angel, P. Amar, M.J. Gava, B. Vaudalon, *Mieux vivre en entreprise,* Dunod, Paris, 2e édition 2010.

de vous montrer que vous allez vous aider vous-même et que vous allez inventer quelque chose de bon pour vous. C'est cela que je peux faire pour vous». Il n'est évidemment pas rare qu'une personne venant nous voir n'ait jamais été écoutée en tant que telle. Elle l'a peut-être été par une multitude de gens qui lui voulaient sans doute du bien, qui la percevaient selon leurs propres critères ou idéologies, mais assez peu souvent dans l'idée de ne rien vouloir pour elle. Or, dans un coaching personnel, nous sommes dans le cadre d'une réorganisation, d'une réinvention de l'existence. Il importe bien sûr que le coach, respectueux de sa déontologie et de son client, sache repérer dans le discours et le comportement de l'autre les éventuels signes d'une symptomatologie relevant de la psychopathologie, et s'il y a lieu, de passer le relais à un professionnel plus compétent en la matière. Ce qui manque aujourd'hui en France, c'est la possibilité d'innover dans sa propre existence : là il y a quelque chose de très nouveau à investir qui n'est pas de l'ordre de l'entreprise ni de celui de la thérapie, puisque les gens ne sont pas malades. Simplement, le contexte de leur vie a changé, ils ne sont plus dans la dépendance d'une autorité familiale ou d'une institution (parents, écoles, etc) et ils souhaitent prendre leur vie en mains. C'est pour prendre le temps du recul, de la distance, de la réflexion sur des questions aussi cruciales pour eux que le choix des moyens à mettre en œuvre pour la réinvention de leur vie, qu'ils viennent nous voir.

Pour nous, le coaching personnel répond à toute demande d'accompagnement d'un individu, visant à l'atteinte d'un objectif personnel ou professionnel, dès lors que la démarche est indépendante de toute «prescription» extérieure. Ce qui compte ici, ce n'est pas la porte d'entrée, c'est-à-dire la thématique abordée, qu'elle soit d'ordre professionnel ou personnel, c'est bien davantage la nature de la démarche : individuelle et du seul ressort de la personne. En cela, le coaching personnel, tel que nous l'exposons ici, englobe à la fois l'accompagnement personnel et professionnel, par une prise en compte de l'individu dans sa globalité.

Un métier n'a de réalité que parce que la demande émerge et perdure. C'est le cas depuis plusieurs années. Il n'est plus rare aujourd'hui de voir venir dans nos cabinets des personnes souhaitant financer et faire aboutir un projet personnel. Cette réalité qui s'affirme aujourd'hui nous légitime dans notre conviction que le métier de coach personnel existe, que le coaching personnel est bien un accompagnement spécifique, celui d'aider un individu à élaborer et à mettre en œuvre un projet personnel, en tenant compte de ses différents domaines de vie. Certes la Société Française de Coaching (SF Coach) pose encore des limites au champ d'intervention du coaching en le définissant comme l'accompagnement des seuls besoins professionnels. Mais d'autres associations, telles que l'International Coaching Federation (ICF) et l'Association Européenne de Coaching (EMCC), quant à elles, reconnaissent et accueillent en leur sein des professionnels exerçant le coaching personnel. Cette pratique spécifique impose peu à peu sa vision holistique du coaching et nous voulons par ce livre en préciser les enjeux. Au fil des pages, nous souhaitons aussi proposer des pistes peut-être nouvelles aux coachs, quelle que soit leur pratique, afin qu'ils puissent réfléchir à leur positionnement non seulement dans le cadre de l'accompagnement de leurs clients, mais aussi plus largement dans celui de notre profession, dans toutes ses dimensions. C'est aussi pour satisfaire aux demandes renouvelées de nos étudiants en DESU de Coaching à l'université de Paris 8 que nous nous proposons de cerner plus finement les contours de ce métier à part entière, le coaching personnel.

Associés au sein du cabinet Atout Coach[1], nous avons suivi la même formation à notre métier après avoir exercé, chacun, des activités professionnelles différentes, dans le domaine de la gestion des ressources humaines, des médias, du secteur associatif et des collectivités territoriales. Depuis le début de notre activité professionnelle de coachs, mais aussi de formateurs en management, communication et relation humaine en entreprise, nous participons régulièrement en tant que stagiaires à différents modules de formation aux outils, modèles et techniques liés à notre métier. Par ailleurs, nous sommes membres d'associations professionnelles, lieux de rencontres et de mises à jour salutaires, selon nous. Nous participons également à la vie de groupes de pairs, d'échanges et de pratiques, sommes superviseurs accrédités ESQA (European Supervision Quality Award) dans le cadre de notre profession tout en étant nous-mêmes supervisés. Ce dernier point nous paraît essentiel quant à l'exercice du métier de coach, tout autant – pour le moins ! – qu'une solide

1. Site : www.atoutcoach.fr et blog Atout Coach : blog.atoutcoach.fr

formation professionnelle préalable et le respect d'une charte déontologique, dont le lecteur découvrira quelques exemples en annexe.

Quelques repères pour vous guider dans la lecture de ce livre.

Nous présentons d'abord les éléments qui ont présidé à l'émergence de ce métier, évoquons l'environnement du développement personnel, la place particulière occupée par le coaching de vie et les besoins auxquels il répond. Nous abordons ensuite les différences entre coaching en entreprise et coaching personnel afin de permettre une meilleure lisibilité des frontières entre ces deux aspects du métier de coach. Le chapitre intitulé « L'identité du coach personnel » donne des éléments plus concrets relatifs à la formation, la posture et la déontologie et présente, au travers d'exemples et d'outils, ce qu'est une démarche de projet de vie et comment la conduire. La dernière partie met en évidence les multiples raisons qu'ont nos clients de venir nous voir, ce qui contribue à faire exister à part entière cette profession passionnante tout en la distinguant très clairement d'autres professions comme la thérapie, le conseil et la formation. Enfin, plus particulièrement pour les coachs ou futurs professionnels attirés par ce métier, nous mettrons en évidence ses spécificités et les compétences qui en découlent.

Nous vous souhaitons une fructueuse lecture en espérant qu'elle sera aussi peut-être l'opportunité, pour les curieux, les sceptiques, de découvrir un métier sous un jour positif et complémentaire à d'autres approches.

1

COACH PERSONNEL : UN MÉTIER À PART ENTIÈRE

Le coaching personnel et/ou de vie, tel que nous le pratiquons et le présentons dans ce présent ouvrage, s'inscrit dans la longue histoire des sciences et des relations humaines et correspond aujourd'hui à une véritable demande des individus, soucieux en ce début de XXIe siècle de prendre leur vie en mains.

Il n'était pas étonnant que les professionnels du coaching – coaches personnels évidemment inclus – se posent jusqu'à récemment la question de la reconnaissance de leur pratique en tant que métier à part entière.

Dans ce chapitre, nous verrons en quoi, au fil du temps, ce métier émergent répond à des besoins très actuels des individus et comment le coaching personnel trouve naturellement sa place dans le champ de la relation d'aide, y compris dans le cadre de l'université. Et jusqu'à sa reconnaissance par l'état aujourd'hui.

EN QUOI EST-CE UN VRAI MÉTIER ?

Dans le passé – c'était hier –, les individus suivaient une voie professionnelle et personnelle tracée d'avance. Un fils de médecin, de cheminot, d'instituteur embrassait à son tour la carrière de son père. Les déterminismes sociaux étaient forts, par conséquent nul ne se posait ni pour soi ni pour l'autre dans la famille la question de l'avenir professionnel, voire de l'avenir tout court. Il y avait comme une surdétermination sociale de fait.

Depuis, les années 1960 environ, bien des transformations ont eu lieu. Des droits et devoirs nouveaux ont été institués au cours des dernières décennies, des débats de société ont permis des changements profonds dans les esprits et dans la loi, des bouleversements économiques, politiques, technologiques, sociologiques ont modifié les règles du jeu. Aujourd'hui, les individus veulent de plus en plus décider eux-mêmes de leur devenir en termes de projet de vie, et quitter le terrain balisé que d'autres souhaiteraient bien les voir occuper sous des prétextes souvent discutables.

Il n'est pas rare d'entendre, dans des milieux dits représentatifs de la réussite professionnelle et sociale, des parents s'inquiéter très sérieusement de la décision de leur enfant de ne pas suivre leur exemple, en l'occurrence *via* l'université ou une grande école. « Que va-t-il faire de sa vie ? », se désespèrent-ils face à la conjoncture économique, avant de s'apercevoir, l'information aidant, qu'il existe ailleurs et autrement des évolutions possibles, des choix différents. Il y a dorénavant une plus grande mobilité professionnelle ; il est fréquent, voire courant, qu'une personne change délibérément de cadre et d'activité professionnelle au cours de sa vie. Irène Bouaziz, psychiatre, superviseur de coaches et de psychothérapeutes formés aux interventions systémiques et stratégiques brèves, soutient « que les gens sont en construction d'un projet de vie de manière permanente. C'est le jour où ils rencontrent un problème, c'est-à-dire quelque chose qui les bloque dans leur démarche de développement, qu'ils vont voir un coach ou un thérapeute[1] ». Et elle ajoute : « Je trouve très important que se développe un coaching dit de vie parce qu'il offre l'occasion à la population d'aller traiter des problèmes humains sans porter l'étiquette de malade[2]. »

Si, en effet, des gens s'adressent à un coach plutôt qu'à un psychothérapeute ou à un psychanalyste, ce n'est franchement pas par hasard. Tout d'abord, nous pouvons raisonnablement émettre l'hypothèse que les personnes, dans leur grande majorité, se trompent rarement de porte, quand il s'agit pour elles d'aller mieux. Ensuite, il n'est pas inutile de rappeler que, dans le domaine de la résolution de problèmes humains, d'autres modèles ou méthodes que la psychanalyse, prépondérante jusqu'à la fin des années 1970, se sont développés.

---

1. Bouaziz I., Entretiens avec F. Colnot, mars 2007.
2. Bouaziz I., *ibid*.

Aujourd'hui, les coaches répondent à des demandes et des besoins spécifiques de leurs contemporains, sous réserve évidemment qu'ils exercent leur pratique eu égard à un cadre, une déontologie, des apprentissages préalables, et des compétences spécifiques.

Cette notion de cadre, délimitant au mieux le champ et les règles d'une pratique professionnelle, ici le coaching, en tant que métier de la relation d'aide, vaut également pour la psychothérapie et la psychanalyse.

Pour nous le coaching de vie/coaching personnel est l'accompagnement professionnalisé d'une personne dans l'élaboration, la mise en œuvre et l'évaluation de son projet de vie. Il tient compte de l'individu dans sa globalité et couvre tous les domaines de sa vie. Le cadre particulier de ce type d'intervention est bien différent de celui d'un coaching à thème (coaching de la voix, coaching sportif, etc.) en ceci que ce dernier « représente un mode d'accompagnement d'ordre technique qui se rapprocherait davantage d'une formation individuelle, de type "*training*" ».

Un coach de vie est un professionnel qui permet à l'autre de réfléchir sur la place qu'il occupe aujourd'hui dans les sphères sociale, culturelle, économique, qui l'invite à prendre du recul, de la hauteur, à se poser les bonnes questions sur le sens, l'opportunité, les risques éventuels d'un changement pour lui et son entourage.

Le coach aide son client à structurer sa démarche, à la rendre appropriée, à prendre contact en lui avec les ressources dont il a besoin, à trouver ses propres réponses. Il fait face à un réel désir de changer de vie, de contexte, de milieu socioculturel.

Oui, le coaching est un vrai métier inscrit au Répertoire National de la Certification Professionnelle, reconnu par l'état et référencé auprès de l'ANPE sous le code ROME K1103. Cette reconnaissance officielle sur l'ensemble du territoire national est aujourd'hui octroyée à nombre d'écoles de coaching, validant ainsi les compétences acquises au cours des formations, légitimant la qualité des diplômes adaptés au marché de l'emploi. De même que des formations au métier de psychothérapeute existent bel et bien, des formations professionnelles au coaching personnel, sportif ou en entreprise sont dispensées autant par l'Université que par des écoles privées en France et dans le monde, nous le verrons plus loin. Des professionnels exercent le métier de coach soit au sein de cabinets, soit en tant que travailleurs indépendants. Selon les sources de la SF Coach[1], en 2010, environ quatre mille professionnels déclaraient exercer une activité de coaching en France. La troisième enquête de l'international Coach Federation (ICF), publiée en 2017, menée auprès de coachs professionnels et de cadres/dirigeants appliquant les compétences en coaching dans le monde entier, indique le chiffre de 53300 coachs dans le monde, dont 10900 en France. C'est l'Europe de l'ouest qui en compte le plus grand nombre (35 %), talonnée par l'Amérique du Nord (33 %). Sur l'échelle des âges, il apparaît que le partage est équitable puisque 46 % des coachs ont moins de 50 ans et 54 % plus de 50 ans. Quant aux clients, 60 % d'entre eux ont moins de 45 ans. Cette enquête mondiale, la plus approfondie de l'ICF, porte sur 15380 réponses collectées dans 138 pays. Un grand nombre de coaches, dont nous faisons partie, se sont reconvertis à ce métier après une ou plusieurs activités professionnelles. À notre connaissance, il n'existe pas à ce jour d'études précises quant au nombre de professionnels exerçant le métier de coach personnel/de vie. Nous-mêmes exerçons à la fois dans le cadre de l'entreprise (coaching professionnel à la demande des organisations) et hors de l'entreprise (coaching professionnel individuel et coaching personnel). Notre expérience d'enseignants en coaching personnel dans le cadre de la formation permanente de l'université Paris-VIII, depuis plusieurs années, notre pratique croissante ainsi que nos échanges avec de nombreux confrères nous montrent que cette activité rencontre une demande croissante. Dans nos sociétés, nombre d'individus souhaitent se donner la possibilité d'élaborer et de méditer leur projet de réorganisation, de réinvention de leur existence avant de le confronter à ce qu'il est convenu d'appeler « la réalité ». Plus exactement, ils trouvent dans la relation duelle avec un professionnel formé à ce métier, la possibilité d'y réfléchir avec recul.

Les croyances, de surcroît lorsqu'elles nous limitent, ont la vie dure. Il fut un temps où l'idée même – le rêve – de voler dans les airs pour

1. Société française de coaching, « Baromètre du coaching en France », 2010.

un homme relevait de la folie. La conviction en l'impossibilité de voler pointait l'extrême dangerosité de ce désir et l'évocation de la fin tragique d'Icare accréditait évidemment cette thèse. Il a pourtant suffi que successivement des hommes, décidés à aller jusqu'au bout de leur rêve, inventent, sur la base des connaissances de l'époque, certaines machines et osent adopter de nouvelles façons de vivre, pour créer une nouvelle réalité. Dès lors, l'être humain a pu voler et, dans son sillage, une croyance solidement ancrée disparaissait. Certains psychothérapeutes, analystes notamment, émettent l'hypothèse que, de leur point de vue, un individu en questionnement profond sur l'élaboration de son projet de vie, exprime en cela « une faille » qui renvoie à la structure de son identité. Cette option nous paraît très discutable dans la plupart des cas. Selon nous, dans une large proportion, les individus sont « normalement névrosés ». Ne serait-il pas tout aussi court de considérer les hésitations, voire les échecs parfois successifs de nos contemporains quant à l'arrêt du tabac comme relevant d'une problématique identitaire ? N'importe quel médecin généraliste est qualifié pour aider ses patients à répondre à ce problème, chacun le sait bien.

Le coaching de vie, c'est l'accompagnement d'une personne désireuse d'élaborer la trajectoire qui lui permettra de trouver toute sa place dans le monde, c'est-à-dire de prendre en compte ses nombreux domaines de vie, les différentes dimensions de son être, en relation avec l'environnement.

La conception, la structuration, la mise en œuvre d'une trajectoire personnelle relève précisément du domaine du coaching de vie.

LE COACHING : UNE PRATIQUE ÉMERGENTE D'ACCOMPAGNEMENT

Depuis les années 1990, sont apparues en Europe, et notamment dans les entreprises, nombre de pratiques dites d'accompagnement, dont les appellations et finalités diverses ne manquent pas aujourd'hui de semer la confusion, voire la suspicion quant à leur pertinence d'une part et au degré de professionnalisation des dits « accompagnateurs » d'autre part. Pour le grand public, c'est-à-dire au fond chacun d'entre nous, pour les clients ou les prescripteurs potentiels, les apprenants, les praticiens en devenir ou les professionnels certifiés, cette prolifération donne à juste titre l'idée d'une nébuleuse protéiforme, inspirant davantage la défiance que l'envie, celle précisément d'y comprendre peut-être quelque chose dans un premier temps, et d'aller éventuellement y faire en tour ensuite en « toute connaissance de cause ». *Counseling, coaching, sponsoring, mentoring* (en anglais dans le texte) connaissent en effet une véritable montée en puissance, et « s'agglomèrent » à d'autres types d'accompagnements généralement validés et accessibles depuis longtemps tels que le conseil, le parrainage, le compagnonnage, etc. Toutes ces pratiques constituent souvent un ensemble opaque, tentaculaire, dont certaines composantes suspectes jettent encore davantage le trouble dans l'esprit du public. Ne serait-il pas intéressant, utile surtout, de nous poser la question des liens éventuels qui unissent ou séparent ces pratiques d'accompagnement, c'est-à-dire d'y mettre bon ordre dans un souci d'explication et de clarification ? Nous souhaitons, pour notre part, contribuer à cette réflexion.

Au démarrage, certains professionnels des sciences humaines et sociales, observateurs, voire acteurs parfois de cette nouvelle donne, exprimaient le point de vue que ce mouvement s'inscrivait dans l'air du temps, à la manière de n'importe quel phénomène de mode, de type gadget, dont il conviendrait de se méfier un tantinet. Pour d'autres, ce mouvement correspondait à un mouvement bien moins anecdotique, qui serait né dans les années 1960 et prendrait les allures d'une lame de fond. Mais aujourd'hui, après le recul d'une vingtaine d'années et une présence de plus en plus affirmée dans le paysage professionnel, le coaching n'entre plus dans la catégorie « à la mode ».

La montée en puissance de nouvelles pratiques d'accompagnement semble bien être en lien avec les multiples bouleversements sociologiques, techniques, technologiques qu'ont traversé nos sociétés « reconfigurées ».

Nos modes de vie, nos mœurs, nos systèmes de valeurs, de croyances, notre perception du présent et conception de l'avenir ne sont pas comparables à ceux qu'ils furent il y a seulement trente ans. Il est par conséquent légitime que les individus s'orientent vers des types d'accompagnement en rapport avec leurs besoins.

Pour Maeva Paul, chargée d'enseignement à l'université de Nantes, « l'accompagnement est contemporain du délitement du lien social mais, sur le terrain, il répond à deux types d'exigence : la préoccupation d'un public désaffilié, désorienté, censé être autonome ou capable de le devenir, et l'injonction de performance, d'excellence et d'efficacité toujours plus grande d'une classe dirigeante[1] ». S'agissant du coaching dit professionnel, en tant que type d'accompagnement de la personne ou des équipes en entreprise, il occupe une place non négligeable depuis près de quinze ans en France.

L'origine anglo-saxonne du terme de coaching *(coach)* ne séduit, reconnaissons-le, ni la grande majorité des professionnels français ni leurs clients. Remplacer ce mot par un synonyme « bien de chez nous » n'a donné aucun résultat satisfaisant à ce jour et il y a fort à parier que l'appellation demeurera inchangée longtemps encore. Un coach n'est ni un mentor, ni un entraîneur, ni un formateur, ni un tuteur, ni… Tous les mots existent ailleurs, recouvrant des champs d'intervention précis et spécifiques ; ils ne sauraient, par leur utilisation malencontreuse, qu'ajouter davantage à la confusion ! Par chance « le mot lui-même proviendrait du français "coche" que des experts font dériver du hongrois *kocsis* ou du tchèque *koczi*. Ce terme désignait une imposante voiture tirée par des chevaux et destinée au transport des voyageurs. L'homme préposé à la conduite du coche portait tout naturellement le nom de cocher[2] ». Voilà qui a le mérite et l'avantage, y compris sous l'égide d'une Europe élargie, de restituer à nos coaches français sinon la fierté du moins la consolation de se savoir aussi et peut-être, d'abord, à l'origine de leur métier, passé sous « licence » étrangère. Car c'est bien aux États-Unis d'Amérique que le mot s'est implanté au XXe siècle et a fait florès, notamment dans le domaine du sport, pour désigner l'entraîneur, le préparateur des équipes.

1. Paul Maeva, *L'accompagnement : une posture spécifique*, Paris, L'Harmattan, 2004, p. 7.

2. Lenhardt Vincent, « Introduction historique », in Angel Pierre (dir.), Amar Patrick, Devienne Émilie et Tencé Jacques, *Dictionnaire des coachings. Concepts, pratiques, outils, perspectives*, Paris, Dunod, 2007, p. 3.

Socrate au pays du coaching

Et si, en des temps très anciens, d'avant la découverte de l'imprimerie et des terres du bout du monde, d'avant même la naissance du Christ, il y avait dans l'histoire de l'humanité un homme de tout premier plan, une figure exemplaire pour mériter (l'accepterait-il, lui-même ?) le titre de père du coaching, ce serait Socrate, maître de la maïeutique, auteur du fameux « Connais-toi toi-même ». Difficile, sur le sujet qui nous intéresse, de revendiquer mieux, il faut bien l'avouer ! Comme le précise Thierry Chavel, coach de dirigeants : « À l'évidence, tout conduit à dater l'origine du coaching de la pensée de Socrate : l'accouchement des esprits, professée et pratiquée par le philosophe grec qui préférait la parole à l'écrit, inaugure cette pratique singulière du dialogue par questionnements et recadrages, voire du monologue assisté[1]. »

Au fil des siècles, de l'histoire des peuples, la pensée socratique originelle s'est adaptée, incarnée, exprimée de différentes manières, donnant naissance à maints philosophes, éminences grises, maîtres à penser, Pygmalion et Mentor, sans compter les poètes, visionnaires, éveilleurs de conscience. L'expression, « Jamais sans mon coach ! », passerait facilement aujourd'hui pour « top branchée » depuis que des vedettes de cinéma, des apprentis comédiens, des managers ou dirigeants d'entreprises, des sportifs de tout poil, font connaître leur besoin d'avoir à leurs côtés une personne capable de les accompagner personnellement et professionnellement. Et il est incontestable, à les entendre, que ces individus progressent ainsi. Mais quels sont véritablement la fonction, le rôle exact de ces accompagnateurs, dans ces différents registres ? Sont-ils des répétiteurs, des entraîneurs, des confesseurs, des guides spirituels, des amis, des conseillers, des nounous, des guides, des gourous... ? Tout cela dans n'importe quel ordre et en même temps ? Ou tour à tour en fonction de l'humeur, du temps, de la demande du client ? Quel type de relation précisément, contractualisée peut-être, ont-ils mis en place ? Dans quel cadre défini, par rapport à quelle demande et pour quel objectif ? Sont-ils des coaches, tels que les professionnels de cette pratique et les institu-

---

1. Chavel Thierry, « Un coach sans histoire ? Le passé d'une utopie » in SF Coach, *Le coaching, phénomène de société. De l'ère des pionniers à l'ère des professionnels*, Actes du colloque organisé à Paris en janvier 2005, Paris, Le Manuscrit-Université, 2006, p. 1.

tions officielles de coaching en France définissent leurs pairs ou tentent du moins de les reconnaître sur la base de critères identiques ? Ou bien le sont-ils devenus sans formation spécifique, à « la bonne franquette », parce que depuis l'enfance ils savent prêter une oreille attentive aux confidences de leurs amis ? Ont-ils « tâté » un peu d'un outil de développement personnel, participé à un stage supposé de « ressourcement intensif », lu quelques opuscules géniaux sur « Soi, le Soi et l'Alter Soi en 10 leçons », par exemple ? Ont-ils éventuellement occupé dans le passé, même récent, une fonction opérationnelle en entreprise, et décidé que désormais, « ils feraient coaches » ? D'ailleurs, à la télévision, nombre de reportages et d'émissions sur le coaching montrent, images, textes et témoignages à l'appui – c'est du vécu ! –, comment, en groupe, on peut gagner en estime de soi en se tenant la main, rien qu'en parlant aux elfes dans la forêt entre un chêne bio et un buisson néoardent. Chez soi, avec un client, faute de forêt, il suffit de faire « comme si » entre un yucca et une fougère. C'est juste une question de fluide… « L'introduction du coaching personnel a en quelque sorte ouvert la boîte de Pandore. Le mot "coaching" n'appartenant à personne, il est bien souvent utilisé par des spécialistes de la communication pour son impact sur l'imaginaire du public […] La démarche du coaching personnel est identique à celle du coaching professionnel, mais déplacée vers des problématiques privées : elle permet de mettre en phase les objectifs personnels et les aspirations fondamentales de l'individu[1] », préviennent Pierre Angel, psychiatre, et Michel Moral, psychologue clinicien et coach.

L'entreprise, c'est du sport

Nul doute que le coaching s'est fait largement connaître grâce au milieu sportif, où l'entraîneur a pour mission, non seulement de motiver son champion en développant chez lui la capacité de gérer ses énergies et son stress, de mobiliser les ressorts d'un effort méthodique régulier par le travail sur le corps, le mental, mais aussi de veiller à ce que l'athlète observe une hygiène de vie la plus équilibrée possible. Tout ceci dans le but évident de réaliser une performance.

1. Angel Pierre et Moral Michel, *Coaching, outils et pratiques*, Paris, Armand Colin, 3e ed. 2014.

Dans la foulée, pourrait-on dire, les dirigeants d'entreprise n'ont eu aucune peine à repérer que le monde des affaires – on ne peut plus compétitif – se jouait lui aussi en équipe ou individuellement sur des terrains somme toute comparables à des stades.

Et là, ils ont pensé, à juste titre d'ailleurs, que la concurrence, les enjeux, les tactiques et les stratégies poursuivaient, en termes de business, la même quête de dépassement de soi, de performance, de leadership. Une transplantation/intégration de coaches dans l'enceinte des entreprises leur permettrait de gagner eux aussi bien des championnats. « Principalement, les dirigeants de haut niveau ou ceux qui avaient une expérience transculturelle ou anglo-saxonne ont d'abord sollicité une aide. Puis, petit à petit, les niveaux inférieurs de la hiérarchie ont bénéficié des services du coaching, qui, à force de se développer, a fini par se sentir à l'étroit dans les murs de l'entreprise et a essaimé dans la sphère privée. Une importante clientèle de particuliers s'est ainsi créée aux États-Unis[1]. » Une demande de coaching personnel est apparue quelques années plus tard, notamment en France. À la différence du coaching d'entreprise, cette demande ne vise plus exclusivement la performance et l'excellence prescrite dans la sphère professionnelle. Elle s'attache surtout à la réalisation d'un projet personnel de vie, lequel n'exclut pas pour autant, bien au contraire, la dimension professionnelle, ni aucune autre du reste. C'est de cette demande de coaching personnel/de vie en France aujourd'hui et de son accompagnement par des professionnels qu'il sera question tout au long de cet ouvrage. Ne serait-il pas vain, voire inconséquent, en effet, de nier son émergence ? Encore une fois, nous souhaitons contribuer à ouvrir sur ce thème bien des pistes de réflexion et de riches débats.

L'individualisme triomphant

C'est à partir du XIXe siècle surtout qu'est apparue l'idée de l'autonomie de l'individu, mais c'est progressivement que celui-ci a pris une part de plus en plus active aux décisions et au fonctionnement

---

1. Lenhardt Vincent, « Introduction historique », in Angel Pierre (dir.), Amar Patrick, Devienne Émilie et Tencé Jacques, *Dictionnaire des coachings. Concepts, pratiques, outils, perspectives*, Paris, Dunod, 2007, p. 7.

de la société. Au cours de l'histoire récente, il a acquis des droits politiques, civils et sociaux, et s'est trouvé placé sous la protection d'une loi, valable pour tous, lui-même agissant directement ou indirectement sur la législation. Plus récemment, grâce à la psychanalyse et à la découverte de l'inconscient, l'individu est apparu en tant que sujet psychique. Plus récemment encore, selon Eugène Enriquez, psychosociologue, fondateur du CIRFIP[1], l'individu a été considéré comme « sujet de la culture [...] responsable totalement de son destin et de celui de ses collaborateurs (alors que son action s'inscrit toujours dans des normes et des contraintes sociales qu'il ne contrôle pas et sur lesquelles il est dépourvu de tout pouvoir)... Il est roi mais il est seul[2] ». Le voilà bientôt « précarisé » peut-être, mis au rencard, exclu, perdant l'estime de sa famille, de ses amis, de son employeur et, au final, suprême déchéance, son estime de soi. *Winner* (gagnant), il se devait d'être ; *looser* (perdant), il est devenu. Et ce n'est pas faute d'avoir entendu, assimilé, les injonctions de performance distillées depuis le berceau ; il a fait de son mieux, toujours plus, jusqu'aux confins du meilleur de lui-même, jusqu'à l'épuisement... mais en vain. Alors, pour ne pas à son tour devenir un « naufragé de la vie » (métaphore marine qu'affectionnent les terriens performants), à l'image de ceux qu'il croise avec horreur dans la rue ou voit en boucle à la télévision par périodes, pour échapper au gouffre qu'il sent se former sous ses pieds, il ressent le besoin de se faire aider. Heureusement, depuis les années 1910-1920, la psychologie, la psychanalyse, la sociologie et autres sciences humaines veillent au grain. Les recherches sur les comportements humains et la dynamique sociale « ont été concomitantes de l'émergence de cet individualisme totalisant. Elles ont été une aide puissante à l'émergence de l'individu roi (qui, ce n'est qu'un paradoxe apparent, peut être d'autant plus exploité et humilié) de même qu'elles ont été, à leur tour, aidées par son affirmation[3] ».

---

1. CIRFIP : Centre international de recherche, d'intervention et de formation en psychosociologie.
2. Enriquez Eugène, « Le coaching : symptôme de l'organisation », in SF Coach, *Le coaching, phénomène de société. De l'ère des pionniers à l'ère des professionnels*, Actes du colloque organisé à Paris en janvier 2005, Paris, Le Manuscrit-Université, 2006, p. 162.
3. Enriquez Eugène, *ibid.*, p. 164.

Dans la sphère professionnelle où il passe beaucoup de son temps et dans bien d'autres domaines de sa vie aussi, l'individu est «appelé» à affirmer son autonomie, à se sentir «bien dans sa peau», équilibré, disponible, talentueux.

On met à sa disposition des outils, des méthodes susceptibles de l'aider à accéder à une meilleure gestion de soi : gérer son temps, sa carrière, son stress, ses émotions, son expression orale, son image, etc. Sur catalogue, il choisit seul ou en accord avec son supérieur hiérarchique des stages de formation en management, communication, développement personnel auxquels il participe quelques jours par an, dans l'espoir ou sous la contrainte d'optimiser «ses potentiels».

Le credo de la performance

Afin de mieux cerner la demande spécifique de coaching personnel/de vie, qui n'entre pas précisément dans le contenu de celle prescrite par l'entreprise pour tel ou tel collaborateur, il est utile de nous arrêter un instant sur cette idéologie contemporaine de la performance. Elle est ni plus ni moins devenue le nouveau credo des «Temps modernes» à la Chaplin. Sur le ton de la plaisanterie approximative, disons qu'il s'agit de produire vite, mieux, de consommer davantage, de faire tourner les turbines à fond, de veiller à ce que le chômage n'augmente pas trop. Il est en outre «urgent de croire» que les emplois sous-rémunérés de remplacement et les stages sans fin, souvent mal rétribués, nous permettront de rester compétitifs dans cet «univers impitoyable de concurrence et de profits». Ne nous déclare-t-on pas assez dans les médias et ailleurs que les individus sont fatigués, de plus en plus stressés au travail, pressurisés, harcelés, précarisés ? que les rapports humains se détériorent ? que la Terre elle-même dépérit un peu plus chaque année ? que les jeunes se sentent délaissés face à l'avenir incertain et les seniors abandonnés dans un présent morose ? Reprenons notre souffle et notre calme surtout ! Écoutons le point de vue mi-amusé, mi-sérieux de Thierry Melchior : «Il faut affronter mais il faut aussi gagner. Il faut vaincre. Et puis continuer à gagner et à vaincre. Encore et encore. Être un battant, être un gagneur. Si l'on n'y arrive pas, on ne peut s'en prendre qu'à soi-même : c'est qu'on a mal géré les choses. Il faut y arriver. Pour quoi faire ? On ne se le demande plus. L'essentiel c'est que l'on s'y emploie, que l'on s'y affaire. *Business*, les affaires ; *busy*, occupé. Il faut s'occuper. S'occuper à faire des efforts et gagner. Peu importe au nom de quoi, peu importe dans quel but. Même "faire de l'argent" n'est plus vraiment un but : c'est le signe que l'on performe plutôt qu'un moyen de jouissance[1].» Selon lui, le culte de la performance est devenu le nouveau mot d'ordre des sociétés occidentales et se décline désormais sous le mode de l'injonction, culpabilisante de surcroît. Pour exister, il s'agit de *performer*, c'est-à-dire de se dépasser ou de se surpasser, de faire plus et mieux. Comme le souligne Benoît Heilbrunn, sémiologue et professeur de marketing à l'ESCP-EAP[2] : « Le culte de la performance illustre une société ayant érigé comme modèle identificatoire des figures telles que le sportif et le chef d'entreprise, et donc une société s'étant peu à peu convertie aux valeurs de la concurrence, de la compétition, de la conquête, bref à l'action[3].» L'individu ainsi *briefé*, formaté en somme, en viendrait à croire que s'il va mal, en décalage avec les mots d'ordre de l'idéologie de la performance en vigueur, c'est qu'il ne sait simplement pas gérer sa vie comme il conviendrait. Coupable bien sûr, puisque le système lui imposerait non seulement l'insécurité, mais aussi la charge de porter en prime la lourde responsabilité de son existence dans un univers précaire.

Il s'agirait donc pour l'individu, sans cesse évalué, de passer aussi une bonne partie du reste de son temps à s'autoévaluer, à se corriger.

La performance serait devenue la marque de fabrique de l'individu, elle le définirait dans un monde où lui-même serait devenu son propre modèle… L'entreprise fait-elle toujours figure de lieu de réussite, de

1. Melchior Thierry, « *Homo performans* », in Heilbrunn Benoît, *La performance, une nouvelle idéologie*, Paris, La découverte, coll. « Critique et enjeux », 2004, p. 75.

2. European School of Management, issue de la fusion de l'École supérieure de commerce de Paris et de l'École européenne des affaires.

3. Benoît Heilbrunn citant le sociologue Alain Ehrenberg, interviewé par Jacques Barraux et Marie-Annick Depagneu, « La face cachée de la performance », *Les Échos*, 14 janvier 2004, in Heilbrunn Benoît (dir.), *La performance, une nouvelle idéologie ?*, Paris, La découverte, coll. « Critique et enjeux », 2004, p. 7.

succès et d'accomplissement ? Elle est aujourd'hui confrontée à des crises, des restructurations, des délocalisations, des phénomènes de fusions et à une concurrence mondiale telle, qu'elle peut, à n'importe quel moment, signifier leur congé à ses salariés.

Cependant, si une société faisait l'impasse sur les hommes et les femmes dans l'entreprise, cela pourrait éventuellement fonctionner à court terme, mais pas dans la durée. « À force de presser le citron, d'épuiser les gens, de les jeter à 45 ans avec éventuellement l'opportunité d'une crise cardiaque fatale – ce qui réglerait tout –, on inventerait un monde sans avenir où l'humain serait obligé de vivre dans un système créateur de la richesse uniquement pour la richesse[1] », prévient Daniel Grosjean, coach et consultant en ressources humaines. Finalement, s'il s'agissait de demander à toutes les sociétés de tendre vers la rentabilité la plus élevée possible des capitaux investis, celles-ci ne pourraient pas perdurer, car elles sacrifieraient l'être pour lequel elles créent précisément de la richesse. Ce serait absurde ! Puisque nous construisons le monde, que nous participons à cette construction, autant le bâtir meilleur. « Nous sommes dans un univers où tout le monde est en relation avec tout le monde et, ce qui est dramatique, ce n'est pas la création de plus de richesse, mais la façon injuste, scandaleuse dont nous la répartissons », souligne Daniel Grosjean[2].

La réalisation de soi

D'un côté, le *credo* de la performance dans le monde industriel occidental contemporain produit, au nom de la compétitivité et de la concurrence, des phénomènes de stress souvent destructeurs et un nombre croissant de « pathologies de la surchauffe ». Les délocalisations, fusions, restructurations ont des conséquences dramatiques pour des employés Kleenex tout à coup brisés, éjectés du système sans sommation. D'un autre côté, l'effondrement d'institutions puissantes, telles que les syndicats, la famille, l'Église ou l'État, entraîne la disparition de repères auxquels chacun pouvait se référer. Aujourd'hui, dans l'enseignement des élites managériales, l'éducation est essentiellement technico-bureaucratique. Le

1. Grosjean Daniel, Entretiens avec F. Colnot, Paris, mars 2007.
2. Grosjean Daniel, *ibid.*

développement personnel y est quasiment absent. Et dans un monde en perpétuel changement, des thèmes tels que le développement durable, la citoyenneté dans l'entreprise ou encore le sauvetage écologique de la planète sont d'une extrême actualité. Face à ces mouvements, le dirigeant d'entreprise en particulier est amené à reconsidérer les conditions de développement tant professionnel que personnel de ses collaborateurs en vue d'une plus grande flexibilité, d'une amélioration du leadership et de la communication interpersonnelle. À la clef, le défi d'une plus grande capacité de production. L'idéologie de la réalisation de soi au service de celle de la performance ? Dans l'idéal peut-être, mais à condition que dirigeants, collaborateurs et subordonnés s'entendent sur le sens qu'ils donnent ensemble à ces mots, en termes de résultats attendus. Qui mesurera le degré suffisant de réalisation de l'individu et la qualité de la performance ? À partir de quels critères ou indicateurs ? Il s'agira surtout de ne pas oublier de nommer la contrainte induite de manière à ce que chacun sache à quoi s'en tenir à son sujet. Que se passera-t-il si les résultats de la performance ne sont pas bons ?

Dans l'idéologie de la réalisation de soi, il s'agit de permettre à l'individu de développer un ou des potentiels pour les mettre en symbiose avec les objectifs de rentabilité de l'entreprise.

Comme si une bonne gestion de soi (de quoi s'agit-il exactement ?) conduisait *ipso facto* à la réussite de l'entreprise comme de l'individu.

Dans son ouvrage, *L'élément humain*, Will Schutz décrit bien cette aspiration à la réalisation de soi : « La valeur fondamentale réside dans l'accomplissement de soi, le mien et celui d'autrui. En fait, ce que je peux faire de mieux pour autrui, c'est l'aider à se réaliser pleinement [...]. Le modèle de l'élément humain présente une théorie et une méthode éprouvées, destinées à vous aider à mieux vous connaître, à mieux vous accepter, à avoir une plus grande estime de vous-même, et, de ce fait, à pouvoir réaliser pleinement votre potentiel humain à la fois comme individu et comme membre du groupe [...]. En fonction du degré d'atteinte de ces objectifs, les équipes sont plus efficaces, les organisations plus productives, les individus plus accomplis[1]... » Cette méthode

1. Shutz Will, *L'élément humain. Comprendre le lien entre estime de soi, confiance et performance*, Paris, InterEditions, 2006.

a connu et remporte toujours un énorme succès dans les entreprises et dans le monde entier. Si cependant l'idéologie positive de la réalisation de soi-même, les diverses boîtes à outils mises à disposition des individus, les stages multiples et variés de développement personnel suffisaient à résoudre, à eux seuls, les innombrables problèmes humains, professionnels et personnels, vécus en entreprise, cela se saurait. Nous savons que la pratique du coaching en entreprise est relativement bien accueillie par un nombre croissant de dirigeants et de managers. Elle soulève encore bien des interrogations et des critiques tous azimuts. Le coaching personnel/de vie a suscité et suscite encore une flopée de réactions diverses, des plus violentes aux plus sceptiques, des plus consternées aux plus enthousiastes.

Comme l'observait Odile Priou, sociologue, « le coaching [...] souffre d'une hiérarchie morale établie en France, à la différence d'autres pays. En effet, pour ne citer qu'eux, il existe aux États-Unis une tradition pragmatique et d'action sociale qui change radicalement le rapport entre le savoir et l'action[1] ». Le coaching, vu de France, s'apparenterait finalement à une activité commerciale, dont la pratique, sous couvert de développement professionnel et personnel, consisterait à vendre (très cher) un produit ou plusieurs, au choix.

L'atteinte de l'autonomie

La recherche de l'autonomie s'est particulièrement accrue après le deuxième conflit mondial. Aujourd'hui, elle se caractérise chez l'individu par une très forte aspiration à prendre soin de soi, par un désir clairement revendiqué d'accéder au « bien-être », au bonheur, chacun se réservant le droit et/ou la liberté de décider du sens que recouvrent ces aspirations et des moyens à mettre en œuvre pour les atteindre. Parallèlement, la vie sociale traverse constamment des difficultés, pour n'en citer qu'une à titre d'exemple, la crise de confiance des cadres en entreprise au début des années 1990. Au-delà même de la recherche de l'autonomie, il est désormais largement question d'un ample mouvement d'individualisation qui se caractérise par l'attention très vive portée à la psychologie de

1. Priou Odile, « Risques et scénarios d'avenir du coaching en France », in SF Coach, *Le coaching, phénomène de société. De l'ère des pionniers à l'ère des professionnels,* Actes du colloque organisé à Paris en janvier 2005, Paris, Le Manuscrit-Université, 2006, p. 57.

la personne, mais aussi à son corps, à l'expression de ses désirs et, en fin de compte, à sa réalisation, en tant qu'accomplissement personnel. Est-ce un hasard si se développent, se popularisent tout à coup des pratiques sportives individuelles, telles que le *snow-board*, le *free style*, la planche à voile, le *kitesurf*, le surf des mers ou des neiges, le saut à l'élastique, le deltaplane, l'ULM, le jogging ? Nous n'avons jamais autant vu depuis quelques années dans nos villes, y compris le long des périphériques et autres rocades, un si grand nombre d'individus « s'éclater à fond » à petites foulées, se dépenser sans compter pour le développement, l'épanouissement, le réveil de leur corps, mais aussi se mettre à fréquenter régulièrement salons de massages, de relaxation, de détente, de beauté, où ils bénéficient de soins personnalisés. Jamais le yoga, le stretching, la méditation, les séminaires de ressourcement en tout genre n'ont connu une telle vogue que depuis une quinzaine d'années. Notre société s'est transformée en une société à choix multiples. Elle compte un nombre considérable, voire incalculable, de techniques de développement personnel, de types de psychothérapies, de formules de voyages à la carte, de programmes audiovisuels variés.

Radios, télévisions et Internet proposent de *podcaster*, de télécharger gratuitement et à l'envie diverses émissions directement sur ordinateur ou sur écran de téléphone mobile multifonctions, *via* le câble ou le satellite.

Nous sommes entrés – ne nous l'a-t-on pas suffisamment répété ? – dans l'ère des autoroutes de la communication, des forums de discussions en temps réel et des chats tous azimuts d'un bout à l'autre du « village mondial »... Et cette profusion de choix a provoqué naturellement un désintérêt, voire un refus des appartenances considérées alors comme trop rigides, confinées, étouffantes, jusqu'à engendrer la contestation du groupe, du collectif, en tant qu'espace restreint et partial. S'il est vrai que la montée de l'individualisme comporte une dimension narcissique, dans laquelle s'inscrivent le repli sur soi, la consommation hédoniste, la peur sociale, l'absence de projet et d'esprit d'équipe, pour ne citer que quelques-unes de ses manifestations, elle a aussi permis l'émergence de l'autonomie, « à la fois contradictoire et complémentaire de l'individualisme narcissique[1] ». Pour Dominique Tissier, ingénieur civil des Mines, diplômé en psychologie,

1. Tissier Dominique, *Management Situationnel*, Paris, INSEP CONSULTING Éditions, 2001, p. 24.

ce qui caractérise l'autonomie, c'est l'opportunité qu'elle offre à l'individu de mieux se connaître à travers l'action, la réflexion, la possibilité qu'elle lui donne de rechercher et de choisir des projets « d'investissement » qui lui permettent de se développer et la chance qu'elle lui accorde de s'ouvrir aux autres, à ceux que l'individu a choisi : amis, famille, partenaires de loisirs ou d'association. « C'est la France des réseaux et des solidarités, faite d'individus qui veulent "faire" et avoir du pouvoir sur leurs propres actes. On y découvre que l'ordinateur personnel est une occasion d'échanger des idées et de créer des liens, que les placements financiers peuvent se réaliser en groupe, que le sport est un lieu de rencontres et d'échanges, que la culture peut se construire à travers des associations et des groupes multiples, que l'aide sociale est possible (voir par exemple les restaurants du Cœur ou les disques, les émissions télévisées en faveur de telle maladie ou de tel drame mondial...) et activement recherchée (la France est leader mondial de l'aide au tiers-monde, avec plus de 60 % des interventions[1]). »

Au milieu du XXe siècle, comme nous l'avons vu, le monde s'est mis à changer rapidement et un « phénomène de mutation anthropologique[2] » s'est amorcé. « Le mouvement d'émancipation des femmes, le mouvement des jeunes, de la musique jeune, le début de l'explosion des divorces. Tous les indicateurs de la famille se mettent à bouger dans les années 1960 et un fil d'Ariane relie tous ces changements : l'individu sujet apparaît à l'avant-scène de sa propre existence[3] », note le sociologue Jean-Claude Kaufmann. À partir de ce moment de l'histoire, l'individu a la possibilité de décider pour lui-même. Le modèle traditionnel a vécu.

Il n'est plus question aujourd'hui de se conformer à des rôles définis depuis longtemps à l'intérieur de cadres précis, voire rigides, mais au contraire de se donner la liberté de choisir.

1. Tissier Dominique, *op. cit.*
2. Kaufmann Jean-Claude, « Le paradoxe du coaching », in SF Coach, *Le coaching, phénomène de société. De l'ère des pionniers à l'ère des professionnels*, Actes du colloque organisé à Paris en janvier 2005, Paris, Le Manuscrit-Université, 2006, p. 204.
3. Kaufmann Jean-Claude, *ibid.*, p. 208.

« Autrefois, il y avait un cadre moral et, de plus, chacun surveillait l'autre pour que ce cadre collectif moral soit respecté par tous [...] Aujourd'hui, quand je pose des questions sur ce qui touche à la vie privée et personnelle, je demande : "Est-ce que c'est bien ou est-ce que c'est mal ?" La réponse est toujours la même : "Chacun fait ce qu'il veut[1] !" », souligne plus loin Jean-Claude Kaufmann. Poursuivant son idée, il précise cependant que ce « Chacun fait ce qu'il lui plaît » (titre d'une chanson à succès des années 1980) n'est surtout pas à prendre au pied de la lettre, car une société a besoin de normes pour fonctionner. Et il ajoute : « Le rêve de tout le monde, c'est bien sûr d'être soi, mais pas seul[2]. » Or, dans ce monde en mouvement, l'individu en arrive à douter de lui-même, sous le regard de l'autre. Il en éprouve alors de l'angoisse, celle notamment de ne pas être à la hauteur des attentes d'autrui et de la société plus largement. Dans ce contexte, la construction de soi n'est pas une mince affaire... et surtout pas affaire de soi seulement. Elle demeure tout au long de la vie de l'individu une question essentielle. Actuellement, plus que jamais, elle concerne aussi une population de cinquantenaires et plus qui, lors du passage à la retraite, restent résolument actifs dans le présent, pleins de projets dans l'avenir. Pour ce public bien sûr, le coaching apparaît aussi comme un moyen de franchir une nouvelle étape ouverte vers d'autres réalisations. S'agissant de ce type d'accompagnement, Jean-Paul Kaufmann ajoute : « Je ne parle pas seulement du coaching en entreprise, même si c'est là que la demande formulée est la plus forte [...] Il y a une demande gigantesque et grandissante de soutien et d'expertise[3]. » Et, à juste titre, il prévient : « Les coaches sont aussi des personnes, des individus concrets, qui ont les mêmes besoins que tout le monde de reconnaissance. Il y a le risque de la toute-puissance, du dérapage éventuel, qu'il me semble essentiel d'avoir à l'esprit. C'est sans doute une des questions qui se posera dans les prochaines années et à laquelle il ne sera pas facile de répondre[4]. »

« Les coaches issus du monde des organisations viennent des administrations, des entreprises, du conseil, de la formation. Ils ont été managers,

1. Kaufmann Jean-Claude, *ibid.*, p. 209.
2. Kaufmann Jean-Claude, *ibid.*, p. 212.
3. Kaufmann Jean-Claude, *ibid.*, p. 216.
4. Kaufmann Jean-Claude, *ibid.*, p. 217.

responsables de la communication… Ils ont acquis des diplômes ou des qualifications dans des écoles de commerce, de gestion, d'ingénieur… Les coaches issus du monde de la profession du soin ou du savoir sont psychologues, psychanalystes, psychothérapeutes, médecins, orthophonistes[1].» Les coaches sont aussi d'anciens consultants, formateurs extérieurs dans des entreprises de conseil. Ce sont enfin des hommes de l'université, des experts du conseil ou de la recherche. Ces groupes, se réclamant chacun d'une légitimité et/ou d'un pouvoir organisationnel et managérial pour les uns, de la tradition disciplinaire pour les autres, sont tentés d'accuser l'autre de «fausse prétention». Dans le cadre du premier colloque national de la Société française du coaching, François Délivré animait un atelier qui s'intitulait précisément «Légitimité du coach, légitimité du coaching». Dans son intervention, il développait l'idée fort juste que la légitimité donnée au coaching «n'existe pas au niveau officiel puisque les pouvoirs publics ne reconnaissent pas pour l'instant le coaching, que ce soit pour le permettre ou pour en limiter les abus[2]».

Et il ajoutait: «Cette absence de reconnaissance n'est pas surprenante: tous les nouveaux métiers ont commencé de cette façon et n'ont reçu d'onction officielle que lorsque la "profession" s'est sentie suffisamment forte pour se faire reconnaître par les pouvoirs publics.»

S'agissant à l'époque de la légitimité attribuée (ou non) au coaching, il mentionnait la part des médias du simple fait «qu'ils en parlent», et soulignait la valorisation apportée à la profession par celles et ceux, nombreux, qui se forment au coaching – c'est donc que ce métier existe! –, précisant qu'«à l'inverse, certains autres sous-ensembles sociaux sont beaucoup plus dubitatifs, voir critiques. Ainsi en va-t-il d'une partie des psychologues, thérapeutes ou psychiatres, ou encore de certains dirigeants qui continuent à dire que le coaching est inutile[3]».

---

1. Priou Odile «Risques et scénarios d'avenir du coaching en France» in SF Coach, *Le coaching, phénomène de société. De l'ère des pionniers à l'ère des professionnels*, Actes du colloque organisé à Paris en janvier 2005, Paris, Le Manuscrit-Université, 2006, p. 61.
2. Delivré François, «Légitimité du coach, légitimité du coaching», in SF Coach, *Le coaching, phénomène de société. De l'ère des pionniers à l'ère des professionnels*, textes ateliers, Paris, 2005, p. 58
3. Delivré François, *ibid.*, p. 58.

Voilà aujourd'hui le débat clos, puisque, comme nous l'avons vu, le métier de coach est enfin reconnu par l'état, légitimé par le titre RNCP, reconnu depuis juin 2018 dans le répertoire ROME (K1103 : développement personnel et bien-être de la personne) et par le code APE 8690F de « coach en développement personnel ».

Coach personnel : un métier d'avenir

L'individualisation, au sens de construction de soi en tant qu'être original, inventif, est sans aucun doute à la source de toute demande de coaching de vie. L'émergence puis le développement de la mondialisation, l'effondrement des idéologies ont indiscutablement changé les règles du jeu. Si aujourd'hui individualité rime avec développement de soi, celle-ci ne peut se faire que dans la relation à l'autre, c'est-à-dire dans l'échange. Non, l'esprit collectif n'a pas disparu, il n'y a qu'à voir les énormes sommes d'argent collectées pour les grandes causes humanitaires, par exemple. Individualité rime aussi avec solidarité.

> Oui, le coaching de vie est une pratique en plein essor, car il permet à la personne d'identifier sa vocation intime, celle qui lui procure du plaisir ; de structurer, étape après étape, la trajectoire susceptible de la conduire vers l'expression la plus intense de cette vocation et de trouver l'environnement qui va l'accueillir.

« La règle de la réalisation de soi, c'est d'être couronné, non pas par soi-même, mais par l'environnement qui dit : je te reconnais dans ton talent[1] », précise Daniel Grosjean. Le besoin d'être accompagné va se développer à différents niveaux de la société, dans tous les milieux socioculturels, chez des individus d'origine et d'âge divers. Il suffit de constater à quel point le système éducatif dans lequel nous avons été élevés et qui existe toujours n'est pas adapté au fonctionnement de la société moderne. L'école favorise les mathématiques et, parallèlement, laisse

1. Grosjean Daniel, Entretiens avec Francis Colnot, Paris, mars 2007.

croire aux enfants que le monde est stable, répétitif et déterminé. Dans ce système, le bon élève est le matheux, c'est-à-dire celui qui est capable de trouver une solution à un problème mathématique, étant entendu que le même problème génère les mêmes solutions. On lui apprend le constant et le prévisible. Pour « être considéré capable », il faut être bon en maths, nous a-t-on répété… et continue-t-on à dire. Au mieux, l'excellent élève « fera » une grande école avec cette croyance ancrée au plus profond de lui et, à la fin de ses brillantes études, il entrera dans un monde instable, imprévisible et indéterminé. À l'inverse de ce qu'on lui a appris. Sacré décalage ! Il n'est donc pas rare que ces bons élèves figurent au nombre de nos clients. L'idéal serait d'aller à l'école toute sa vie, mais dans un système éducatif en prise directe avec le monde et où il serait question, non seulement d'apprendre, mais aussi de désapprendre, de réapprendre et… d'apprendre à apprendre. On n'aurait alors pas besoin de coaching. Or, qu'est-ce qu'un coach sinon quelqu'un qui prend aussi le relais de l'éducation à un moment donné pour permettre une prise de recul, un tri ? Le coaching de vie est centré sur le « cœur de la vocation » de la personne, sur son épanouissement. Il est probable que la demande s'amplifie avec l'évolution de nos sociétés, et que les individus souhaiteront l'investir à leur manière. Le coaching pourra alors se situer définitivement comme plaque tournante d'une réinsertion ou d'un recommencement. Tout comme le coaching en entreprise, le coaching de vie devra lui-même se structurer toujours davantage, protéger sa pratique, son cadre d'intervention. Le coach de vie demeurera alors celui qui accompagne l'autre avec humanité et humilité, loin de la toute-puissance, de cette illusion de croire que l'on peut tout faire, voire n'importe quoi avec n'importe qui.

Le coaching à l'université

L'émergence des pratiques d'accompagnement correspond à une époque où apparaît dans les sociétés occidentales un besoin grandissant d'épanouissement personnel. Dans les années 1960, « des universités américaines ont commencé à ouvrir leurs portes le week-end ou en soirée à un nouveau type d'étudiants. Il s'agissait d'individus qui exerçaient une activité professionnelle durant la semaine, qui souhaitaient pouvoir en changer, diplôme reconnu en poche, étant entendu que la plupart d'entre eux n'avaient jamais fréquenté l'enseignement supérieur », indique Teresa Garcia, psychothérapeute, cofondatrice de l'Institut Gregory Bateson de Liège. Un peu plus tard en France, la validation des acquis professionnels (VAP) et des acquis de l'expérience (VAE) a joué un rôle majeur dans l'accès à l'université jusqu'alors réservé aux seuls diplômés du baccalauréat. Dans la continuité, sont apparues des formations universitaires diplômantes de coaching.

L'université et de grandes écoles portent de l'intérêt à ce métier à ceux qui l'exercent, au point d'inscrire ce type de formation dans leurs programmes.

En effet, de plus en plus d'universités et de grandes écoles[1] intègrent des modules ou délivrent des diplômes de coaching à l'issue d'une année de formation en moyenne et après soutenance d'un mémoire. Le DESU de coaching personnel, unique en France, que nous avons coordonné à Paris-VIII de 2004 à 2007 a, depuis, été intégré dans un DESU intitulé « Pratiques du coaching » pour mettre l'accent sur la pluralité des approches. Ce DESU réunit des personnes issues de l'entreprise – managers, DRH, responsables –, des médecins, des infirmières, des travailleurs sociaux, des enseignants, des psychothérapeutes, des artistes, des demandeurs d'emploi, tout une population variée et riche d'expériences, de parcours divers. Il s'agit là d'une initiation au coaching, c'est-à-dire aux premières étapes de l'apprentissage d'un métier. L'objectif de ces nouveaux étudiants n'est d'ailleurs pas de devenir des professionnels du coaching pour la plupart. Ils souhaitent avant tout acquérir un diplôme universitaire, une reconnaissance institutionnelle sanctionnant l'apprentissage de certaines techniques et connaissances propres à la pratique du coaching mais également utilisables, opérationnelles dans l'exercice de leur métier d'origine ou futur. Ces programmes universitaires diplômants ne sont-ils pas le signe tangible d'une légitimité accordée à la profession de coach ? Teresa Garcia précise : « Pour moi, il est très clair que cette ouverture de

1. Voir liste des universités en fin d'ouvrage.

l'université m'a permis, dans mon cadre professionnel de thérapeute et pour des demandes spécifiques, de rencontrer – ce qui était tout à fait nouveau – des enseignants qui s'apprêtaient à devenir architectes[1].» Il est maintenant fréquent que des personnes de ce type, changeant de trajectoire tant professionnelle que personnelle, prennent le temps de se poser des questions sur la légitimité de leur désir de changement, éprouvant le besoin d'y voir plus clair dans l'élaboration de leur projet avec l'aide un coach, non pas d'un thérapeute, puisque ces individus vont globalement plutôt bien.

Évolution de la notion de coaching personnel

- Le coaching personnel est l'accompagnement d'une personne visant à l'élaboration puis à la mise en œuvre de son projet personnel, en tenant compte de ses différents domaines de vie.
- Il n'existe pas à ce jour d'études sur le nombre de coachs personnel en France.
- La notion d'autonomie de l'individu est apparue au XIXe siècle. C'est après le deuxième conflit mondial que s'est accrue la recherche de l'autonomie : aspiration à prendre soin de soi, désir d'accéder au « bonheur » grâce au développement personnel.
- Le coaching, d'abord issu de l'univers sportif aux USA, s'est développé en France à partir des années 1990 dans le secteur de l'entreprise.
- Depuis le début des années 2000, des universités et de grandes écoles françaises délivrent des formations diplômantes de coaching.

Les principales associations et fédérations de coaching en France (liste non exhaustive)

- SF Coach (Société française de coaching)
- ICFF (International Coaching Federation France)
- EMCC (Association européenne de coaching)
- FCCPRO (Fédération francophone de coachs professionnels)
- Synthec Évolution Professionnelle
- Coach pro

1. Garcia Teresa, Entretiens avec F. Colnot, Paris, mars 2007.

2

QU'EST-CE QUI DISTINGUE UN COACH PERSONNEL D'UN COACH EN ENTREPRISE ?

La pratique du coaching peut sembler être apparemment toujours identique quel que soit le contexte. Il s'agit de l'accompagnement d'une personne (coaching individuel) par un professionnel, nommé coach, dont l'objectif est le développement personnel et/ou professionnel de la personne, le coaché. Les techniques pratiquées, le questionnement, la reformulation, la confrontation, le recadrage sont similaires en entreprise ou en coaching personnel. Dans les deux cas, un contrat est passé à partir des objectifs du client, le nombre de séances étant généralement prédéfini.

Pour nous, formés initialement à une démarche globale de coaching qui englobe aussi bien les aspects professionnels de la situation du coaché que les aspects plus personnels, intervenir auprès d'un client particulier ou d'un client en entreprise n'apparaissait pas réellement différent. Il nous semblait qu'une personne bien dans sa vie serait performante et efficace dans son travail et, inversement, qu'une personne épanouie dans son travail aurait de meilleures chances de réussir sa vie personnelle, familiale et sociale ! Coacher en entreprise ou coacher un particulier relevait de la même finalité.

Nous avions conscience que le cadre de l'entreprise faisait intervenir un tiers, prescripteur et/ou payeur qui, de ce fait, imposait une relation tripartite, mais qui, lors du déroulement du coaching, ne devait pas interagir.

Pourtant, au fil des séances et de l'expérience, nous avons rapidement constaté des différences sensibles de comportement de part et d'autre selon le contexte de la demande – entreprise ou personnelle. Qu'est-ce qui justifie ce changement d'un contexte à un autre ? La réponse est dans la question : le contexte oriente explicitement et implicitement nos comportements, nos attitudes, nos valeurs, nos croyances et la conscience que nous avons de notre rôle.

Qu'est-ce qui distingue un coach personnel d'un coach d'entreprise ? Pour répondre à cette question, trois points seront développés dans ce chapitre.

- Le cadre du coaching est différent. En effet, le coaching en entreprise est encadré par un tiers (représentant de l'entreprise, dirigeant, DRH, manager…). Celui-ci définit la demande et les objectifs de l'organisation concernant le coaching, évalue les résultats et, en quelque sorte, revêt le rôle de gardien du cadre. En outre, le contrat est tripartite et fige relativement, dès le départ, les résultats attendus ; ce qui n'est pas le cas du coaching personnel où la demande émane habituellement du seul client, qui est volontaire et engage la démarche sur ses propres deniers. Le cadre est évolutif et coconstruit avec le client tout au long de l'action, les objectifs peuvent changer, et les résultats, à l'issue du coaching, peuvent être différents de ceux définis initialement si le client l'a décidé ainsi. Or, si l'on modifie le cadre, certains paramètres changent. Nous en détaillerons deux.
- Les partenaires de communication ne se comportent pas de la même façon dans une relation bipartite que lors d'une relation tripartite. Si nous comparons les deux cadres, personnel et entreprise, la différence majeure tient en un mot : « liberté ». Liberté de parole, de positionnement, d'action, de ressenti, d'exploration (des divers aspects de sa vie au sens large, famille, amis, conjoint, espace personnel) et liberté de rêver. Le coaché et le coach ne sont pas soumis à une « loyauté » envers un tiers payeur, laquelle consisterait, en entreprise, à ne pas aborder de sujets « tabous » car susceptibles de « dénigrer » l'organisation par exemple. L'action est essentiellement au service du développement de la personne en dehors de tout autre enjeu : la personne accompagnée est au centre du processus de changement, libre d'explorer ce qu'elle souhaite et de créer le changement là où il lui paraît accessible.

- L'absence de tiers amène le coach à investir un positionnement éthique affirmé et responsable. Dans la mesure où personne ne peut vérifier et lui rappeler le cadre et les limites du coaching, il doit être dans une posture d'autant plus ferme eu égard à la déontologie ; il est vigilant puisque seul garant. Deux éléments nous semblent essentiels :
  - Garder l'attitude non directive « ne pas savoir pour l'autre » ; il n'existe pas de modèle de « projet de vie ». Il va s'agir d'accompagner son client vers la création de son propre devenir sans projection de la part du coach. Celui-ci reste focalisé sur le processus et conserve l'attitude de compréhension en conformité avec son rôle ;
  - Connaître les limites de son intervention et savoir s'y tenir afin d'orienter la personne vers un autre professionnel si la demande ne relève pas de ses compétences.

Il nous a paru intéressant de mettre en perspective le coaching personnel et le coaching en entreprise. De nombreux livres traitant du coaching en entreprise ont été écrits et il ne nous semble donc pas opportun de répéter ce qui est commun aux deux types de coaching ; nous nous permettrons de renvoyer nos lecteurs à d'excellents ouvrages. En revanche, nous nous attarderons sur ce qui les différencie.

LE CADRE D'INTERVENTION

Alors que le coaching en entreprise a pour cadre la demande d'un prescripteur, le coaching personnel s'élabore sans la présence d'un tiers.

L'absence de tiers et ses conséquences

La contrainte dans le coaching en entreprise

Un coaching est un espace de liberté, de renouvellement et de développement de la personne. Alors pourquoi peut-on qualifier un coaching en entreprise de coaching sous contrainte ?

Rappel du cadre en entreprise

Dans un coaching en entreprise, la relation est triangulaire et met en scène trois partenaires lors de l'entretien tripartite :

- Le coach, sélectionné la plupart du temps par l'entreprise ;
- La personne qui bénéficie d'un coaching soit de sa propre volonté, soit qu'on le lui impose ;
- Le prescripteur du coaching ou le représentant de l'organisation quelle qu'elle soit : entreprise, collectivité territoriale ou association. Il s'agit le plus souvent du DRH, du dirigeant de l'entreprise (dans une PME) et/ou d'un manager qui décide de proposer un coaching au salarié.

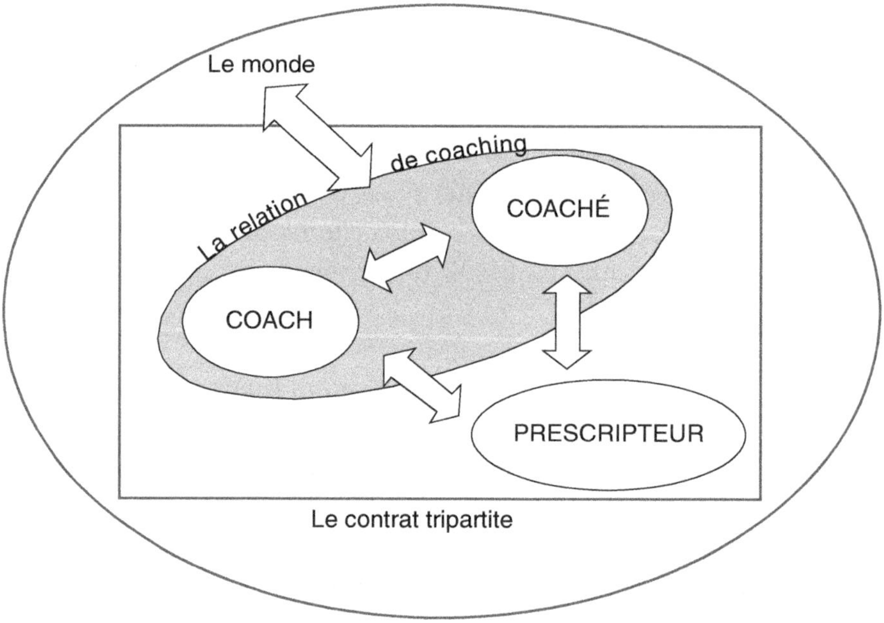

Figure 2.1 – Le cadre du coaching en entreprise

Le contrat commercial de coaching est passé entre le représentant de l'entreprise et le coach. Il fixe les objectifs du coaching, le nombre de séances, la périodicité, le lieu, les règles de fonctionnement[1].

1. Voir, à ce sujet, un exemple de contrat, Jean-Yves Arrivé, « Contrat formel », in Angel Pierre (dir.), Amar Patrick, Devienne Émilie et Tencé Jacques, *Dictionnaire des coachings. Concepts, pratiques, outils, perspectives*, Paris, Dunod, 2007, p. 299.

Des coachings sont envisagés par exemple lors de la prise de nouvelles fonctions – pour aider la personne à prendre la dimension de ses nouvelles responsabilités –, lors de problèmes de communication d'un manager avec ses équipes ou avec sa hiérarchie – pour changer de style de management –, en cas de difficulté d'un cadre à traiter l'ensemble des problèmes auxquels il est confronté au quotidien – pour l'aider à prendre du recul.

Lors du déroulement des séances de coaching, seuls coach et coaché sont présents, mais le tiers existe de fait dans la demande initiale et ne peut être tenu pour absent du discours et des inter-actions entre coach et coaché.

À l'issue du coaching, une réunion de restitution peut avoir lieu entre les trois parties : coaché, coach et représentant de l'entreprise. Elle a pour objet d'évaluer les résultats du coaching. Nous détaillerons ce point plus précisément lors de notre exposé sur l'évaluation.

Revenons tout d'abord à ce qui constitue le socle du cadre du coaching en entreprise, c'est-à-dire le contrat dit « tripartite », pour expliquer la notion de contrainte.

Lors d'un coaching en entreprise, il nous semble impératif, ainsi qu'à une majorité de confrères, qu'un entretien préalable ait lieu avant les entretiens de coaching pour expliquer le contrat liant le représentant de l'organisation, le coach et la personne coachée.

Lors de cette réunion, le prescripteur – DRH, dirigeant ou manager – explicite les raisons du coaching, ses résultats attendus et, normalement, ses enjeux. Par enjeux, nous entendons les gains et les pertes potentiels à réaliser un coaching, c'est-à-dire ce qui se passera si les objectifs sont atteints, et ce que « risque » le coaché si les résultats ne sont pas obtenus (sanction par exemple). Cette réunion permet par ailleurs au coaché de valider qu'il veut bien travailler avec ce coach quand il ne l'a pas choisi lui-même précédemment. À cette occasion sont généralement définis des indicateurs de réussite du coaching. Ainsi, un coaching peut avoir pour objet d'aider un manager nouvellement promu à occuper pleinement le poste que l'on vient de lui confier. Les indicateurs de réussite pourraient être alors sa capacité à prendre des décisions rapidement, à organiser des réunions formelles avec ses collaborateurs, à organiser des réunions mensuelles d'information auprès de l'ensemble des salariés... Sa capacité à être efficace rapidement dans son poste constitue l'enjeu. S'il réussit, il conservera son poste ; s'il échoue… les conséquences dépendront des attentes de la société qui l'emploie. Mais on peut imaginer que le pire serait d'être « remercié un peu plus tard ».

L'objet de notre propos n'étant pas de proposer un nouvel exposé sur le contrat en entreprise, nous encourageons le lecteur à se référer à d'excellents ouvrages sur ce thème[1].

Comment le coaching peut-il devenir une contrainte en entreprise ? Il nous semble, au travers des expériences vécues, que ce contrat tripartite peut facilement créer un cadre que nous appelons de « contrainte » pour le bénéficiaire du coaching (salarié ou agent territorial suivant l'organisation). C'est en fait le coaching qui peut en constituer une quand les enjeux pèsent fortement sur ses résultats : il est demandé au coaché de modifier ses comportements sinon… les objectifs non atteints peuvent entraver son évolution et son développement professionnels. Il peut être « sommé de changer pour son bien ».

Reprenons les étapes du coaching pour analyser les divers niveaux de contraintes existants.

La proposition de coaching

Les salariés, quand on leur propose un coaching, ont différentes réactions qui vont de l'enthousiasme à la colère. Enthousiasme, quand il est proposé dans le cadre d'une promotion, par exemple pour accompagner la prise de poste. Colère, quand il est présenté comme la dernière solution mise en œuvre avant la prise de décisions plus radicale de type licenciement.

Ces réactions sont liées à la façon dont leur est proposée la mission (dans la forme et le fond), à la culture de l'entreprise et à leur propre représentation du coaching.

Dans la forme, suivant la façon dont le dirigeant le propose, le message n'est pas reçu de la même manière. Il est bien évident qu'une proposition soumise lors d'une réunion formelle n'a pas le même impact que lorsqu'elle est annoncée « entre deux portes » ou lors d'un moment de détente.

---

1. Délivré François, *Le métier de coach*, Paris, Éditions d'Organisation, 3e édition 2013 ; Bernard Hévin et Jane Turner, *Pratique du coaching*, Paris, InterEditions, 2006, p. 243.

Dans les faits, il n'existe pas de « bonne façon » d'annoncer un coaching. Cela dépend de la personnalité du dirigeant, de la personne pressentie pour un accompagnement, du lieu et du contexte de l'annonce. Tous ces éléments réunis contribueront à « accepter l'action d'accompagnement ». Sinon, il s'agit d'une réprimande implicite.

Sur le fond, ce qui motive la mise en œuvre du coaching par l'entreprise va aussi jouer sur la façon dont celui-ci est perçu. Lorsqu'on vous annonce que vous êtes un homme ou une femme « à potentiel » et, qu'à ce titre, vous allez bénéficier d'un accompagnement, vous adhérerez plus facilement à la démarche que si l'on vous dit : «Vous avez encore des difficultés relationnelles avec vos collaborateurs malgré votre stage de formation en management et j'ai pensé qu'un coaching ne vous ferait pas de mal ! »

Le fond et la forme vont amener le futur coaché à se faire une représentation de ce qu'on attend de lui qui va l'inciter à accepter ou à refuser cet accompagnement.

Sa représentation va se trouver complétée par ce qu'il connaît de sa culture d'entreprise. En effet, la façon dont les premiers coachings se sont déroulés, les objectifs qui avaient été définis et les éventuelles mesures prises ensuite ; tout cela crée une forme de culture. Il arrive que des organisations utilisent des coachings pour faciliter des départs ou des « mises au placard », ce qui engendre un climat de défiance vis-à-vis de cette pratique. Dans d'autres cas, les coachings peuvent avoir eu pour but d'accompagner des promotions ou des personnes considérées comme prometteuses dans l'organisation. Les bénéficiaires de coaching se sentent alors valorisés. Le climat de l'organisation va donc accentuer la dimension de contrainte ou l'alléger.

Quant à la représentation de la personne concernant le coaching, tout est possible actuellement. Malgré les efforts de la profession, les frontières de ce métier (ce qu'est le coaching) ne sont pas encore bien connues du public, et le salarié peut avoir entendu parler d'expériences réussies comme d'expériences malheureuses.

Toujours est-il que le coaching en entreprise porte explicitement et implicitement le message selon lequel la personne a besoin de se faire aider et qu'elle ne peut y arriver seule.

Explicitement puisque cela est dit ; implicitement du fait de notre culture française : nos cadres doivent « être forts » et apporter des solutions à leurs dirigeants. Dans le monde entrepreneurial anglo-saxon, la culture est orientée sur le résultat et il paraît plus facile de faire appel à quelqu'un pour résoudre des difficultés. En France, quand apparaît un problème, le cadre cherche à le résoudre, sinon à l'étouffer ou à l'envoyer vers quelqu'un d'autre. Il est payé pour « trouver des solutions, pas pour créer des problèmes ! » (Qui n'a pas entendu cette citation au moins une fois dans sa carrière ?)

Le coaching, tant qu'il était réservé à une élite française, n'était pas dans ce schéma ; il représentait un moyen d'augmenter les performances de personnes seules dans leur fonction, lesquelles s'auto-prescrivaient du coaching et n'étaient pas, en tant que telles, dans un contrat tripartite. L'entreprise prend dans ce cas en charge financièrement le coaching mais le coaché – dirigeant de l'entreprise – représente la société. Il est en même temps coaché et prescripteur.

Depuis que le coaching s'est démocratisé et qu'il touche la population intermédiaire de « *middle management* » (entendons cadre de niveau intermédiaire, c'est-à-dire n'appartenant pas aux cadres dits dirigeants : responsable de secteur, d'agence, chef de projet...), le coaching est l'un des moyens d'aider les salariés à se dépasser. La personne est, en quelque sorte, considérée comme capable d'un meilleur rendement, que cela soit dit officiellement ou pas.

L'acceptation du salarié bénéficiaire

Très typiquement deux situations peuvent se présenter en entreprise : le salarié sollicite un coaching ou celui-ci lui est « octroyé d'office ».

La première situation semble s'éloigner d'un cadre de contrainte, surtout si l'organisation ne définit pas d'objectifs en dehors de ceux fixés par le coaché.

Dans la seconde hypothèse, le salarié peut, suivant le cas, se sentir flatté ou en position de faiblesse (par rapport à ce qu'il considère comme des reproches, par exemple, les comportements qu'on lui demande d'améliorer), mais quoi qu'il en soit, il aura beaucoup de difficultés à le refuser. Donc généralement, il « se soumet » à la volonté de son employeur et au coaching. Bien sûr la personne est « volontaire », mais qui ne le serait pas dès lors que l'on vous propose de vous améliorer, de développer vos compétences de savoir être, de savoir paraître pour évoluer dans une organisation. Ou pire pour éviter d'en être rejeté !

Le salarié pense pouvoir s'en sortir seul ? Bien sûr, c'est possible de refuser le coaching mais les enjeux sont posés, la hiérarchie propose une aide, alors pourquoi la refuser ? Dans ce type de contexte, nous considérons que le coaching représentera une contrainte pour le coaché même s'il fait « bonne figure » et se déclare volontaire. Il mettra tout en œuvre pour se débarrasser de cette contrainte en atteignant les objectifs fixés le plus rapidement possible, voire en simulant. Si cela n'est pas possible pour lui, le coaching l'aidera alors à se positionner par rapport à la demande de la hiérarchie et aux objectifs qu'il ne partage pas : il pourra décider de quitter l'entreprise à l'issue du coaching, voire pendant.

Comme nous venons de le voir, le coaching est ici fortement contraignant du fait de ses enjeux : soit la personne arrive à modifier ses comportements, soit elle risque une sanction explicite ou implicite. Le métier de coach consiste donc dans un premier temps à l'aider à se positionner par rapport à ces contraintes pour les accepter ou les refuser, puis à dérouler le coaching afin que le coaché puisse atteindre ses objectifs.

Il est vrai que certains coachings sont prescrits directement par le demandeur (il les fait financer par l'organisation) ou se rapprochent d'un « coaching cadeau », ce qui nous éloigne de la contrainte. Dans les faits, la contrainte, même non exprimée, est présente ; le tiers payeur attend vraisemblablement toujours un retour sur investissement. L'expérience nous démontre que les coachings cadeaux le restent tant que la personne réussit comme l'organisation le souhaite ! Si la personne ne se comporte pas comme elle le devrait ou n'atteint pas les résultats attendus, le coaching devient un motif de reproche : «Vous n'avez pas atteint vos objectifs et pourtant vous avez bénéficié d'un coaching, ce qui n'est pas le cas de monsieur… qui les a atteints, lui ! »

Le coaching financé par l'entreprise est donc une contrainte dans un grand nombre de cas. Les coachings de dirigeants d'entreprise (qui ont les délégations de pouvoir de la part des actionnaires ou sont propriétaires de leur entreprise), de personnes en profession libérale ou de cadres ayant réellement demandé à bénéficier de coaching échappent à cette dimension : pour nous, ils ne sont pas dans une relation tripartite mais bipartite et, de ce fait, s'assimilent à ce que nous appelons le coaching personnel.

Des objectifs de résultats en entreprise

L'autre type de contrainte en organisation est représenté par les objectifs définis lors de l'entretien tripartite : ils lient le coach et le coaché à la demande du prescripteur.

Les objectifs sont contraignants : définis préalablement, ils peuvent délimiter trop restrictivement le champ d'action du coaching, ce qui pose alors une contrainte au développement de la personne.

Ce sont des objectifs de résultats pour le coaché même si le coach est, de son côté, tenu essentiellement par des objectifs de moyens. Les indicateurs de réussite définis lors de l'entretien tripartite en entreprise traduisent les objectifs à atteindre pour le coaché. Ce dernier sait qu'il sera évalué tout au long du coaching, et à son issue, sur ces critères, ce qui représente une réelle contrainte. Il est amené à se focaliser sur eux et à se positionner par rapport à eux.

Par exemple, un coaching est proposé à un cadre dont on considère qu'il a un fort potentiel mais qui a de réelles difficultés relationnelles avec sa hiérarchie. S'il ne change pas son comportement, il ne pourra pas évoluer. Les indicateurs de réussite peuvent s'attacher à décrire les éléments factuels d'une relation constructive : réponses polies aux mails envoyés, capacité à être dans une même réunion sans commentaires sarcastiques de la part du coaché, informations régulières de ses activités… Si l'origine du comportement du coaché a pour cause l'ennui dans sa fonction et s'il ne parvient pas à le formuler, rester axé sur ses comportements avec son chef risque de limiter son développement.

Sous un autre aspect, nous pouvons considérer que les objectifs définis sont de type normatif dans le sens où ils tendent à standardiser les comportements des salariés : « il faut être comme ceci ou comme cela », si ce n'est pas le cas « un petit coup de coaching » et cela le devient.

De là à passer du « coaché sujet » au « coaché objet » (de production)… il n'y a qu'un pas qui peut être vite franchi. Nous sommes malheureusement dans une société où le salarié, ces dernières années, a souvent été considéré comme « jetable » : « ça ne va pas, vous partez », « vous n'êtes pas content, vous partez », « nous n'avons plus de travail à vous offrir, vous partez ». Si l'on y ajoute l'apparition, à la fin du dernier siècle, de la notion de harcèlement moral, qui peut être un moyen de contourner la loi relativement rigide concernant les licenciements en France, tous les ingrédients sont réunis en entreprise pour positionner le sujet comme un objet de production.

Le coaching peut être utilisé pour normer des salariés récalcitrants, et les objectifs du coaching définis trop précisément peuvent aller dans le sens de compléter la panoplie de l'entreprise pour gérer ses ressources humaines.

Le positionnement de chaque coach par rapport à cette contrainte d'objectifs et de résultats est très personnel : entre ceux qui ne prennent en compte que les objectifs de l'organisation et ceux qui laissent le coaché déterminer totalement les objectifs du coaching en s'exonérant des demandes initiales, tout existe. Un juste milieu consiste selon nous à prendre en compte les demandes et objectifs déterminés en entretien tripartite et à aider le client à définir les siens, sinon où serait l'autonomie du sujet ?

Par ailleurs, s'exonérer totalement de la demande de l'entreprise est difficile pour le coaché. Ce n'est pas si évident d'explorer des objectifs autres que ceux définis par l'employeur sans se sentir en « porte à faux » avec celui-ci. La contrainte est intériorisée. Et de lui-même, le coaché peut choisir d'éluder certaines questions qui lui paraissent peu en rapport avec l'objectif.

Pour conclure sur la dimension de contrainte en entreprise, nous dirons qu'elle existe de fait : le tiers, en proposant un coaching, contraint la personne à se conformer à ses pratiques d'entreprise et à atteindre des objectifs de résultats définis par l'organisation.

Qu'en est-il de la contrainte dans le coaching personnel ?

Rappel du cadre en coaching personnel

En coaching personnel, la relation est duelle :

– le coach est sélectionné par le client, après avoir consulté parfois plusieurs autres professionnels ;

– le coaché, client unique, paye le coaching.

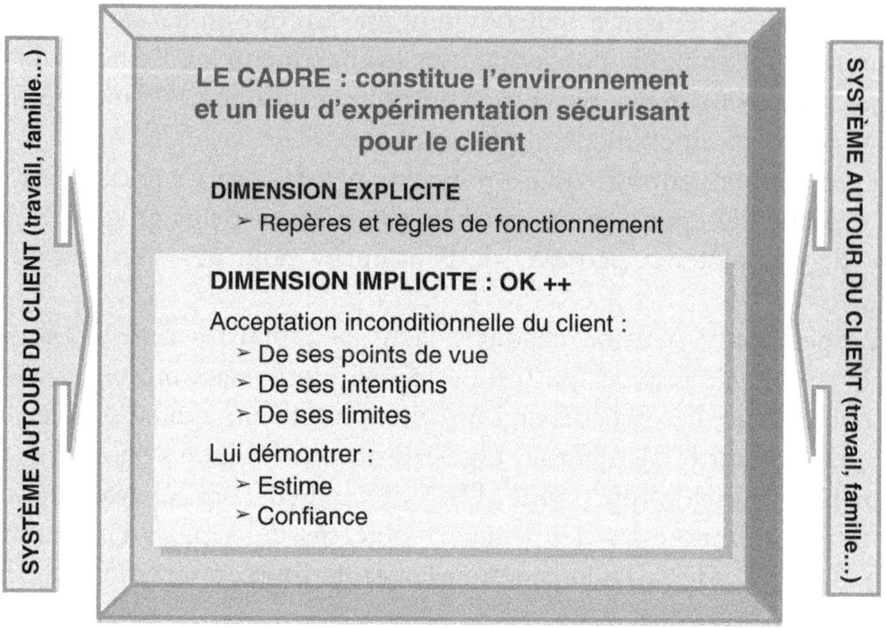

Figure 2.2 – Le cadre comme outil de travail du coach et du client coaché

La demande de coaching émane du coaché. À l'issue de la première séance, un contrat est établi entre le coach et le coaché stipulant le nombre de séances, la périodicité, le tarif et l'objet du coaching. La mission se déroule, puis une séance de clôture entre le coach et son client évalue la réussite du coaching.

Les demandes en coaching personnel sont engagées, par exemple, pour développer un projet (créer une nouvelle activité, concevoir un nouveau rôle) ou pour modifier une façon de vivre («je travaille trop et n'ai pas de temps à consacrer à ma famille») ou parce que le client ne vit pas ce qu'il voudrait vivre et qu'il décide de se faire accompagner pour changer de mode de vie.

Le coach est supervisé dans sa pratique par un professionnel. Mais avec le client, il est seul et l'évaluation du coaching se fait sans tiers extérieur à la relation de coaching.

Le coaching personnel peut-il être ou devenir une contrainte ?

En coaching personnel, la personne n'est pas obligée d'effectuer un coaching ; elle vient volontairement aux séances et définit ses propres objectifs. Dans cette relation duelle, le cadre de contrainte n'existe apparemment pas.

Cependant, il arrive que l'accompagnement soit préconisé par l'environnement, quelquefois officiellement (un jeune adulte se voit offrir des séances de coaching par ses parents ; un conjoint est financé par sa femme…). Qui dit financement par un tiers, dit entretien tripartite dans notre esprit. Cela a pour effet de clarifier les demandes de chacun et d'expliciter au maximum les situations. Nous sommes alors dans le cadre d'un coaching « type entreprise ».

Il arrive aussi que nous soyons dans une relation bipartite dans laquelle intervient un tiers « officieusement ». Le client finance, mais la demande est issue de l'environnement ; le coaché vient pour les autres : pour faire plaisir, pour prouver qu'il fait quelque chose dans sa situation (de chômage par exemple) et qu'on le laisse en paix… Lors du premier entretien, nous cherchons à déterminer qui souhaite le changement : lui/elle, son conjoint, sa famille, ses collègues, ses amis… ; des surprises nous attendent parfois et nous nous retrouvons alors en présence d'une situation de contrainte mettant en scène un tiers absent !

Il peut être intéressant, dans ce cas, d'aider la personne à prendre conscience de ce fait, de lui faire spécifier ce que le tiers – absent – attend d'elle et de l'amener à distinguer les changements voulus par lui/elle, l'environnement proche ou la société au sens large. L'objectif du coach est alors de faire émerger la demande de son client. Il peut notamment lui permettre de spécifier ce qui peut être modifié de ce qui ne peut pas l'être. Dans un second temps, il peut être bénéfique pour le client de mettre en lien les changements envisagés avec ses motivations, ses aspirations actuelles et ses valeurs.

Les objectifs peuvent-ils devenir contraignants ?

Les objectifs du coaching sont définis par le coaché avec le coach, notamment, lors de la première séance de coaching.

Comment des objectifs pourraient-ils devenir des contraintes ? Tout simplement quand la personne ne les définit pas par rapport à elle mais par rapport à des normes de société qui ne lui conviennent peut-être pas.

Les premières demandes des personnes venant nous consulter sont régulièrement des demandes « socialement acceptables » qui renvoient à des injonctions de type : je dois être performant(e), je dois être parfait(e), je dois être fort(e)... Les contraintes de nos modes de vie modernes peuvent être totalement intériorisées ! Le coaching serait alors un moyen de « normaliser » les comportements, ce que dénoncent certains ouvrages[1]. Le coach personnel doit être conscient de cette éventualité. Notre société peut créer des demandes « artificielles », c'est-à-dire qui renvoient à l'image actuellement véhiculée. Elles sont généralement de l'ordre de la possession : avoir un travail valorisant, avoir une promotion, avoir un conjoint, avoir une famille, avoir une « belle ligne »... Tout cela pour renvoyer l'image d'une personne épanouie, se réalisant pleinement... l'injonction de performance supposant maintenant le développement personnel et l'autonomie !

Généralement, nos clients souhaitent au départ atteindre des objectifs de résultats : « Je veux arrêter mon travail, changer de travail », « Je veux rencontrer quelqu'un pour partager ma vie »... Le souhait formulé de cette façon peut évoquer une contrainte, car il s'agit d'une demande de résultat tout comme en entreprise. Le coach doit alors aider le client à élargir le champ de ses perceptions, à rechercher la finalité de ses actions et à relier ses objectifs de moyens à des buts plus généraux – vivre une vie équilibrée par exemple. Ces demandes prennent alors tout leur sens quand elles sont reliées à un projet de vie.

La responsabilité du coach personnel

L'absence de tiers crée une plus grande liberté pour le coach qui porte alors une plus grande responsabilité.

Gregory Bateson l'affirme fort justement : « Liberté et responsabilité vont souvent de pair[2]. » Cette citation s'applique parfaitement à la situation du coach personnel.

---

1. Gori Roland et Le Coz Pierre, *L'empire des coachs*, Paris, Albin Michel, 2006.
2. Wittezaele Jean Jacques, *L'homme relationnel*, Paris, Le Seuil, 2003.

Le seul garant du cadre, c'est lui : pas de tiers pour rappeler les règles de fonctionnement, demander comment se déroule le coaching, ni vérifier que la personne n'est pas abusée ou manipulée ! Le coach est gardien du cadre et partie prenante de la relation.

Ce positionnement est d'autant plus difficile à tenir que les clients nous invitent à en sortir régulièrement, tantôt en demandant un conseil, tantôt en appelant une attitude d'aide…

Robert, 48 ans, a souhaité faire un coaching pour gagner en aisance relationnelle en milieu professionnel. Sa femme le quitte. Nous sommes à la troisième séance de coaching : « Je sais que vous ne donnez pas de conseil, mais exceptionnellement, pourriez-vous me dire ce que vous feriez à ma place pour la retenir ? »

Pour faire face à ce genre de situation, le coach va devoir réellement penser le cadre de la relation, l'intégrer et le maintenir tout en aidant le client à trouver ses propres réponses.

Le métier de coach consiste à être directif sur le processus d'accompagnement tout en ne l'étant pas sur le contenu.

Cette liberté du coach est l'un des points majeurs sur lesquels s'appuient les détracteurs du coaching personnel pour énoncer que cette pratique est un ersatz de psychothérapie. Ce qui, par ailleurs, fait hésiter les associations de coaching à reconnaître le coaching personnel. De leur point de vue, cette liberté présente trop de risques et pas assez de contrôles possibles.

Il est indéniable que, dans les faits, le coach est relativement libre de pratiquer comme il l'entend.

Il va devoir (et le terme « devoir » est utilisé volontairement) mettre en place des garde-fous pour se contraindre à demeurer dans le cadre. Ceux-ci consistent à :

– Maîtriser le cadre et le rendre explicite, c'est-à-dire définir les frontières de son intervention, le contrat, les outils utilisés ;

– Réfléchir régulièrement sur son éthique et sa déontologie, individuellement et collectivement. S'approprier une déontologie demande de la réflexion : les chartes élaborées dans les diverses associations de coaches servent de point d'appui pour le coach personnel afin d'élaborer son propre code[1]. Il convient ensuite de le transmettre et de le respecter, tout en restant vigilant sur les déviances éventuelles ;
– Être supervisé dans sa pratique et, si possible, avec des superviseurs se référant à différentes grilles de lecture ;
– Échanger avec des pairs lors de rencontres organisées au sein d'associations ou de groupes de pairs sur les pratiques en coaching personnel, les limites du cadre, les tentations d'en sortir ;
– Poursuivre le travail sur soi pour éviter les « pièges de la relation » : manipuler ou être manipulé ;
– Continuer à se former pour échapper aux certitudes qui peuvent enfermer le coach dans sa pratique, autrement dit connaître plusieurs modèles et techniques d'intervention.

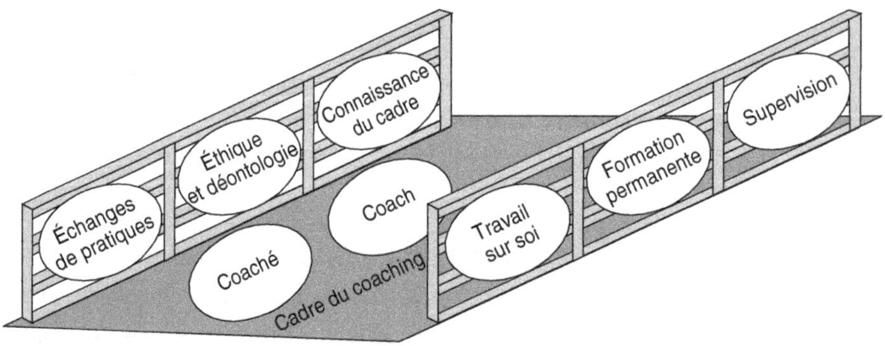

Figure 2.3 – Les garde-fous du coaching personnel

Nous n'insisterons jamais assez sur l'importance de l'éthique, de la déontologie et de la supervision du coach – ces points seront développés dans le chapitre 3 – qui forment la carte d'identité du coach personnel. Ces paramètres créeront les conditions dans lesquelles le client se sentira en sécurité.

1. Voir chartes en annexe.

Encore plus qu'en entreprise, le coach personnel va devoir réfléchir à sa pratique, seul, en groupe et en supervision pour générer ce cadre de sécurité déontologique. Et c'est précisément parce qu'il n'y a pas de tiers qu'il devra assumer sa liberté en développant et en communiquant ce cadre à son client.

Les différents niveaux de demande en coaching

La demande est à la base de la relation de coaching. Sans demande, pas de coaching possible. « Dans un processus récursif, une demande réelle crée ainsi des attentes et une mobilisation que le coaching exploite et qui contribue à son efficacité. À l'inverse, une absence de demande ou une demande qui ne serait pas "exploitable", car contradictoire, contrainte, irréaliste, manipulatrice, hors du domaine du coaching, augure un exercice difficile, voire inutile, ce que le coach doit identifier rapidement[1]. »

Qu'entend-on par demande ? Suivant les ouvrages et les écoles de coaching, le langage est différent, on parlera de :

– Demande explicite ou manifeste, c'est-à-dire qui s'exprime dans l'entretien ;
– Demande implicite, cachée ou latente, autrement dit non formulée spontanément par le client.

Dans un autre registre, on parlera de :

– Demande de contenu, c'est-à-dire l'objet et la teneur des entretiens ;
– Demande de processus, autrement dit ce qui est attendu en termes de type de relation entre le coach et le coaché.

Nous évoquerons dans ce chapitre essentiellement l'aspect explicite de la demande. Par ailleurs, la demande est à distinguer des besoins que le coaché cherche à satisfaire et des objectifs qu'il peut avoir.

- Les besoins sont des exigences de la nature (physiologique, sécuritaire) ou de la vie sociale (appartenance, reconnaissance et estime, épanouissement personnel). Le coaché cherche, de façon inconsciente, à satisfaire ses besoins par l'action de coaching[2].

1. Angel Patrick et Amar Pierre, *Le coaching*, Paris, PUF, coll. « Que sais-je ? », 2e édition 2015.
2. Voir à ce sujet le chapitre « Besoins et demandes dans une relation de coaching : comment les traiter », dans B. Hévin et J. Turner, *La pratique du coaching*, Paris, InterEditions, 2006, p. 233.

- Les objectifs font l'objet de multiples ouvrages. Nous distinguons deux types d'objectifs :
  - Les objectifs concrets, mesurables, opérationnels qui visent une action ;
  - Les objectifs de finalité qui visent un but ; par exemple être heureux, être épanoui…

La demande est sous-tendue par des besoins et amène à définir des objectifs opérationnels.

Des niveaux multiples en entreprise

Comme nous l'avons évoqué, en entreprise, du fait de la multiplicité des interlocuteurs, deux types de demandes peuvent cohabiter :
- Celle de l'entreprise ;
- Celle du coaché.

L'entretien tripartite a pour vocation d'accorder les deux demandes en faisant s'exprimer chaque interlocuteur, et de formuler un objectif commun pour l'action de coaching. Officiellement, il n'existe qu'un niveau de demande, mais c'est sans compter sur la complexité de la nature humaine !

Officieusement, ce « double niveau » – entreprise/coaché – n'est pas toujours évident à gérer pour le coach qui peut se trouver confronté à des demandes complémentaires lors des séances.

Francine, 35 ans, a accepté un coaching de huit séances lors de l'entretien tripartite. L'objectif du coaching est de l'aider à améliorer sa présence et son charisme dans les réunions où elle représente la société. À cette première séance, elle apostrophe son coach : « J'aimerais aussi envisager avec vous la situation avec mon patron : c'est un manipulateur et j'aimerais avoir quelques astuces pour lui faire face. »

Selon la façon dont le problème est défini, manque de confiance en soi ou travail sur l'identité, le coach acceptera ou refusera la demande.

Lorsque la demande complémentaire est du ressort de la vie personnelle du coaché, le coach refuse, la plupart du temps, d'y répondre.

Par ailleurs, une autre difficulté peut se présenter quand le coaching émane de plusieurs personnes et que le coach n'a pas le réel prescripteur en face de lui lors de l'entretien tripartite. Cette situation peut se trouver dans les grandes entreprises et lorsque plusieurs niveaux de hiérarchie sont en jeu. Il est en effet assez courant de rencontrer des organisations avec des niveaux officiels d'encadrement et des niveaux officieux de décision ; on parle alors assez souvent de hiérarchies opérationnelles et de hiérarchies fonctionnelles. Dans ce cas, le DRH peut représenter la société et définir ce qui est attendu du coaching sans connaître les tenants et les aboutissants de la situation qui pourrait lui échapper. La relation n'est alors plus tripartite mais met en jeu un certain nombre d'interlocuteurs qu'il n'est pas toujours possible au coach de rencontrer. Prenons l'exemple suivant :

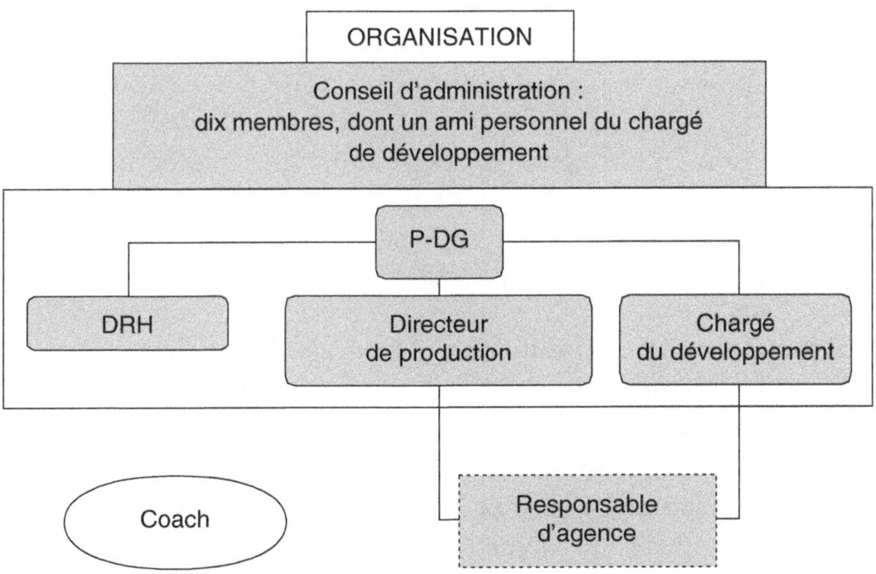

Figure 2.4 – Illustration de l'impact des enjeux de l'entreprise sur le coaching

Le responsable d'agence dépend hiérarchiquement du directeur de production à qui il rend des comptes en termes de résultat, mais il dépend fonctionnellement du chargé de développement pour accroître sa clientèle. Actuellement, il augmente ses marges en fidélisant ses clients (ce qui satisfait son directeur de production) mais n'augmente pas son chiffre et sa clientèle (ce qui mécontente son chargé de développement, lequel songe à le remplacer). Par ailleurs, le P-DG pense à lui pour succéder au chargé de développement qui part à la retraite dans trois ans et qui, bien entendu, n'est pas d'accord. Qui désire le coaching ? pour qui ? pour quoi faire ? avec quels enjeux ?

Quand un grand nombre de niveaux hiérarchiques entre en jeu, il n'est pas évident de connaître les finalités de l'action.

Dans l'exemple ci-dessus, la situation est plutôt positive pour le coaché si le P-DG a gain de cause, plus difficile si le chargé de développement arrive à ses fins. Comment savoir à l'avance la façon dont le coaching sera utilisé dans ces circonstances ?

En entreprise, toutes les situations ne sont évidemment pas aussi compliquées, mais globalement le coach a peu de temps pour explorer cette notion de demande. Il va signer un contrat à partir de la demande explicite de l'entreprise, et peut se retrouver bloqué par ce même contrat quand il comprend que la situation est autre que celle décrite.

L'intervention en entreprise nécessite donc une grande intuition des situations et une bonne analyse des enjeux.

Un seul niveau de demande en coaching personnel

En coaching personnel, la difficulté se trouve ailleurs. L'absence de tiers et d'objectifs désignés par celui-ci ne rend pas la tâche plus aisée pour définir la demande.

Ce qui amène la personne en coaching n'est pas toujours clair pour elle. Le coach personnel va devoir l'accompagner pour mettre à jour une réelle demande, voire des objectifs. Sans demande ni objectifs, pas de contrat, et sans contrat, en coaching, pas de cadre.

La contrainte pour le coach va être finalement de créer le cadre du coaching personnel en tenant compte par ailleurs d'un certain nombre de paramètres définis par le client.

- Le paramètre de temps est important pour chacun de nous. Nous aurons l'occasion d'y revenir au chapitre 4 (« Pourquoi nos clients viennent-ils nous voir plutôt qu'un autre professionnel de la relation d'aide ?). De quel temps le client dispose-t-il dans son esprit pour changer ? Est-il dans l'urgence de prendre une décision (nouvelle orientation professionnelle, décision de séparation...) ou est-il confronté à un événement extérieur à gérer (modification de son lieu de travail, promotion, changement d'activité) ?
- Le paramètre de budget est également important : le coaching est pour le client un réel investissement dont le montant n'est pas sans limite. Certains clients arrivent en ayant déjà décidé que dix séances étaient le maximum ; d'autres que le coaching coûtera le budget qu'il faudra, d'autres encore que le coaching, pour être réussi, doit durer x séances...
- L'objectif de départ du client représente un des principaux paramètres pour le coach. Même si souvent les objectifs évoluent au cours de l'accompagnement, ce qui amène la personne en coaching doit rester présent à l'esprit, car c'est cela qui a généré la demande de contrat de coaching. Revenir sur ce point pendant l'accompagnement aide la personne à vérifier qu'elle consent toujours à explorer et à réaliser cet objectif. Occulter le point de départ, c'est prendre le risque que le coaché puisse le reprocher à son coach à l'issue de l'accompagnement.
- Les indicateurs de réussite du coaching sont liés aux objectifs. Ils sont quantifiables et fixés par avance. Nous conseillons aux coaches d'aider leurs clients à les définir afin de mesurer l'avancement de leur projet de vie, voire afin de s'interroger eux-mêmes sur la non-atteinte de leurs objectifs.

Par ailleurs, pour le coach, il est intéressant de faire un point à mi-parcours avec son client afin de déterminer si celui-ci suit bien ses objectifs.

Quelle demande pourrait faire l'objet du contrat de coaching ?

La notion de cadre étant extrêmement global dans l'esprit du client en coaching, il évoquera l'ensemble des thèmes qui lui viennent à l'esprit, sans trier :

« Voilà, je viens vous voir parce qu'une de mes amies a fait un coaching et elle paraît transformée : elle a l'air heureuse, bien dans sa peau et m'a dit que c'était grâce au coaching. Pour ma part, j'en ai ras le bol de mon travail : je fais des travaux en dessous de mon niveau de compétence, les collègues sont sympas mais le patron en veut toujours plus, c'est intenable… Mon mari n'est jamais là, il est toujours en déplacement, je dois assurer seule pour les enfants : aller les chercher à l'école, faire les courses… Je n'ai plus le temps de faire du sport et je grossis, j'ai essayé des régimes mais ça ne marche pas, je reprends mes kilos et le soir je m'écroule devant la télévision et m'endors… Alors j'ai pensé que le coaching pourrait m'aider au moins à changer de travail, à maigrir de quelques kilos en me remettant au sport. »

Le questionnement du coach va amener le coaché à distinguer ce qui est de l'ordre de :

- la demande de changement relative au coaching, par exemple ci-dessus réfléchir à changer de travail, être bien dans son corps ;
- la demande de changement du ressort de la médecine, ici perdre quelques kilos ;
- la plainte, ce que le client pense ne pas pouvoir changer mais qu'il a besoin d'exprimer ; dans notre exemple, le mari en déplacement, devoir s'occuper seule des enfants…

Le premier point nous paraît essentiel : en coaching, nous ne pouvons aider une personne à changer que ce qu'elle estime « changeable ».

Pour chaque praticien en coaching personnel, il est intéressant de réfléchir et de répondre à la question : « Qu'est-ce qui est du ressort du cadre du coaching personnel ? » Nous avons accompagné plusieurs coaches débutants dans leurs interrogations de début d'activité, notamment autour de la question : « Comment cadrer l'entretien ? ». La réponse est : tout simplement en aidant le client à définir sa demande par rapport au coaching et à l'aide attendue du coach. La question : « Qu'attendez-vous de mon aide ? » est d'ailleurs un bon support pour aider le client à clarifier la demande.

Nous proposons en annexe 2 un guide de premier entretien qui aide le coach à cocréer ce cadre (sous réserve que ces questions soient posées dans une attitude de non-jugement).

Par ailleurs, le coach va devoir positionner la demande du client dans un schéma plus général du projet de vie : la personne est-elle en réflexion, en lien avec ce qu'elle veut profondément ? Si oui, de quoi a-t-elle besoin pour passer à l'action ? De planifier ? de lâcher des choses ? de prendre du temps, du recul ? Si non, se donne-t-elle la permission de rêver ? Pourquoi fait-elle ce qu'elle fait ?

Finalement, y a-t-il une demande par rapport à son projet de vie ? Quelle est-elle ?

L'ensemble de ces réponses va conduire le coach à passer le contrat avec son client.

La coconstruction du cadre

La notion de contrat en droit

Nous venons de le voir, la demande du client est complexe à mettre au jour. Or, la question du contrat : « Qu'est-ce qui nous réunit dans cet espace-temps ? » se pose dès la première séance et amène les coaches débutants à s'interroger : comment passer un contrat alors que la personne n'est pas complètement fixée sur ses objectifs et sur ce qu'elle peut attendre du coaching ? Cette interrogation est d'autant plus forte que la littérature abonde d'injonctions à passer un contrat dès la première séance tout en mettant en garde contre un cadre trop restrictif ou trop large :

« Le contrat est un cadre qui ne doit pas être trop restrictif et qui doit être revisité [...] pour s'adapter aux nouveaux objectifs du client qui émergent de nouvelles perspectives ouvertes par l'interaction[1]. »

« [Le contrat] se situe entre les deux extrêmes, que sont, respectivement, trop de demandes et d'acceptations de l'implicite, et l'excès de clarification[2]. »

« Le contrat ne doit pas être fixé de façon trop rigide : les inter-locuteurs seront amenés à le revisiter pour l'adapter aux nouveaux objectifs qui émergeront avec l'avancée du travail[3]. »

1. Angel Pierre et Amar Patrick, *op. cit.*, p. 82.
2. Hévin Bernard et Turner Jane, *op. cit.*, p. 247.
3. Buratti Laurent et Lenhardt Vincent, *Découvrir le coaching*, Paris, InterEditions, 2007, p. 166.

Il est un fait indéniable, le client a besoin de temps pour définir ce qu'il veut profondément. Le contrat portera, dans un premier temps, sur ce qui l'amène, la difficulté étant pour le coach d'aider le client à exprimer une demande de coaching en l'espace d'une séance. Le cadre du coaching personnel étant beaucoup plus souple que celui de l'entreprise, au fur et à mesure de l'avancement du coaching, le coach va s'adapter à l'évolution de la demande de la personne, l'amener à entrer en contact avec ses besoins profonds, ses désirs et ses objectifs.

Le contrat en coaching est défini suivant un certain nombre d'appellations usuelles : à savoir contrat commercial, d'affaires, moral, relationnel, implicite, explicite… les appellations ne manquent pas.

En entreprise, on parle de contrat formel puisqu'il est formalisé par un écrit. En coaching personnel, la plupart du temps, il n'est pas écrit mais explicité oralement par le coach à l'issue de la première séance puis validé par le coaché.

Suivant les « écoles » de formation, on évoquera deux ou trois contrats. La segmentation la plus « classique » est issue de l'analyse transactionnelle qui distingue trois contrats :

– le contrat d'affaires ;
– le contrat relationnel informel ;
– le contrat secret.

- Le contrat d'affaires définit les termes objectifs de l'accord : objectifs, tarifs, durée, déroulement, conditions.
- Le contrat relationnel, informel, décrit les modalités de la relation entre les parties prenantes : accord sur le contenu et le processus.
- Le contrat secret analyse les enjeux psychologiques conscients ou inconscients.

Avant de définir le contrat en coaching personnel, nous proposons quelques notions de droit sur lesquels un de nos stagiaires[1] a réfléchi lors de son mémoire de fin d'études.

1. Chupin Jean-Pierre, *Du contrat à l'alliance*, mémoire de DESU Coaching personnel, université Paris-VIII, 2007.

« Le contrat est une obligation[1]. Ce dernier terme doit être entendu ici comme *un lien de droit entre deux personnes en vertu duquel l'une d'elles – le créancier – peut exiger de l'autre – le débiteur – une prestation ou une abstention*[2].

Il s'agit donc d'un rapport entier entre deux personnes (ou plus), l'obligation pouvant être de donner, de faire ou ne pas faire. Il peut s'agir d'une obligation de résultats mais aussi de moyens. »

Dans le cas du coaching, le coach est dans une obligation de moyens et non de résultats. Obligation pour le coach de mettre à la disposition du coaché ses connaissances des processus de changement pour l'accompagner dans ses demandes et objectifs.

Obligation pour le coaché de participer, d'être actif et engagé dans le changement qu'il définit lui-même.

Cette notion d'obligation est intéressante dans le cadre du coaching personnel : comment la formaliser s'il n'y a pas d'écrit ? L'absence d'écrit peut amener le coach à rester vague sur un certain nombre de points qui, lorsqu'ils sont écrits, ont le mérite d'être clarifiés.

L'absence d'écrit amène le coach à formuler et faire valider le contrat oralement lors de la première séance. Il s'agit en quelque sorte d'un contrat moral, dans le sens d'engagement des deux parties qui ne repose sur rien d'autre que sur la parole donnée.

Par ailleurs, la loi nous rappelle que « les conditions de validité d'un contrat sont au nombre de quatre :

- le consentement de la partie qui s'oblige ;
- sa capacité de contracter ;
- un objet certain qui forme la matière de l'engagement ;
- une cause licite dans l'obligation[3] ».

Le consentement mutuel est la condition *sine qua non* du déroulement d'un coaching : le coach consent à accompagner le coaché après avoir vérifié qu'il s'agit d'une demande de coaching ; le coaché choisit et consent à effectuer un coaching avec ce coach.

---

1. L'ensemble des analyses juridiques fournies dans cette partie sont issues de l'ouvrage de Terré François, Simler Philippe et Lequette Yves, *Droit civil – Les obligations*, 8e éd., Précis de droit privé, Dalloz, 2002.
2. Terré François, Simler Philippe et Lequette Yves, *ibid.*, p. 1.
3. Article 1108 du Code civil.

La capacité à contracter nous renvoie à la notion d'âge. Quand est-on capable de contracter ? Légalement à partir de 18 ans, mais si l'on considère la notion d'autonomie de la personne, peut-on dire qu'un jeune adulte dépendant financièrement de ses parents est capable de contracter en coaching ? La question reste entière et n'est pas neutre parce qu'elle nous renvoie à la notion de contrat bipartite ou tripartite. Si nous considérons la notion d'indépendance financière, tant que la personne ne paye pas elle-même, nous sommes dans le cadre d'une demande tripartite.

Dans le coaching, le plus délicat à préciser est l'objet du contrat :

« L'article 1108 du Code civil retient dans les conditions essentielles du contrat "un objet certain qui forme la matière de l'engagement". Cet objet devant lui-même répondre à un certain nombre d'exigences : détermination, existence, possibilité, licéité[1]. »

Dans un contrat de coaching, l'objet est le coaching. Ce qui nous renvoie à notre définition : « un accompagnement personnalisé par un coach d'une personne coachée en vue de l'aider à atteindre ses objectifs ».

Nous parlons ici des objectifs de la personne en lien avec ce qu'elle veut profondément. La finalité au-delà de cet objet est de l'aider à réaliser le projet de vie qui lui convient.

Pour clore ce tour de notions juridiques, nous soulignerons qu'avec un contrat, il est possible de revenir sur son engagement après une période d'observation définie préalablement : dans un contrat de travail, on parle de période d'essai (qui est réciproque) ; en droit commercial, de période de dédit. En coaching personnel, il nous semble intéressant d'intégrer cette notion qui existe de fait : le client peut décider d'arrêter à tout moment, son coaching : il ne vient plus et c'est tout ! La « période de dédit » existe tout au long du coaching et peut être considérée par le coach comme un risque acceptable de perdre son client. Il pourrait être intéressant de l'officialiser en proposant au client de vérifier que le coaching est adapté (les deux ou trois premières séances) avant de décider de s'engager totalement. Cette « période d'essai » permettrait aussi au coach de s'assurer qu'il s'agit bien d'une demande de coaching, et à l'issue des

1. Extrait du mémoire de DESU Coaching personnel de Chupin J.-P., « Le contrat », université Paris-VIII, 2007.

deux ou trois premières séances, de définir avec lui les indicateurs de réussite du coaching qui sont difficilement définissables à la première séance.

En résumé, comment le contrat en coaching personnel se présente-t-il ?

Il est généralement non formalisé et fait l'objet d'une formulation orale par le coach à l'issue de la première séance. Deux éléments doivent être distingués :

- le contrat que nous qualifierons de « commercial » (puisqu'il s'agit d'un acte marchand). Il fixe les éléments du cadre formel : prix, périodicité, durée et nombre des séances, lieu, conditions de prise de rendez-vous, d'annulation, période d'essai éventuelle, engagements réciproques et objectifs du coaching. Il peut revêtir la forme d'un écrit si le client le souhaite. Il pose les conditions de la relation marchande et permet ainsi le consentement réciproque (ou pas). En fait, il définit les responsabilités réciproques : « Le contrat n'est et ne peut être que l'énoncé de la responsabilité des parties[1]. » Il crée l'espace de coconstruction, de liberté et de responsabilité nécessaire à un travail de changement ;
- l'objet du coaching, dont la finalité est d'aider le client à découvrir ce qu'il est venu chercher, mais qu'il ne connaît pas en arrivant ! Ce qui constitue l'objet du contrat est l'accompagnement par le coach qui va engager des processus techniques (questionnement, reformulation, confrontation, recadrage...) et relationnels (écoute et silence à partir d'une attitude d'acceptation inconditionnelle) afin de favoriser l'émergence des objectifs du coaché : le contenu va ainsi apparaître réellement avec le temps.

La cocréation du cadre

Pour conclure un contrat, les deux parties en présence devront s'investir dans la relation ; le cadre est proposé en partie par le coach, le coaché par ses réponses aidera à le coconstruire.

La cocréation du cadre, c'est en quelque sorte :

1. Hévin Bernard et Turner Jane, *op. cit.*, p. 243.

– pour le coaché, réussir à définir sa demande en expérimentant un accompagnement inhabituel : le coaching ;
– pour le coach, vérifier que le désir du client est compatible avec son activité de coach et positionner le type de demande par rapport au projet de vie en général.

La cocréation du cadre par le coaché

Comme nous venons de le décrire, le cadre est posé, en partie, par le coach. En partie, parce que, pour nous, c'est l'interaction avec le client qui le créera totalement.

« Dans un coaching qui vise l'élaboration et la mise en œuvre d'un projet de vie, l'élaboration progressive du contrat est un bon moyen pour concrétiser le pouvoir que l'on accorde au client[1]. » Le coaching est une démarche active qui engage les deux parties dans le changement : le coach à mettre en œuvre ses capacités à accompagner le coaché dans la réalisation de ses objectifs ; le coaché à définir ce qui l'amène, ses objectifs en fonction de ses désirs.

Lors de cette interaction, et plus spécifiquement dès le premier entretien, le contrat passé entre le coach et le coaché permet au coach d'avoir un fil conducteur et au coaché de montrer son engagement. Ce fil conducteur repris d'une séance à l'autre évoluera en fonction des prises de conscience du coaché.

« Les difficultés d'établir une formulation claire et explicite du contrat bipartite, cheminement de l'implicite vers l'explicite, présentent l'avantage de favoriser l'engagement[2]. »

Par ailleurs, le contrat de coaching est par nature inégalitaire du fait du savoir attribué au coach par le coaché. Il est donc important de redonner du pouvoir au client sur son vécu, ses demandes afin d'établir une relation de partenariat :

« Le récit de la problématique du coaché amène naturellement à la formulation d'un objectif sous la forme d'une demande du coach à son client : "Qu'attendez-vous de moi ? En quoi puis-je vous aider ?" Nous

1. Hévin Bernard et Turner Jane, *op. cit.*, p. 246.
2. Hévin Bernard et Turner Jane, *op. cit.*, p. 246.

avons vu que cette demande, d'une certaine façon, signe le partenariat en exigeant du coaché qu'il prenne la responsabilité de l'expression explicite d'un besoin, au lieu de s'en remettre passivement au coach omnipotent[1].»

Il n'est pas inutile de rappeler que peu de personnes savent ce qu'est le coaching en pratique. Entre savoir ce qui se pratique et vivre un coaching, il existe de réelles différences. Nos clients arrivent donc avec une représentation relativement floue de la relation de coaching, de ce qu'ils peuvent en attendre, de ce qui s'y pratique… Au mieux, ils ont déjà effectué une thérapie et, dans ce cas, attendent écoute et empathie de la part du coach. Parfois, ils pensent que le coach va décider pour eux et leur dire ce qu'ils doivent faire dans les différentes circonstances de leur vie.

L'expérimentation de la relation de coaching est donc un réel apprentissage, et la façon dont le coach interagit avec son client lors des premières séances aide énormément celui-ci à se faire une représentation du coaching. Ce faisant, il peut entrevoir ce qu'il peut et doit en attendre.

Les interactions avec le coach vont l'amener à positionner sa demande et à coconstruire le cadre.

La notion de projet de vie est, pour la plupart des clients, une abstraction. Ils arrivent le plus souvent avec des thèmes d'insatisfaction et désirent rapidement obtenir une amélioration : c'est d'ailleurs pour cela qu'ils viennent en coaching !

Les premiers entretiens sont donc capitaux pour que le client prenne conscience des points sur lesquels il désire le changement, des enjeux de ces changements, de son positionnement.

La cocréation du cadre par le coaché, c'est aussi la prise de conscience que le rythme des séances proposé par le coach peut être modulable. Généralement, il est d'une séance tous les quinze jours. Toutefois, lorsque nos clients sont très insatisfaits de leur situation, ils souhaitent, au début, accélérer le rythme pour se sentir « avancer », soit passer à une séance par semaine, par exemple, pour les trois premières séances et quand arrive l'issue du coaching, il est très courant qu'ils choisissent d'espacer leur visite à une fois par mois.

1. Angel Pierre, Amar Patrick, *op. cit.*, p. 78.

Ils ont également la possibilité de suspendre les séances dans la mesure où ils ressentent le besoin de prendre du temps pour réfléchir, repositionner leurs priorités… tout cela participe de la cocréation du cadre qui peut donc offrir des variations d'une personne à l'autre.

La cocréation du cadre par le coach

Pour le coach personnel, le cadre général du coaching personnel est le projet de vie – nous verrons en détail cette notion au chapitre suivant (dans la section « Réflexion et méthodologie autour du projet de vie »). En fonction de ce qui amène la personne au coaching, il va pouvoir, avec elle, l'aider à préciser les contours de sa demande : où en est-elle ? Que souhaite-t-elle faire avec le coaching ? Le coaching personnel est-il l'endroit le plus adapté aux besoins et aux attentes de la personne ?

Une femme vient voir l'un d'entre nous avec la demande : « Aidez-moi à réfléchir et à mettre en œuvre la création d'une nouvelle activité en province dans mon métier actuel. »
À l'issue de la séance d'exploration de la demande, elle arrivait à la conclusion que son champ d'actions à venir était plutôt de se sentir légitime dans son métier actuel pour, à la rigueur, le développer ensuite ailleurs. La question de cette légitimité la renvoyait à une problématique personnelle qu'il était intéressant d'explorer dans un cadre thérapeutique ; ce qu'elle fait actuellement.

Ne pas hésiter à « perdre » un client pour lui permettre d'atteindre ses objectifs avec la personne appropriée : nous retrouvons ici l'éthique du coach.

La personne a-t-elle besoin de coaching ou d'une autre forme d'aide ?

La première difficulté pour le coach va être de définir ce qui, dans la demande du coaché, est de son ressort. Est-il le meilleur interlocuteur pour répondre à ce que vit la personne ?

La question que le coach se pose est : « Est-ce de mon ressort de coach personnel ? »

La demande est-elle une demande de coaching ou de thérapie, de conseil, de bilan de compétence... ?

L'expérience nous montre que les personnes qui choisissent le coaching se trompent rarement (voir à ce sujet, le chapitre 4, « Pourquoi les clients viennent-ils nous voir plutôt qu'un autre professionnel de la relation d'aide ? »). Elles se renseignent auparavant, mais les résultats espérés du coaching n'étant pas concrets dans leur esprit, il convient de faire le point avec elles sur les motivations de leur démarche, et de voir si leurs demandes ne sont pas du ressort d'un autre professionnel de la relation d'aide.

Une professionnelle de la finance, au chômage depuis deux mois, souhaite se faire accompagner dans sa recherche d'emploi. Pourquoi s'adresse-t-elle à un coach ? Quelles sont ses attentes que ne peuvent satisfaire les dispositifs officiels (Pôle emploi, APEC, associations de recherche d'emploi) ou privés (cabinet d'outplacement, intérim...) ?
Si, en tant que coach, nous n'effectuons pas cette recherche en questionnant, nous risquons de passer un contrat qui est de la compétence d'une autre profession et qui ressemblera plus à du conseil qu'à du coaching.
Le coaching dans ce genre de situation est très complémentaire des démarches officielles de recherche d'emploi ; encore faut-il le positionner en tant que tel.
Dans cet exemple, le coaching peut aider la personne à redonner du sens à son emploi, donc à sa recherche d'emploi, l'aider à se reconnecter à ses ressources profondes, à ses valeurs, l'aider à s'avouer réellement ce qu'elle veut et ce qu'elle ne veut plus...

Dans le contexte actuel où il pourrait être demandé (à terme) aux personnes de prendre l'emploi pour lequel elles sont formées (« formatées » ?) sous peine de se voir supprimer les allocations versées Pôle emploi... le coaching personnel en accompagnement de recherche d'emploi peut être un moyen complémentaire pour se retrouver soi-même. Dans un certain nombre de professions d'accompagnement, l'important c'est le « réel » : des objectifs de résultats sont là, particulièrement présents. En coaching, le coach aide aussi le client à rêver, à aller jusqu'au bout de ses rêves en les imaginant, à partir d'une attitude de non-jugement. Le rappel de la réalité s'effectue généralement de lui-même. L'attitude du coach permet le rêve où tout est possible, la confrontation avec la réalité amène la personne à se positionner ensuite sur des choix, mais cela seulement dans un second temps. Contrairement aux organismes officiels, le coach ne vit pas dans l'urgence que son client ait des projets concrets et viables, ce qui fait une réelle différence.

Comment passer un contrat ?

Le coach personnel aide le client à définir, à élaborer et à mettre en œuvre un projet de vie qui lui correspond, qui est le reflet de lui-même, de ses besoins et de ses désirs.

Quand nous recevons nos clients pour la première fois, l'implicite pour nous, c'est que leur projet de vie nécessite d'être au minimum relooké, voire repensé, réaménagé, re-rêvé… L'implicite, c'est qu'ils viennent nous voir avec cette finalité, même s'ils ne le présentent pas de cette façon.

Le contrat porte soit globalement sur leur projet de vie (travail, famille, activités personnelles), soit sur un aspect de leur vie qu'ils veulent améliorer (le travail, la relation à l'autre dans le couple, le manque de temps personnel…). Lorsque nous reformulons leurs propos, nous inscrivons leurs objectifs dans le cadre plus global de leur projet de vie.

Marianne, 30 ans, désire être accompagnée pour trouver un nouvel emploi. À l'issue de l'entretien, le coach reformule le contrat de la façon suivante : « Si j'ai bien compris votre situation, vous vivez actuellement chez vos parents et exercez des petits boulots. La situation ne vous convient plus. Vous souhaitez avec le coaching réfléchir et mettre en œuvre un projet professionnel cohérent qui vous permettra de vous épanouir et d'envisager des projets dans votre vie sentimentale, familiale et sociale. »

Même si nos clients ne raisonnent pas ainsi, de prime abord, ils savent entendre les reformulations faites dans ce sens et adhèrent au contrat.

Nous contractualisons donc sur la situation future, l'état désiré : ce que le client souhaite vivre, la situation espérée pour le futur. Le coaching est un moyen d'aider la personne à passer d'un présent insatisfaisant à un futur satisfaisant :

– soit la personne qui vient en coaching a une idée de cette situation future et le coaching l'aidera à explorer les nombreuses pistes et ressources qui lui permettront de la réaliser ;

– soit la personne cherche à s'éloigner d'une situation très fortement insatisfaisante, et le premier travail du coach consistera à l'aider à trier ce qu'elle ne veut plus pour ensuite l'aider à définir ce qu'elle souhaite.

Dans les deux cas, l'objet du coaching est d'aider la personne à atteindre un état satisfaisant qu'elle envisage déjà au début du coaching ou qu'elle ne connaît pas encore mais qui se révélera au fil du temps.

Lors de la première séance, le coach verbalise l'objet du coaching en reformulant l'état que la personne désire et qui a émergé lors de la séance. Si celui-ci n'a pas émergé (la personne ne sait pas ce qu'elle veut à terme), on peut penser qu'elle aura évoqué, au minimum, ce dont elle ne veut plus. Cela constituera l'ébauche d'un premier contrat.

Ce contrat va évoluer au fur et à mesure des séances dans le sens où il va se spécifier, se remodeler, se dessiner différemment tout en restant cohérent avec le fil directeur qui est l'élaboration d'un projet de vie convenant à la personne.

Le contrat initial donne le fil conducteur ; il est en lien avec le projet de vie de la personne : de son point de vue, celui-ci ne lui convient plus ou doit évoluer pour s'adapter à son vécu et à sa réalité.

Lors de chaque séance, le coach peut tout à fait passer des contrats de séances avec le coaché. Par exemple avec une question de ce type : « Comment saurez-vous en sortant de cette séance que vous avez bien fait de venir ? » Cela permet d'être au plus près de ce que vit le client, tout en restant dans la lignée du contrat général.

Récapitulons les questions que se pose le coach :

– Qu'est-ce qui amène le coaché ? Quelle est sa demande ?

– Est-ce une demande de coaching ?

– Au sein de cette demande, qu'est-ce que le client considère comme changeable/modifiable ?

– En quoi le coaching peut-il l'aider à changer cela ?

– Quel est le lien entre cette demande et le projet de vie de la personne ?

L'évolution du cadre

À la différence du contrat tripartite passé en entreprise, le contrat de coaching personnel est flexible, adaptatif et en cohérence avec «l'ici et maintenant» des deux protagonistes – coach et coaché.
Nous évoquions au début de ce chapitre le fait que les objectifs fixés par l'entreprise peuvent figer le cadre. Ce n'est pas le cas en coaching personnel. L'objectif du client va évoluer, se confirmer ou s'infirmer. «Le coaché précise, reformule, découvre des données qui font évoluer la nature de la demande. D'où un travail en spirale amenant à revisiter sans cesse la situation, le problème, le besoin, la demande, et à revalider régulièrement le contrat pour réajuster les interventions et rester au plus près des problèmes du coaché[1].»

La personne qui vient nous consulter ne sait pas vraiment où se situe sa difficulté, sinon elle l'aurait résolu et n'aurait pas besoin d'aide. Les coachés arrivent donc avec une demande qui porte souvent sur un objectif concret à réaliser qui va, d'après eux, résoudre leur problème du moment. Ils peuvent avoir raison ou tort sur la solution qu'ils préconisent… C'est comme si vous alliez consulter votre médecin en lui annonçant: «Je souffre d'une angine et j'ai besoin de tel médicament»; vous pourriez avoir raison ou non et, suivant la situation, le médicament vous soignerait ou pas. Il s'agit pour le coach de tenir compte de la réalité du client tout en l'aidant à explorer sa demande pour vérifier avec lui que la solution trouvée (le médicament) va réellement apporter la satisfaction attendue (le résultat souhaité).

Le contrat permet de fixer le cadre global de l'intervention en coaching: il aide à définir la finalité du coaching pour le client. Plus le contrat est global, plus il sera aisé de trouver les moyens adaptés pour arriver à l'objectif final.

Paul, 52 ans, divorcé, consacre sa vie à son travail. Il cherche une «âme sœur» et s'adresse à un coach qui lui propose le contrat suivant: «Le coaching va vous aider à retrouver une aisance relationnelle, à faire des rencontres, à organiser des échanges, à retrouver un équilibre de vie dans les domaines sentimental, familial et social.»

1. Buratti Laurent et Lenhardt Vincent, *op. cit.*, p. 154.

Les objectifs du client en coaching personnel sont révisables à l'infini... jusqu'à ce que celui-ci trouve ce qu'il était venu chercher. En cela, le cadre est évolutif. Le coach et le coaché ne sont pas tenus par les objectifs définis lors de la première séance, lesquels semblent d'ailleurs parfois très éloignés des objectifs finaux que se fixe le coaché lors de l'accompagnement.

Ainsi, nous rencontrons beaucoup de personnes qui dès les premières séances pensent très sincèrement venir pour changer de travail mais qui, lors du coaching, s'aperçoivent qu'en réalité, elles souhaitent vivre mieux leur situation professionnelle et œuvrent dans ce sens : en se positionnant différemment dans leur profession, en réaménageant leur temps de travail (en demandant un tiers-temps par exemple) ou en s'engageant sur des thèmes qui ne leur étaient pas venus à l'idée avant cette réflexion.

Qu'est-ce qui permet l'adaptation de ce cadre ? Le volontariat du coaché, qui peut décider de continuer ou d'arrêter le coaching, contribue à lui rendre ou à lui laisser la maîtrise du processus et du rythme du changement.

Le cadre est évolutif aussi, parce qu'il s'adapte au rythme psychologique de la personne accompagnée. Si elle souhaite faire une pause, car elle a besoin de temps pour elle (pour se ressourcer, pour prendre le temps de réfléchir, pour vivre le moment présent...), c'est possible. À l'inverse du coaching en entreprise, elle ne rend pas compte à son employeur des raisons qui la poussent à reporter le coaching. Cette possibilité de faire des pauses est cohérente avec le fait de laisser la responsabilité au coaché de son changement : il est engagé dans une démarche qui le concerne, il peut s'apercevoir en cours de coaching qu'il n'est pas prêt à effectuer des changements majeurs pour des raisons qui sont les siennes à ce moment-là. Il peut aussi avoir besoin de se donner du temps pour prendre contact avec ses valeurs, ses besoins. Cette notion est rattachée au cycle de changement développé dans l'ouvrage *Manuel du coaching*, de Bernard Hévin et Jane Turner. Le cycle de changement présenté est celui d'un projet qui suit, de façon générale, quatre phases :

– L'alignement ;

– La désynchronisation ;

– Le désengagement ;

– La réintégration.

Dans l'ensemble de ces phases, le temps est significatif, mais c'est surtout dans la phase de désengagement, aussi appelée « cocooning » (période de réflexion et de retour sur soi), que la personne peut souhaiter rester seule, prendre du temps pour elle… et le coach va lui « donner la permission » de le faire en suspendant provisoirement les séances.

Le coaching à distance : par téléphone ou via Skype

La relation de coaching individuelle se conçoit généralement en face à face, selon la « coutume » française issue des pratiques thérapeutiques.

Les Anglo-Saxons en revanche, recourent depuis longtemps et fréquemment à cette façon de coacher.

Alors, que doit-on en penser et surtout comment en faire bon usage si on décide d'y recourir ?

Les séances par le biais du téléphone et/ou de skype offrent des perspectives élargies aux clients et aux coachs.

Par exemple, les personnes domiciliées dans des régions ou pays dépourvus ou pauvres en coachs et celles ne pouvant se déplacer pour des raisons de santé n'ont pas d'autres possibilités que le téléphone ou skype pour accéder au coaching.

Au-delà de ces situations particulières, les demandes viennent également de clients déjà installés dans une relation de coaching classique mais qui sont amenés à être ponctuellement ou régulièrement en déplacement. Le relais téléphonique devient alors l'outil indispensable pour maintenir le lien et assurer une possibilité de relation suivie avec le client.

Coacher par ce biais présente des avantages et des inconvénients qu'il est important de connaître avant de se lancer dans l'aventure.

D'abord, la relation et l'alliance nécessaires au travail de coaching, ne s'instaurent pas aussi facilement par ce biais car il manque le regard de l'autre et surtout sa présence physique dans la pièce. La relation virtuelle confronte à l'absence de corps réel : serrer la main de son client ou le saluer via skype ne produisent pas tout à fait le même effet. Les besoins des clients différents également : les personnes qui sont plus auditives en souffriront moins que celles à préférences visuelle ou kinesthésique.

D'autre part, malgré la caméra, mais aussi du fait de la qualité souvent médiocre de l'image, le coach peut avoir des difficultés à percevoir l'état d'esprit de son client, les émotions, tensions ou changements d'attitude, car les nuances se perçoivent moins bien qu'en direct. Il existe donc une déperdition notable d'informations sur le non verbal. La réciprocité est vraie pour le client et peut le conduire à se sentir un peu isolé, voir coupé de son coach.

Le coach ne pourra pas non plus avoir recours aux mêmes outils qu'en face à face : il est plus artificiel de demander au client de déambuler tout seul dans la pièce sans personne pour l'accompagner physiquement au cours d'un exercice guidé ou encore d'utiliser une photo langage pour illustrer le travail autour d'un objectif. Cette approche limitera donc le travail à un échange plus classique ou demandera un effort d'imagination au coach pour trouver des solutions créatives.

Toutefois, l'utilisation de la caméra offre plus de choix si l'image est stable et de bonne qualité, par exemple pour faire dessiner le client.

La relation par téléphone spécifiquement présentera une autre difficulté : s'adapter au rythme du client sans le voir. Le téléphone induit une plus grande rapidité d'échanges. Le coach peut ne pas s'apercevoir par exemple que son client écrit une idée, ou a besoin de silence et de temps pour intégrer ce qui vient de se passer. Les silences indispensables ne sont en effet pas perçus de la même façon par téléphone ou en face à face et peuvent induire des malentendus ou de la gène. Le coach devra rester vigilant sur ce point et en parler avec son client pour définir des modalités de travail appropriées.

La connexion via Skype peut aussi s'avérer assez médiocre, notamment avec l'étranger, ce qui rend l'attention des deux interlocuteurs plus difficile et fatigante. Pour ces raisons, les séances dépassent rarement 1 h à 1 h 30.

L'avantage majeur reste la souplesse de mise en œuvre et l'adaptabilité aux horaires de chacun, en particulier lorsque le client vit dans un pays avec un grand décalage horaire. Les déplacements, souvent voraces en temps et fatigue sont éliminés. De même, lors d'une situation vécue comme urgente par le client, il est plus facile pour le coach d'y répondre avec réactivité par ce biais.

Si les deux personnes ne se sont pas rencontrées auparavant, il est indispensable de prendre le temps de créer un cadre formel qui reproduise la situation d'une séance réelle tout en tenant compte des particularités du mode de contact choisi. L'objectif du coach sera d'expliciter des règles de communication spécifiques à ce contexte et de définir avec le coaché un socle commun. Dans la réalité, cela se traduira par exemple, par un temps pour se saluer, vérifier que chacun est bien installé, rappeler au coaché qu'il peut à tout moment demander un temps « d'arrêt sur image » si la séance se déroule trop vite pour lui, de vérifier avec lui les émotions perçues etc.

Lorsque le coach et le client se connaissent déjà, la relation s'instaure rapidement, l'alliance étant acquise et le style de chacun connu. Ce mode induit même un certain confort de travail, chacun étant installé chez soi et chez l'autre simultanément.

D'une façon générale, avoir déjà rencontré son client et instauré une bonne relation facilite le coaching pour voie téléphonique ou via Skype. Il serait dommage de se priver de ces outils qui apportent un plus grand confort lorsque les conditions de rencontre en face à face ne sont pas réunies. Les systématiser en revanche dépendra de la personnalité du coach et aussi de celle du client.

Enfin, il s'agira de cadrer le mode de règlement des séances, le plus simple étant de s'aligner sur ce qui est pratiqué de visu : chaque séance est due après sa réalisation.

La clôture du coaching personnel

En règle générale, le coaching prend fin à l'issue du nombre de séances prédéfini. Les particuliers, à l'origine du financement, utilisent le temps qu'ils se sont fixé pour atteindre leurs objectifs et mettre en œuvre leurs solutions. Mais la situation peut être différente lorsque les objectifs évoluent, le coaché peut s'apercevoir alors qu'il a besoin de plus de temps. Dans ce cas, après la séance de clôture, qui consiste à faire un bilan de l'action menée, le -coaché convient avec le coach d'un nombre de séances complémentaires.

Une autre possibilité est de passer un contrat visant à atteindre l'objectif défini. Lorsque celui-ci est obtenu, le coaching prend fin. Il est important cependant de prévoir une séance de « bouclage » qui permette au coaché et au coach de faire une synthèse et de se quitter.

Qu'évalue-t-on dans une séance de bouclage ?

L'évaluation porte sur la satisfaction du coaché au regard des résultats du coaching. Un bilan est dressé à partir des indicateurs énoncés.

- En entreprise, les indicateurs de réussite sont déterminés dès le départ par un tiers prescripteur.
- En coaching personnel, la notion d'évaluation est rendue plus difficile, car il n'existe personne pour indiquer ce qui fonctionne chez le coaché, ce qui ne fonctionne pas, les objectifs à atteindre, les performances à développer. Les indicateurs sont ceux que le client s'est donnés, la plupart du temps, au cours du coaching. Aucun tiers extérieur à la relation de coaching n'est également là pour aider le client à évaluer les résultats du travail, pour effectuer des retours d'information sur ce qui a changé ou pas, sur ce qui s'est modifié personnellement ou professionnellement : pas de miroir extérieur, qui permettrait au coaché d'avoir une autre perception de lui-même en dehors du coach. Bien sûr, le coaché peut solliciter des retours d'information de la part de son environnement professionnel et personnel puis en faire part au coach. Mais l'évaluation reste de la seule subjectivité des deux parties.

Un client unique

En entreprise, il existe deux clients :
– le prescripteur du coaching qui paye ;
– le coaché qui « veut » un changement.

En coaching personnel, le seul client est la personne en face du coach.

Le coaché volontaire et motivé

Le coaché est doublement volontaire pour effectuer un coaching et pour réaliser un changement. La personne est généralement motivée par l'action qu'elle entreprend. Lors des séances de coaching, elle est active et impliquée. Ce qui peut être différent en entreprise, où régulièrement il semble manquer un de ces éléments !

En coaching personnel, le coaché choisit le praticien. La démarche n'est pas neutre : la personne est active. Elle décide de changer quelque chose dans sa vie et cherche quelqu'un pour l'aider dans ce sens. C'est une première étape très importante dans le processus de changement. Quand le client nous demande lors d'une première séance : « Est-ce que vous croyez que j'arriverai à changer ? », la réponse ne peut être que positive, car la personne a déjà fait une partie du chemin en sélectionnant un coach.

En effet, dans notre société il n'est encore pas courant de se faire aider par un professionnel. On va prendre conseil auprès des amis, de la famille, des collègues...

Accepter de se faire aider, c'est accepter de se montrer « fragile », reconnaître avoir besoin d'aide. C'est aussi accepter de dire « cela ne va pas et je ne veux plus continuer comme cela ! » et accepter d'avoir un témoin (le coach).

Le coach joue un double rôle : il est la mémoire du coaché au fur et à mesure des séances, et le catalyseur du changement.

Nous estimons qu'un client soit « pro-actif » assure déjà une partie du changement à venir ; il est déjà dans l'action qui est la finalité du coaching.

Quel que soit le point de départ de la démarche du client, qu'il souhaite positivement aller dans une nouvelle direction ou s'éloigner de sa situation actuelle, le fait qu'il soit volontaire et motivée multiplie ses chances d'atteindre ses objectifs.

Le client « pro-actif » assure au coach une certaine tranquillité d'esprit sur sa motivation apparente. Le coaché s'est autoprescrit le coaching et désire que le coach l'aide.

L'inconvénient de cette situation pourrait être qu'un coaché « en veuille pour son argent » et qu'il ait donc hâte que le coach le fasse changer ! Malheureusement, ce n'est pas aussi simple : le changement n'est pas du ressort unique du coach, ni même vraisemblablement du coaché (sinon il aurait déjà changé sans notre aide). Il se situe plutôt dans la rencontre de ses deux personnes et dans l'intersubjectivité décrite par Vincent Lenhardt[1].

Quand le changement attendu n'intervient pas, c'est l'occasion pour la personne de se repositionner par rapport à sa demande et de vérifier l'écologie, ou la pertinence de celle-ci. Il est en effet fort possible que le changement demandé ne soit pas approprié à ce moment de la vie de la personne.

1. Buratti Laurent et Lenhardt Vincent, *op. cit.*

L'écologie est une notion fondamentale en coaching: c'est le respect de l'intégrité du système humain que représentent la personne et son environnement.

Un client désire changer de situation professionnelle, il entame des recherches, envoie des CV, puis s'aperçoit que cette décision a des impacts importants sur son milieu familial. Son épouse a peur des risques, notamment financiers, engendrés par cette décision. Il prend alors conscience des difficultés liées à un changement de poste – obligation de faire ses preuves, fort investissement nécessaire, moindre disponibilité pour sa famille dans la période de prise de fonctions… L'écologie (équilibre) du système n'étant pas vraiment respectée, il ne changera pas d'entreprise finalement.

Nous constatons que si un changement entraîne pour le client des modifications trop lourdes qui le mettent en danger dans sa vie professionnelle, personnelle, familiale ou sociale, alors celui-ci ne pourra pas avoir lieu. Et inconsciemment, le client mettra en œuvre des « résistances » ou blocages qui l'empêcheront d'atteindre ses objectifs. De façon très simplifiée, on dira que si les inconvénients à changer sont supérieurs aux avantages, alors le changement n'aura pas lieu.

Le coaché client

Nous sommes actuellement dans une société d'hyperconsommation qui implique une certaine passivité. Or le coaching nécessite d'être actif. Le coach ne peut rien pour son client si celui-ci ne se prend pas en main lui-même.

Le fait que la personne assure elle-même le financement de son coaching offre une certaine garantie de sa motivation et laisse *a priori* moins de place à la consommation passive.

En coaching d'entreprise, généralement, le coaching est payé d'avance de façon à représenter un engagement pour le coaché. Le contrat commercial est dans la durée.

En coaching personnel, l'engagement est aussi dans la durée mais le contrat commercial est renouvelé de fait à chaque séance. Cela peut changer un certain nombre de comportements pour les deux parties.

- Le coaché est libre et responsable de son propre changement, mais aussi susceptible de mettre en place des comportements de victime ou de persécuteur («Vous ne m'aidez pas assez», «Si vous ne m'aidez pas plus, je ne viendrai plus…»).
- Le coach peut parfois être tenté de vouloir faire plaisir à son client pour ne pas le «perdre», ne pas trop le brusquer par exemple. Or, le coaching n'est pas toujours confortable, il mène assez souvent à la confrontation.

Confrontation et confort font-ils bon ménage ? Cela n'est pas certain et expliquerait même la «nécessité», selon nous, pour le coach personnel, non seulement d'être supervisé, mais aussi de continuer un travail de connaissance de soi sous la forme qui lui convient.

La question du paiement n'est pas neutre non plus. En entreprise, elle se règle habituellement en dehors du coaché puisque les honoraires sont convenus entre le prescripteur et le coach. En coaching personnel, elle se discute directement entre le coach et le coaché. Le coach doit avoir la capacité de définir son tarif, de l'annoncer et de le maintenir. Ce tarif renvoie à la valeur qu'il accorde à son travail et, par voie de conséquence, au travail de ses clients et à la valeur qu'ils s'accordent eux-mêmes.

Très élevé, il peut faire fuir les clients; très bas, il peut leur faire peur et leur donner l'impression que le coach est «au rabais». Le tarif adéquat est celui où le coach est positionné à son juste prix par rapport à son activité, à la concurrence et aux moyens financiers du client.

ENJEUX ET LIBERTÉ

Nous venons de voir en quoi consiste la différence de cadre entre les deux pratiques – entreprise et personnel. Il nous revient de repérer comment le cadre influence nos comportements consciemment et inconsciemment. En effet, nous n'agissons pas de la même manière en relation duelle et en relation tripartite. Selon le contexte, le coach se comporte différemment bien que sa mission dans l'absolu soit la même : accompagner le client en face de lui avec ses compétences et sa personnalité.

Enjeux et changements

Les enjeux du coaching personnel n'apparaissent pas obligatoirement au premier entretien, car ils dépendent des objectifs que se fixe le client, lesquels se dévoilent lors des séances suivantes de coaching.

Les enjeux sont donnés par les réponses aux questions : « Que se passera-t-il si vous n'atteignez pas les objectifs que vous vous êtes fixés ? » ou « Que se passera-t-il si vous atteignez les objectifs que vous vous êtes fixés ? »

Les réponses peuvent être surprenantes dans un sens comme dans l'autre. Par exemple : « Il ne se passera rien, je continuerai ma vie comme maintenant si je n'atteins pas mes objectifs », ou bien à l'autre extrême : « Ma vie sera bouleversée : pour la première fois de ma vie j'atteindrai un objectif que je me suis fixé moi-même et non les autres, je saurai que j'ai repris ma vie en main. »

En effet, les enjeux du coaching sont définis par le coaché, c'est lui le « maître du jeu » de sa propre vie. Il peut se fixer des enjeux élevés – changement total de vie – ou de faible ampleur – je ne change à peu près rien à ma vie finalement et cela ne présente pas de risque. Il peut aussi s'infliger des sanctions (positives ou négatives) en fonction de l'atteinte des objectifs.

Le rôle du coach est de confronter son client à la nature des enjeux et des sanctions qu'il se donne sans porter de jugement sur la validité de ceux-ci. Chacun fonctionne différemment ! Le coach ne juge pas son client : l'enjeu fixé est celui qui est juste pour le coaché en fonction des besoins qu'il ressent à ce moment de sa vie.

Il est assez courant que les enjeux soient élevés en coaching personnel : la personne est volontaire, elle paye, elle souhaite des changements rapides dans la plupart des cas.

Mais il arrive aussi que la personne n'ait apparemment pas d'enjeux. Le fait d'en prendre conscience et l'acceptation du coach, l'amènent à se positionner par rapport à sa demande ou par rapport à l'absence de demande réelle. Elle s'aperçoit alors de sa « passivité » et met en œuvre des solutions.

De fait, les critères de réussite du coaching sont du ressort du coaché et fortement en lien avec les objectifs et les enjeux.

Liberté

La liberté du coach et du coaché tient essentiellement à la relation bipartite.

La liberté de parole

Par rapport au coaching en entreprise, il s'agit d'une différence majeure pour la personne coachée : en coaching personnel, elle peut s'exprimer librement, c'est-à-dire sans « conflit de loyauté » vis-à-vis de son employeur, sans craindre de représailles non plus.

- En coaching en entreprise, si le coaché souhaite critiquer sa structure, son manager, les décisions prises, il peut se sentir mal à l'aise devant un coach payé par l'entreprise.
- En coaching personnel, la question ne se pose pas de la même façon. Il n'existe pas de « tiers payant », ce qui rend la relation plus fluide et la parole plus aisée des deux côtés, coaché et coach. Le coaché peut exprimer ses difficultés dans son activité professionnelle, critiquer son poste ou sa hiérarchie sans se dire qu'il exagère et « crache dans la soupe ».

  Le coach, quant à lui, peut poser des questions sans craindre que le coaché pense qu'il est « piloté » par la direction de l'entreprise. Il est assez habituel pour le coach de demander : « Pourquoi restez-vous à ce poste ? Que vous apporte-t-il ? Pour quoi travailler autant ? ». Ces questions n'ont pas de rapport direct avec, par exemple, le problème relationnel d'un manager avec ses collaborateurs, mais elles touchent à la motivation et aux valeurs de la personne, ce qui les rend délicates.

La liberté d'action

Une autre différence relative aux comportements concerne la faculté de passer à l'action ou pas. Le coaché est libre de ne rien faire.

En coaching personnel, il n'existe pas de tiers pour définir les comportements à modifier, le coaché va devoir se positionner par rapport à ses propres demandes au fur et à mesure des séances. Il peut évoluer dans ses demandes et passer de : « Je veux du changement » à « Oui mais pas trop » et quelque fois même à « Finalement non, je ne veux pas de changement ». Ce positionnement, qui se fait avec le temps, est essentiel pour l'aider à se connecter à ses désirs. Le coach accompagne ce positionnement dans une attitude d'acceptation inconditionnelle qui a pour effet d'aider son client à s'accepter lui-même.

La différence avec le coaching d'entreprise tient aussi à ceci : le client n'est pas obligé de passer à l'action, de mettre en œuvre ses objectifs s'il s'aperçoit qu'ils ne lui conviennent pas. Dans la mesure où il n'y a pas de tiers à qui rendre des comptes, il n'existe aucune obligation de ce type.

Le coaching personnel permet ces allers-retours avec des objectifs énoncés puis abandonnés, car ne correspondant pas au vécu souhaité.

Nous avons vu des personnes décidées à ne rien faire, car entreprendre quelque chose présentait plus de risque que de maintenir leur situation en l'état actuel. Nous avons accompagné des personnes qui souhaitaient réaliser leur rêve et qui l'ont fait ; d'autres qui ont dû abandonner leur rêve pour faire autre chose…

Le coaching personnel a pour objet d'aider un coaché à élaborer son projet de vie ou à conforter son projet actuel. Le coaché peut décider en cours de route de recycler son projet pour des raisons de « principe de réalité » notamment. Le coaching aide dans ce cas-là généralement la personne à sortir de la plainte dans laquelle elle se trouve, à décider de ce qu'elle veut faire de sa vie et à passer à l'action.

La dimension holistique de l'intervention

Le coach est responsable du processus lors des entretiens de coaching. Il oriente la personne par son questionnement qui n'est pas neutre.

L'exploration des demandes dans les différents domaines de vie

Le coach personnel, n'ayant pas de « commande » d'un tiers externe, peut être naïf et candide dans ses questions en osant interroger la personne sur l'ensemble de ses domaines de vie et sur les liens qu'elle établit entre eux.

Le coaching personnel touche à l'ensemble des dimensions de la vie de la personne.

Les domaines de vie, c'est l'appellation donnée à la segmentation artificielle des différents rôles d'une personne dans les différentes sphères de sa vie : famille, couple, amitié, activité professionnelle, sociale...

En entreprise, les objectifs sont généralement définis en termes professionnels. De nombreux coaches disent ne pas aller explorer les autres domaines de vie de la personne, car cela ne les « regarde pas ». Or, comment penser qu'une mutation professionnelle n'a pas d'incidence sur la vie familiale et sociale de la personne ? Cela nous semble impossible. En tant que coach d'entreprise, nous nous permettons aussi de poser à la personne des questions qui sortent du domaine de vie professionnel. Pour nous, il est impensable de concevoir un « être humain segmenté » ou « compartimenté » : « Là, je suis dans l'environnement professionnel, donc je laisse mes soucis au vestiaire pour huit heures minimum. » Malgré tout, c'est une croyance assez répandue parmi les managers de penser que l'on peut laisser ses soucis personnels à la porte de l'entreprise, d'où la difficulté d'en parler parfois. Il est intéressant de constater qu'un grand nombre de nos coachés, quand nous posons des questions hors champ professionnel, ne souhaitent pas poursuivre dans cette voie qui ne leur semble pas cohérente avec les objectifs définis en entretien tripartite. En effet, comment expliquer à un DRH que l'on est beaucoup plus performant au travail quand on prend du temps pour faire du sport (donc lorsque l'on quitte plus tôt le travail) et que l'on passe plus de temps en famille (donc lorsque l'on est moins disponible pour l'entreprise) ? Intellectuellement c'est possible ; dans les faits c'est beaucoup plus difficile !

En coaching personnel, même si les objectifs définis par le client sont d'ordre professionnel, nous explorons les autres domaines de vie en posant des questions en lien avec son vécu afin de l'aider à percevoir la globalité de sa situation.

Au risque de déplaire aux confrères qui pourraient penser qu'en coaching personnel, nous jouons, dans le pire des cas, « au psy », dans le meilleur des cas, aux conseillers conjugaux ou avocats matrimoniaux, la réalité est d'un autre ordre.

En effet nous constatons que les personnes venant nous voir en coaching personnel le font à 90 % avec une demande orientée sur le professionnel ou concernant l'équilibre du professionnel avec les autres domaines de vie. À la différence du coaching en entreprise, ces personnes sont conscientes de l'impact de leur vie professionnelle sur leur environnement au sens large et donc parlent, d'elles-mêmes, des autres domaines de vie.

Finalement, qu'est-ce qui amène nos clients en coaching personnel? Voici quelques exemples:

- une décision importante qui touche à la reprise, à la modification ou à l'arrêt de l'activité professionnelle;
- la volonté de réussir un challenge: nouveau poste, création d'entreprise, étape décisive à réussir...;
- la volonté de trouver un travail, un conjoint, de fonder une famille...;
- l'impression de ne pas faire ce pour quoi ils sont faits, de ne pas être cohérents, de «louper» leur vie, que tout va mal et surtout le travail...

Globalement, ils viennent parce qu'ils sont insatisfaits de leur vie actuelle et veulent changer.

Ils ont déjà analysé leur situation et ont décidé d'un moyen qui leur paraît adéquat pour atteindre leur objectif de changement: ce moyen relève assez régulièrement du milieu professionnel. Or l'expérience nous prouve que, pour beaucoup, le changement est nettement plus aisé dans un autre domaine que celui abordé au départ. Ainsi, le domaine personnel (celui qui est défini par des activités réalisées au seul profit de la personne) est favorable à de multiples changements, car il dépend uniquement de l'intéressé. Lorsque le coaché réussit un changement dans ce domaine, l'ensemble de ses perceptions est modifié.

Par exemple, régulièrement nos clients manquent de temps pour eux. Ils ne s'en plaignent pas de prime abord. Ce qui est intéressant, c'est que le coaching est la première étape pour se donner du temps et investir sur soi. La prise de conscience de ce fait modifie déjà la perception des coachés, ce qui les engage à investir ce «champ» qui leur paraissait délaissé. En systémique, on dit que le système se modifie à partir de l'élément le plus flexible. Dans le coaching personnel, le fait de concevoir la personne comme un tout va permettre de rechercher avec elle le domaine de vie le plus flexible : celui où elle peut effectuer un changement, aussi minime soit-il, qui va l'aider à modifier le système vivant qu'elle représente. Bien que les demandes soient au départ souvent professionnelles, le premier changement intervient régulièrement dans la sphère familiale ou personnelle : prendre du temps avec sa famille, partager de bons moments, prendre du temps pour soi afin de développer une activité dont on rêvait (peinture, chant...), prendre soin de soi, faire des choses nouvelles durant son temps libre... autant d'actions qui sont à mettre en place et qui permettent d'expérimenter autre chose.

Le fait de pouvoir aborder d'autres domaines que le professionnel peut avoir aussi pour effet de défocaliser la personne de sa demande initiale pour lui permettre de se positionner plus justement par rapport à ses désirs, y compris professionnels d'ailleurs.

S'agissant toujours du domaine de la systémique, il est intéressant de s'apercevoir que, régulièrement, le client souhaite modifier le système le plus rigide, car c'est celui qui lui pose problème. En tant que coach personnel, cette constatation nous amène à conseiller aux coaches débutants de ne pas hésiter à aborder d'autres domaines de vie... Vous rendrez service à votre client !

L'art du coach va être d'explorer la demande de son client tout en l'aidant à se décentrer de son problème. L'aider à mettre en perspective sa situation tout en l'amenant à se positionner sur les possibilités de changement.

À titre de témoignage, nous constatons que 50 % des personnes qui viennent nous voir pour changer de poste conservent leur emploi et améliorent leur qualité de vie par d'autres moyens qu'ils jugent appropriés pour eux : rencontres, conférences, échanges...

L'expression des émotions en coaching personnel

Autre différence entre coaching de vie et coaching en entreprise : la permission donnée par le coach à son client pour explorer l'ensemble des pensées, des actions, des émotions. En coaching personnel, la personne est perçue « comme un tout », c'est-à-dire comme un individu qui pense, agit et ressent. En accompagnant le coaché, le coach l'invite donc à prendre conscience de ces trois dimensions : action, pensée et émotion. L'émotion donne des indications sur le vécu de la personne et permet de savoir si les besoins psychologiques sont satisfaits ou non. Il est profitable d'accompagner le coaché dans cette exploration globale, et il nous semble étonnant que cette dimension fasse peur aux coaches en entreprise.

L'objectif de l'intervention du coach personnel est d'aider la personne à se mettre en contact avec ses désirs profonds afin d'élaborer son projet de vie en cohérence, autant que possible, avec ceux-ci. Or nos désirs profonds sont reliés à nos émotions et prendre conscience de celles-ci permet d'y accéder. En coaching personnel, il est essentiel que le coach soit lui-même à l'aise avec ses émotions afin de pouvoir accompagner son client dans cet aspect de son métier.

LE POSITIONNEMENT DU COACH PERSONNEL

Le coach personnel est centré sur son client sans interférence directe de l'extérieur. Cependant, nous sommes tous influencés par notre environnement, ce qui se dit sur les situations, les personnes... En présence d'un tiers (en entreprise), il nous semble moins évident de ne pas être influencé par les dires du prescripteur concernant ce qui va, ce qui ne va pas pour le coaché..., et possible d'oublier dans notre questionnement les normes sous-jacentes qui sont présentes dans les demandes d'amélioration.

En effet, que signifie être un bon manager ? Un certain nombre de modèles théoriques existent sur ce thème et fonctionnent selon la culture de l'entreprise. Il est difficile par exemple de ne pas savoir qu'un bon manager s'occupe autant de ses hommes que de ses résultats !

En coaching personnel, il nous semble plus éthique de « ne pas savoir à la place de l'autre ». Il n'existe pas de modèle théorique sur le « meilleur projet de vie ». Bien sûr chacun de nous a une idée de ce qui le rend heureux. Pour certains ce sera vivre en couple, avoir des enfants..., pour d'autres il s'agira de pouvoir se réaliser professionnellement, pour d'autres encore ce sera de profiter pleinement de la vie pendant qu'elle est encore là…, pour d'autres enfin, de supporter des situations qu'ils considèrent ne pas pouvoir changer… Si nous avons bien une certitude face à un client, c'est celle-là… ! Nous ne savons pas ce qui pourrait lui convenir pour être heureux. Il ou elle va devoir le (re ?) découvrir tout(e) seul(e), avec notre aide, ou sans notre aide. Parce que cela aussi fait partie de nos croyances : le coaching n'est pas toujours la bonne solution pour le client. Peu de clients se trompent en venant nous voir, mais il arrive quelquefois un moment où nous ne pouvons plus les accompagner, où un travail de fond doit être mené, ce qui n'est pas l'objet du coaching.

Ne pas savoir à la place de l'autre

Ne pas savoir à la place de l'autre est extrêmement difficile, quoi qu'en disent les manuels de coaching ! Nous apprenons toute notre vie à penser ce qui est juste ou pas, ce qui est beau ou laid, ce qui est normal ou non… Notre culture nous invite à émettre des jugements sur ce que nous vivons, pensons, faisons et ressentons nous-même… et pourquoi pas pour les autres. Nous attribuons des caractéristiques aux gens, « il est comme ceci », « elle n'est pas comme cela », et trouvons des explications permanentes aux événements : « cela vient de… », « c'est la faute à… ». Difficile dans ce contexte de ne pas savoir pour l'autre !

Or, les conseilleurs ne sont pas les payeurs, dit l'histoire… et, dans les formations de coaching, nous apprenons que le contenu est du seul ressort du coaché. Soit ! Nous apprenons donc à poser des questions ! Les questions ne sont pas des conseils paraît-il…

Néanmoins, nous ne pouvons pas ignorer dans ce métier que chaque phrase explicite proposée à notre client comporte un implicite. Les questions peuvent donc contenir implicitement des références ou des normes de société suivant la façon dont elles sont posées – le ton, l'inflexion de la voix… – tout ceci joue énormément.

En entreprise, quand le coach demande au coaché/manager combien de fois il reçoit ses collaborateurs en face à face par mois, l'implicite est qu'il doit les recevoir. Le sous-jacent étant : s'il ne le fait pas, il n'est pas un bon manager ! Avec l'expérience de coaching en entreprise, nous avons constaté qu'il est plus difficile de poser des questions sans implicite en entreprise qu'en coaching personnel.

Ne pas savoir à la place de l'autre en entreprise est relativement difficile, d'autant plus que les sociétés choisissent généralement des coaches parce qu'ils connaissent le milieu professionnel. Il existe des théories de définitions d'objectifs, de gestion des équipes, d'accompagnement du changement (comment faire face aux résistances en période de changement?). Ces théories sont connues généralement du coach, qui va devoir les oublier pour poser des questions axées sur le processus et le développement du coaché, par exemple: «Comment saurez-vous que vous êtes un bon manager?» Cela requiert donc une vigilance accrue en coaching en entreprise.

L'absence de modèle théorique en coaching personnel

En coaching personnel, le questionnement ne repose pas sur des théories reconnues, validées. Il n'existe pas de norme de projet de vie, heureusement! Mais encore faut-il en être convaincu en tant que coach! Nous pouvons souvent être amenés à penser que ce que nous vivons, quand cela nous correspond, pourrait convenir à la personne en face de nous. Les sondages vont régulièrement dans ce sens: 45 % des personnes trouvent le bonheur en famille, 20 % dans leur travail... En réalité ce n'est pas parce qu'un certain nombre de personnes partagent le même mode de vie qu'il va convenir à chacun! Le métier de coach consiste, d'une part, à s'étonner, à être naïf en face de la personne, à ne pas plaquer des visions toutes faites dans son questionnement et, d'autre part, à voir toutes les potentialités dont le coaché est porteur. Tout est possible à imaginer dans un projet de vie.

Un des exercices favoris du coach est de proposer à la personne de rêver sa vie. La question projective: «Vous avez 90 ans, vous avez réussi votre vie, qu'avez-vous vécu?» est intéressante, car elle amène la personne à prendre conscience de ses rêves et de la possibilité de les réaliser dès à présent, sans attendre.

Le coaché a besoin par ailleurs de la réelle acceptation du coach. Si, dans son attitude, ce dernier diminue la valeur de la réponse en énonçant, par exemple, «Ah bon, seulement cela?», il risque de bloquer le processus de changement en cours chez le coaché.

Nous croyons profondément à l'importance de cette capacité à s'émerveiller pour le coach, à s'émerveiller réellement, de façon consciente et inconsciente avec la personne de ce que celle-ci peut créer pour elle.

Voilà ce que nous entendons par « ne pas savoir à la place de l'autre ».

En revanche, il est un domaine où le coach « sait ». Il s'agit du processus en cours. Le coach est le gardien et le garant du processus.

La focalisation sur le processus

Le processus dont nous parlons est le mécanisme de changement – comment aider l'autre à aller au-delà de ses blocages qui l'empêchent de définir et mettre en œuvre ce dont il rêve ?

En coaching, nous « évoluons » dans l'ici et maintenant, cher aux gestaltistes[1], et proposons au client de préparer le futur. Pour cela, le coach aide le client à définir sa situation actuelle, celle qu'il espère pour le futur, les moyens nécessaires pour atteindre ses objectifs. Le coach raisonne en termes de démarche de changement en comparant les deux situations définies par le client et en se demandant ce qui est à changer en termes de processus :

- doit-on aider le client à ajouter quelque chose ? (Je veux quelque chose que je n'ai pas !)
  Exemple : « Je veux un équilibre dans ma vie ! » ;
- doit-on aider le client à supprimer, déplacer ou modifier quelque chose ? (Je ne veux plus de quelque chose que j'ai !)
  Exemple : « Je veux moins de stress et moins de pression ! » ;
- doit-on aider le client à conserver et développer quelque chose ? (Je veux quelque chose que j'ai déjà !)
  Exemple : « Je veux plus d'efficacité dans mon travail ! » ;
- doit-on l'aider à maintenir/prévenir une situation ? (Je ne veux pas quelque chose que je n'ai pas !)
  Exemple : « Je prends un nouveau poste, je veux éviter de me faire submerger par la situation ! » Il s'agit là de prévention.

1. Higy-Lang C. et Gellman C., *Le coaching*, Paris, Éditions d'Organisation, 2002.

Par processus, nous entendons aussi que le coach soit conscient du processus mis en œuvre du fait de ses interactions avec le client. Le questionnement, les silences, les « accusés de réception » – hochement de tête, mouvements... – ne sont jamais neutres et influencent le client.

La prise en compte des limites du coaching personnel

Le coaching personnel amène la personne à envisager sa vie comme elle le souhaite, à se positionner par rapport à elle-même, par rapport à son environnement familial et professionnel, à sortir de la plainte – à condition qu'elle soit entendue –, à sortir du schéma de victime en prenant conscience de ce qui est de son ressort ou pas.

Le coaching personnel permet au client de définir ses besoins, ses objectifs opérationnels et ses objectifs de vie.

Il est une manière de « grandir », de se développer à titre personnel.

Lorsqu'il est proposé et vécu comme nous venons de l'écrire, le coaching est un excellent outil de développement personnel. Il peut être aussi un bon début pour « travailler sur soi » et développer l'envie de mieux se connaître. À l'issue du coaching personnel, un certain nombre de clients entament une psychothérapie.

En revanche, le coaching peut aussi être utilisé comme un moyen de rester dans la norme, de répondre aux injonctions permanentes de la société. Nous ne validons pas ces démarches. Il nous semble capital que le coach ait conscience des limites de ce type de demandes et les ait analysées pour lui-même.

Car finalement pourquoi vouloir être coach personnel ? Pour être dans la norme et afficher des valeurs humanistes ? Parce que cela correspond à votre projet de vie actuel ?

Quand nous entendons certains apprentis nous « déclamer » qu'ils sont « nés pour être coach », nous avons quelques difficultés à croire à leur propre développement. Pour les professionnels que nous sommes, le coaching personnel est un moyen trouvé par chacun de nous pour satisfaire ses besoins et/ou ses valeurs. Ce métier est un métier passionnant qui nous amène constamment à nous développer, à nous former, à nous dépasser dans le but d'être... épanoui(e)s dans notre vie, satisfaits de nous... Demain, la vie et l'évolution de nos projets de vie nous amèneront à exercer peut-être d'autres activités. Nous ne sommes pas nés pour un métier spécifique. Les aptitudes des individus, leurs valeurs et leurs croyances, leurs fonctionnements font que certains métiers leur conviennent mieux que d'autres. Si vous n'arrivez pas à exercer le métier que vous souhaitez… faites autre chose ! Il existe certainement d'autres professions que le coaching qui vous permettront de réaliser votre vie et de satisfaire vos besoins. Dans tous les cas, penser que chacun est né pour un métier est une croyance qui risque fort de ne pas aider nos coachés ! Comment vont-ils réagir s'ils s'aperçoivent qu'ils ne peuvent pas exercer le métier pour lequel ils sont « faits » ?

Une autre limite du coaching personnel est la réalité économique de la personne. Nous amenons nos clients à rêver et imaginer une autre vie, mais parfois le rêve ne peut se réaliser ou doit être reporté. La personne va devoir faire quelque chose de ce rêve : l'abandonner ou le transformer. Tout est possible à partir du moment où le coach n'est pas « plus client que le client », c'est-à-dire à partir du moment où le coach ne veut pas plus que le client que le rêve se réalise.

Pour conclure cet aspect des limites du coaching, il nous semble essentiel de rappeler que le coaching est un moyen comme un autre pour effectuer des changements et qu'il est nécessaire pour le coach de définir avec son client les limites de son intervention afin de pouvoir l'orienter vers un autre spécialiste de la relation d'aide quand le coaching semble ne pas être adapté.

Exemples de coaching d'entreprise et de coaching personnel à partir de la même situation de départ: il nous a semblé intéressant de mettre en parallèle des séances en entreprise et en coaching personnel.

Situation de départ

Julien, 50 ans, travaille depuis vingt ans dans une grande entreprise constituée de vingt-cinq établissements en France. Il est à présent spécialiste des réseaux informatiques et formateur en informatique en interne. Il dépend hiérarchiquement du directeur informatique. Il totalise beaucoup d'heures de travail, il est dans tous les cas « au forfait » (nombre de jours à travailler dans l'année) et ne compte pas ses heures, ni ses déplacements. Il est marié depuis vingt-deux ans et a deux grands enfants de 18 et 20 ans. Son épouse travaille à mi-temps en tant que bibliothécaire. Actuellement, il ne pratique aucun sport et sort peu pendant les week-ends si ce n'est pour aller dans la famille de son épouse.

	Coaching d'entreprise	Coaching personnel
Situation de départ	Le coaching est proposé par le directeur informatique à son collaborateur.	Julien a entendu parler de coaching par un ami qui vient de changer de travail en se faisant coacher.
Séance de prise de contact	Entretien tripartite qui réunit Julien, le coach et le directeur informatique. Demande définie lors de l'entretien : gagner en efficacité professionnelle. Julien se disperse, ne tient pas ses engagements en termes de date, est toujours débordé, ne fait pas face aux situations définies comme les plus urgentes par sa hiérarchie.	Julien commence à se poser des questions sur son travail, sa vie familiale. Il essaie d'être partout, mais s'épuise physiquement à tenter de faire plaisir à tout le monde. Il est débordé au travail et irritable à son domicile avec sa famille. Il a décidé de reprendre sa vie en main ; il voudrait retrouver un équilibre.
1re séance	L'objectif de la séance est de définir le problème, ses causes, ses conséquences et les objectifs. Les éléments générateurs semblent être : – l'arrivée d'une nouvelle hiérarchie (le directeur informatique) ; – l'encadrement de jeunes, ce qui lui prend beaucoup de temps. Trois axes majeurs se dessinent à l'issue de la séance : – travailler la gestion du temps et des priorités à partir de ce qui est important pour lui et son supérieur hiérarchique ; – apprendre à dire non aux demandes qui ne le concernent pas et qui viennent soit de sa hiérarchie, soit des jeunes en apprentissage ; – trouver des moyens de satisfaire ses besoins de reconnaissance, ce qui n'est pas le cas actuellement. Il est donc décidé de commencer par le thème de la gestion du temps la séance suivante.	L'objectif de la séance est de définir où est le problème. À l'issue de la séance, le problème n'est pas identifié. Tout va mal : débordé dans son travail, il se dispute avec sa femme, ne voit plus ses enfants, n'a plus d'envies, est démotivé. Ce qu'il aimerait : – retrouver de l'énergie pour passer à autre chose, mais il ne sait pas quoi ; – être bien dans sa vie parce que, après tout, il a l'âge de l'être. Ses attentes par rapport au coaching : l'aider à définir ce qui ne va pas pour aller mieux. Il veut retrouver sa joie de vivre. **Tâche :** faire une liste de ce que vous ne voulez plus du tout.

☞

	Coaching d'entreprise	Coaching personnel
2e séance	**Thèmes abordés:** quel est le problème concernant la gestion du temps? La question le renvoie à explorer et à définir ses différentes identités dans ses différents rôles professionnels: spécialiste réseau, formateur, mais aussi tuteur, parrain des jeunes, mémoire de l'entreprise et parfois médiateur entre les utilisateurs et l'équipe informatique. Le tout dans un environnement dispersé sur vingt-cinq établissements. **Prise de conscience:** il ne pensait pas avoir autant de rôles en même temps et commence à comprendre que c'est normal de rencontrer des difficultés à tout gérer, en voulant que tout se passe bien, c'est-à-dire en voulant satisfaire tout le monde! **Tâche pour la séance suivante:** quels sont les rôles évalués et valorisés par sa hiérarchie?	**Thèmes abordés:** faire le tri de ce qu'il ne veut plus (reproches incessants à la maison et au travail, pression constante, heures de travail sans compensations en retour). Analyse de situations concrètes, mise en relief de ce qui lui manque profondément (du temps pour lui, à partager en famille, se sentir bien dans son corps). Les raisons de cette situation d'après lui: – le travail, qui ne lui laisse pas de répit, notamment depuis qu'il a changé de patron et qu'il encadre des jeunes; – peu de temps consacré à sa famille: il était toujours en déplacement et ne connaît plus ses enfants. Ce qu'il attend du coaching: prendre du recul, analyser pour décider de ce qu'il veut vraiment faire des dix prochaines années. Sa demande immédiate: « lever le pied ». **Tâche:** comment saurez-vous que vous avez levé le pied?
3e séance	**Thèmes abordés:** reprise des rôles évalués par la hiérarchie, et travail sur les valeurs de Julien. Identification de ce qui est important pour lui dans le travail, hiérarchisation des valeurs et rapprochement avec les rôles confiés. **Décisions prises** par Julien à l'issue de la séance: privilégier la fonction de spécialiste, prioritaire pour le directeur informatique, limiter la fonction de tuteur aux jeunes qui lui sont confiés officiellement, répondre aux demandes de la hiérarchie de manière réaliste, en vérifiant la faisabilité avant de dire oui.	**Thèmes abordés:** réponses à la question précédente. – Prendre les choses l'une après l'autre. – Prendre le temps d'effectuer chaque activité correctement. – Prendre du plaisir à ce qu'il fait. – Pratiquer des activités en famille. **Analyse de la situation actuelle:** qu'est-ce qui l'en empêche? Plaintes concernant l'entreprise qui l'emploie, sa hiérarchie, les interruptions fréquentes par des demandes de sa hiérarchie. **Tâche:** nous sommes dans dix ans vous avez réalisé vos projets; lesquels sont-ils?

☞

	Coaching d'entreprise	Coaching personnel
4e séance	Arrive plutôt désappointé à la séance : a réalisé qu'il s'ennuie dans sa fonction de spécialiste, est inquiet par rapport à son avenir (il n'a que 50 ans et encore dix ans à travailler). Il n'a pas su limiter la fonction de tuteur, il se sent débordé par ses différents rôles, il a dû se déplacer deux fois en quinze jours, il est rentré fatigué... rien ne va plus ! **Thèmes abordés :** que voudriez-vous à la place de cette situation ? Prise de conscience : difficulté à formuler un objectif. **Tâche :** observer comment il fait pour être débordé par les demandes et les classer (ce qui rentre dans son domaine d'attribution, officiellement ou non).	Arrive à la séance en retard, n'a pas réussi à rêver son avenir. A pris conscience qu'il veut tout : la sécurité du travail actuel mais pas les contraintes. Ne sait pas par où commencer le changement, qui lui paraît impossible. **Thèmes abordés :** par domaines de vie, travail de tri, retour au contrat de coaching (qu'attendez-vous du coaching ?). Énergie basse et découragement général lors de la séance.
5e séance	**Début de séance :** prise de conscience du fait de privilégier certaines demandes, qui sont des demandes relationnelles, plutôt que des demandes techniques, car les premières sont plus en accord avec ses valeurs. Se sent coincé : soit répond aux demandes du poste (techniques) et ne se fait plus plaisir, soit se fait plaisir en traitant les demandes d'aide, lesquelles ne sont pas reconnues et valorisées par son directeur. **Thèmes abordés :** scénarios catastrophes dans les deux cas évoqués. Prise de conscience : ne veut pas se décider à choisir, car aucune des solutions ne lui convient. **Tâche d'observation :** comment fait-il pour se coincer et ne pas pouvoir choisir ?	Arrive avec une demande professionnelle : il a deux échéances à tenir et sait qu'il ne pourra pas réaliser les deux (préparer une formation, effectuer une étude pour sa hiérarchie). Comment en est-il arrivé là ? Il est rentré plus tôt chez lui deux soirs de suite pour discuter avec son épouse ; il n'a pas su refuser d'aider deux jeunes bloqués techniquement. **Thème abordé dans la séance :** la prise de décision. Il est coincé dans une double contrainte et n'arrive pas à s'en dégager, réflexion autour de son fonctionnement. **Prise de conscience** de sa difficulté à décider, car il a peur des risques et des conséquences. À l'issue de la séance, il décide de négocier avec son supérieur hiérarchique pour privilégier la préparation de la formation.

☞

	Coaching d'entreprise	Coaching personnel
6e séance	**Ce qui le bloque :** peur de mal choisir, peur des conséquences. Il voudrait tout : la liberté de faire ce qui lui plaît et la sécurité que lui apporte ce poste. **Thèmes abordés :** impact de cette indécision sur son organisation de travail (ne choisit pas mais ne peut pas tout faire). Confiance en soi : quelles sont les activités clés qui lui apportent du plaisir ? **Prise de conscience :** émergence d'un rêve où il concilierait la technique et le relationnel. **Tâche :** observer les postes existants dans son domaine d'activité qui pourraient satisfaire le/son rêve.	Arrive enthousiasmé par la séance précédente : il a pris conscience de ce qu'il souhaitait privilégier dans son travail (transmettre) et de ce qu'il souhaitait diminuer (sa fonction de spécialiste). Il a réussi à négocier un délai avec sa hiérarchie. **Thème abordé :** réflexion sur ses valeurs et les différents rôles qu'il occupe : où ses valeurs sont-elles satisfaites ? Émergence d'un plan d'action pour les satisfaire dans ses activités majeures.
7e séance	Arrive avec une idée : chef de projet, mais cela nécessiterait une formation complémentaire. **Thèmes abordés :** freins internes et externes à reprendre des études, type de leadership demandé dans ce poste, retour à l'efficacité personnelle. Comment gérer la multiplicité des demandes ? **Prise de conscience :** ce qui lui est reproché pourrait être un frein à son nouveau projet. Décide donc de trier ses actions prioritaires et de s'y tenir. **Tâche :** explorer la réalité du poste de chef de projet (lectures, discussions...).	Arrive démotivé. Les idées évoquées en séance lui paraissent fantastiques mais il n'arrive pas à les mettre en œuvre. **Thèmes abordés :** sélection du domaine dans lequel il souhaite un changement en premier lieu. Recherche du « premier pas » : le plus petit changement qui lui démontrerait qu'il est dans la voie du changement souhaité. **Décision lors de la séance :** prendre le temps de lire au lieu de regarder la télévision, et cela deux fois par semaine.
8e séance	Arrive décidé par rapport à ce nouveau projet mais inquiet sur la façon de le présenter à son directeur. **Thèmes abordés :** écologie du projet (avantages et inconvénients à le réaliser pour lui, pour son directeur, pour la société qui l'emploie). En termes d'organisation : a réussi à dire non à des demandes qui n'étaient pas prioritaires sans que la relation en soit altérée, en tire donc satisfaction.	Arrive satisfait : il a réussi à tenir ses objectifs définis précédemment. A eu l'occasion d'instaurer un dialogue avec son épouse sur leur vie de couple et leurs insatisfactions réciproques. **Thèmes abordés :** les objectifs par domaine de vie et les ressources nécessaires. De quoi a-t-il besoin pour tenir ses engagements ? Définition du premier pas pour chaque objectif défini : – professionnel, tenir ses engagements et, pour cela, décider des dates d'échéance, les négocier ;

☞

	Coaching d'entreprise	Coaching personnel
8e séance *(suite)*	**Prise de conscience :** la gestion de son temps dépend de sa capacité à choisir ses priorités et à les affirmer. Décide, à l'issue de la séance, de prendre rendez-vous avec son directeur pour lui parler de son évolution.	– familial, retrouver des activités à partager en couple et en famille ; – social et amical, renouer avec ses amis en leur proposant un dîner et une sortie sur Paris.
9e séance	Arrive en racontant son entretien avec son directeur, qui a demandé à réfléchir et à le revoir. Il est satisfait de son entretien constructif. **Thèmes abordés :** sa relation à son directeur. Comment être « force de proposition » en affirmant ses propres besoins sans agressivité ? Quels sont les signes de reconnaissance dont il a besoin et comment les demander ? **Gestion du temps :** il a trouvé un fonctionnement qui lui convient en bloquant des plages de temps pour la technique et d'autres pour les demandes d'aide.	Arrive en parlant des difficultés à tenir ses engagements en milieu professionnel : il veut faire plaisir, et a beaucoup trop de missions à gérer. **Thèmes abordés :** identification des différentes missions qui lui sont confiées et de leur lien avec ses valeurs et ses désirs. Prise de conscience du changement profond de ses valeurs et de l'émergence de rôles professionnels. **Décision :** établir les priorités dans ses missions pour définir ses échéances et pouvoir dire non si besoin. En famille : le dialogue est renoué avec sa femme, mais c'est beaucoup plus difficile avec ses enfants. **Décision :** leur laisser le temps de s'habituer à leur père dans sa nouvelle dimension.
10e séance	A revu son supérieur hiérarchique, ils s'orientent sur un poste de chef de projet à terme avec une formation. **Thèmes abordés :** de quoi a-t-il besoin dans les mois à venir pour assurer sa fonction actuelle et se préparer à une nouvelle/un nouveau poste ? **Prise de conscience :** importance de la formation, importance de se faire passer en premier dans ses propres priorités.	Commence l'entretien satisfait : il tient ses engagements professionnels, quelquefois cependant aux dépens de ses propres besoins. Prise de conscience que le travail ne lui convient plus complètement. **Thèmes abordés :** activités qui lui permettent d'être énergique, activités qui lui prennent de l'énergie. Comment développer ses compétences en lien avec ses nouvelles valeurs de partage et de transmission ? Décide d'établir un dialogue avec sa hiérarchie sur ce thème.

☞

	Coaching d'entreprise	Coaching personnel
Clôture	Entretien tripartite – Coaché : satisfait, a affirmé ses besoins par rapport à l'organisation, a augmenté son efficacité personnelle et son organisation, a su s'affirmer dans ses relations. – Directeur : satisfait des résultats obtenus. Les délais annoncés sont maintenant tenus ; Julien a changé et est plus dans l'action. – Le coach est présent en tant que témoin du coaching mais il ne rapporte rien des séances.	Coaché : satisfait d'avoir retrouvé un niveau de dialogue satisfaisant avec sa femme, conscient du chemin à parcourir pour rétablir une relation avec ses enfants, lucide sur l'importance de faire évoluer son poste, si possible au sein de l'entreprise. Globalement, il dit avoir retrouvé une dynamique, une énergie, avoir repris sa vie en main. Souhaite continuer le coaching pour mettre en œuvre les actions décidées au niveau de la famille et du couple, et l'aider à communiquer avec sa hiérarchie pour évoluer professionnellement.

La mise en parallèle de ces deux situations permet de comprendre la focalisation sur des objectifs précis dans le cas du coaching en entreprise.

À l'issue de la dixième séance, les résultats sont atteints. Dans le cas du coaching personnel, la demande prend plus de temps pour émerger et concerne des objectifs dans différents domaines.

À l'issue de la dixième séance, le coaching est satisfaisant mais les objectifs ne sont pas tous atteints. Certaines personnes souhaitent continuer à être accompagnées ; pour d'autres, la définition de leurs buts leur permet de continuer seules la route.

Points clés du chapitre
Un cadre différent entre coaching personnel et coaching d'entreprise

Un cadre moins contraignant

- L'absence de tiers modifie le cadre de l'intervention :
  - le cadre est bipartite plutôt que tripartite ;
  - les contraintes sont allégées.
- Le cadre est coconstruit et évolutif :
  - il s'adapte à la demande du coaché.
- L'engagement du coaché est différent parce qu'il est aussi le payeur.

Une plus grande liberté du coach et du coaché

- Plus grande liberté de parole du coach et du coaché.
- L'ensemble de la personnalité du client est pris en compte dans ses différents contextes de vie :

☞

- le coach explore les différents domaines de vie: professionnel, familial/sentimental, personnel, social/amical;
- les changements dans un domaine ont des répercussions sur les autres: notion de système.

– L'expression des émotions est encouragée afin de mettre à jour les besoins et/ou les freins du client.

Un positionnement du coach différent

– Le coach ne sait pas ce qui peut convenir à son client en termes de contenu de projet de vie.
– Il est focalisé sur le processus de changement en œuvre chez son client.
– Il vérifie avec lui que ses objectifs sont en relation avec ses besoins internes plutôt qu'avec une norme sociale.

3

L'IDENTITÉ DU COACH PERSONNEL

Les métiers de coaches en entreprise et personnel présentent des similitudes, aussi nous a-t-il semblé indispensable de cartographier ce qui établit réellement l'identité du coach personnel. Les lignes qui suivent s'emploient donc à dresser ce que nous appellerons sa « carte d'identité ».

ÊTES-VOUS UN COACH DE VIE ? AUTODIAGNOSTIC

Nous vous proposons, avec ce test autodiagnostic de commencer de façon un peu ludique ce chapitre destiné à vous donner un aperçu de ce que pourrait être le portrait-robot d'un coach personnel de notre point de vue.

Ce test, qui n'a aucune prétention à être scientifique, vise à vous faire réfléchir sur vos goûts et vos aptitudes pour devenir coach de vie ou élargir vos activités si vous êtes déjà coach.

Répondez d'abord à toutes les questions puis consultez les modalités de calcul de votre score.

Vous trouverez à la suite des pistes de réflexion propres à chaque résultat.

	VOTRE AVIS. Vous pensez que c'est :	VRAI	FAUX	PLUTÔT VRAI	PLUTÔT FAUX
1	Vous êtes attiré par des personnes différentes de vous.			X	
2	Certaines personnes vous agacent tellement que vous avez du mal à communiquer avec elles.				X
3	Vous pensez qu'il n'existe qu'une réalité.		X		
4	Vous aimez voyager.	X			
5	Vous ressentez de la pitié pour les personnes démunies.		X		
6	Cela vous demande beaucoup d'attention pour pouvoir reformuler ce que vient de vous dire votre interlocuteur.		X		
7	Vous savez apporter du réconfort à des personnes qui vivent des situations difficiles.	X			
8	Vous estimez que chacun reste le mieux placé pour juger de ce qui est bon pour lui.	X			
9	Vous aimez sentir que vous êtes indispensable aux autres				X
10	Vous aimez mener la danse.				X
11	Il vous est difficile de supporter quelqu'un qui ne sait pas ce qu'il veut.		X		
12	Lorsqu'une personne vous parle, vous parvenez facilement à faire une synthèse de ses propos.	X			
13	Vous avez du mal à gérer les manifestations d'agressivité dans votre entourage.		X		
14	Vous pensez que dans le développement de la personne, tout comme pour les enfants, « tout se joue avant 6 ans ».		X		
15	Vous avez du mal à supporter de voir une personne tourner longtemps autour de la bonne solution sans intervenir.				X
16	Vous vous sentez démuni pour aider une personne en recherche d'emploi.				X

☞

☞

	VOTRE AVIS. Vous pensez que c'est:	VRAI	FAUX	PLUTÔT VRAI	PLUTÔT FAUX
17	Confronté à une situation donnée, vous savez prendre du recul et analyser ce que vous vivez.			X	
18	Vous n'aimez pas exprimer vos émotions en public : ça ne se fait pas.				X
19	Vous aimez les activités qui vous apportent du plaisir.	X			
20	Vous aimez avoir raison.			X	
21	Vous préférez partager ce que vous ressentez plutôt que de reformuler des propos un peu longs.				X
22	Certaines situations dramatiques vous émeuvent.			X	
23	Vous terminez souvent les phrases de votre interlocuteur lorsqu'il hésite.			X	
24	Vous avez des difficultés à faire taire votre dialogue interne.		X		
25	Vous supportez difficilement les tensions.		X		
26	Vous aimez secourir les autres.	X			
27	Vous pensez régulièrement que vos enfants devraient changer.		X		
28	Vous pensez que le passé d'une personne ne laisse pas préjuger de son avenir.	X			
29	Entendre quelqu'un se plaindre vous agace.		X		
30	Vous estimez qu'il y a des personnes moins intéressantes que d'autres.		X		
31	Vous aimez pouvoir travailler sans intermédiaire avec un client.	X			
32	Aborder le domaine de la vie privée de vos clients vous paraît déplacé et inutile.		X		
33	Vous ne cherchez pas à convaincre un ami à se décider : vous lui laissez le temps nécessaire.	X			

☞

	VOTRE AVIS. Vous pensez que c'est :	VRAI	FAUX	PLUTÔT VRAI	PLUTÔT FAUX
34	Vous savez amener votre interlocuteur à clarifier sa pensée.				
35	Vous n'aimez pas les gens compliqués et posant sans cesse des questions.				
36	Vous avez des idées précises sur ce qui pourrait le mieux aider vos clients.				
37	Vous êtes mal à l'aise lorsque des silences surviennent lors de réunions de famille.				
38	Vous êtes reconnu pour votre écoute.				
39	Vous aimez créer une relation de confiance avec vos interlocuteurs.				
40	Vous avez souvent des idées en même temps que vos interlocuteurs vous parlent.				
41	Vous estimez que l'intuition remplace avantageusement les questions.				
42	Vous aimez faire le vide en vous				
43	Il vous arrive de vous ennuyer lorsque quelqu'un vous parle.				
44	Vous savez lâcher prise.				
45	Quand vous voulez faire passer un message et qu'il n'est pas entendu, vous vous obstinez.				
46	Vous appréciez avoir du pouvoir.				
47	Vous aimez vous laisser surprendre par les idées des autres.				
48	Vous aimez que l'on vous sollicite sur des conseils.				
49	Les comportements de certaines personnes vous irritent.				
50	Vous n'appréciez pas que l'on vous contredise.				
51	Vous acceptez facilement de laisser de côté un objectif quand les conditions ne sont pas remplies pour le réaliser.				

	VOTRE AVIS. Vous pensez que c'est :	VRAI	FAUX	PLUTÔT VRAI	PLUTÔT FAUX
52	Vous ne vous sentez pas à l'aise pour faire payer une personne démunie.				
53	Globalement vous êtes souvent assez surpris de la capacité d'adaptation des personnes.				
54	Vous aimez essayer de nouveaux plats.				
55	Vous êtes mal à l'aise face à quelqu'un qui parle beaucoup.				
56	Vous partagez facilement vos émotions.				
57	Quand vous sortez pour vos loisirs, vous changez souvent de restaurant.				
58	Les loisirs doivent se mériter.				
59	Vous êtes mal à l'aise face à quelqu'un qui parle peu ou pas.				
60	Vous vous sentez désemparé face à un adulte qui pleure.				
61	Vous aimez contrôler la relation.				
62	Vous n'aimez pas les confrontations avec votre entourage.				
63	Vous pensez que certains défauts sont rédhibitoires pour évoluer.				
64	Lorsque vous constatez que quelqu'un ne comprend pas ce que vous dites, vous l'exprimez différemment.				
65	Dans une négociation en famille, c'est toujours vous qui l'emportez.				
66	Vous pensez qu'il ne faut pas mélanger vie professionnelle et vie personnelle.				
67	De votre point de vue, l'activité professionnelle est prépondérante dans la vie d'une personne.				
68	Il vous semble que les loisirs prennent trop de place dans l'esprit des jeunes actuellement.				

☞

	VOTRE AVIS. Vous pensez que c'est:	VRAI	FAUX	PLUTÔT VRAI	PLUTÔT FAUX
69	L'émotion de votre interlocuteur vous touche mais ne vous gène pas.				
70	Vous êtes capable de rire de vous-même.				
71	Vous aimez vivre le moment présent en profitant des bonnes choses.				
72	Vous concevez votre métier également comme une mission.				
73	Vous n'aimez pas poser des questions qui fâchent.				
74	Vous savez dédramatiser et voir en priorité l'aspect positif de toute situation.				
75	Il vous est difficile de prendre du temps pour vous.				
76	Pour vous, la vie, quelle qu'elle soit, mérite d'être vécue.				
77	Vous vous sentez le devoir d'éclaircir la pensée de votre client.				
78	Vous aimez vous fixer des objectifs et les atteindre.				
79	Vous détestez avoir l'air bête.				
80	Votre façon de reformuler est toujours juste.				
81	Vous aimez apprendre.				
82	Vous pensez comprendre votre interlocuteur à demi-mot.				
83	Vous avez souvent peur de blesser les autres.				
84	Vous vous sentez bien dans votre peau.				
85	Vous aimez questionner naïvement.				
86	Vos amis vous disent régulièrement: «J'ai vraiment compris quelque chose avec toi.»				
87	Lorsque votre client sollicite votre avis, vous estimez normal de le lui donner.				

☞

	☞ VOTRE AVIS. Vous pensez que c'est:	VRAI	FAUX	PLUTÔT VRAI	PLUTÔT FAUX
88	Vous appréciez de rester, en silence, à écouter une personne.				
89	Vous appréciez que l'harmonie règne autour de vous.				
90	Vous aimez trouver de nouvelles significations aux événements.				
91	Vous pensez que confronter l'autre à ses contradictions l'aide à avancer.				
92	Vous avez fait un travail sur votre psychogénéalogie.				
93	Vous avez tendance à ruminer les problèmes.				
94	Vous savez naturellement vous synchroniser sur la personne en face de vous.				
95	Vous aimez méditer.				
96	Vous pensez assez souvent que l'autre sait ce qu'il doit faire.				

Pour calculer votre score, reportez-vous au tableau ci-dessous :

N° question	Réponse VRAI	Réponse FAUX	Réponse PLUTÔT VRAI	Réponse PLUTÔT FAUX	SCORE
1	2	0	1	0	
2	0	2	0	1	
3	0	2	0	1	
4	1	0	1	0	
5	1	0	1	0	
6	0	2	0	1	
7	2	0	1	0	
8	2	0	1	0	
9	0	2	0	1	
10	0	2	0	1	
11	0	2	0	1	
12	2	0	1	0	
13	0	2	0	1	
14	0	2	0	1	

☞

☞

N° question	Réponse VRAI	Réponse FAUX	Réponse PLUTÔT VRAI	Réponse PLUTÔT FAUX	SCORE
15	0	2	0	1	
16	0	2	0	1	
17	2	0	1	0	
18	0	2	0	1	
19	2	0	1	0	
20	0	2	0	1	
21	1	1	1	1	
22	2	0	1	0	
23	0	2	0	1	
24	0	2	0	1	
25	0	2	0	1	
26	1	1	1	1	
27	0	2	0	1	
28	2	0	1	0	
29	0	2	0	1	
30	0	2	0	1	
31	2	0	1	0	
32	0	2	1	1	
33	2	0	1	0	
34	2	0	1	0	
35	0	2	0	1	
36	0	2	0	1	
37	0	2	0	1	
38	2	0	1	0	
39	2	0	1	0	
40	0	2	0	1	
41	0	2	0	1	
42	2	0	1	0	
43	0	2	0	1	
44	2	0	1	0	
45	0	2	0	1	
46	0	2	0	1	
47	2	0	1	0	
48	0	2	0	1	
49	0	2	0	1	

☞

N° question	Réponse VRAI	Réponse FAUX	Réponse PLUTÔT VRAI	Réponse PLUTÔT FAUX	SCORE
50	0	2	0	1	
51	2	0	1	0	
52	0	2	0	1	
53	2	0	1	0	
54	1	0	0	0	
55	0	2	0	1	
56	2	0	1	0	
57	1	0	1	0	
58	0	2	0	1	
59	0	2	0	1	
60	0	2	0	1	
61	0	2	0	1	
62	0	2	0	1	
63	0	2	0	1	
64	2	0	1	0	
65	0	2	0	1	
66	0	2	0	1	
67	0	0	1	1	
68	0	2	0	1	
69	2	0	1	0	
70	2	0	1	0	
71	2	0	1	0	
72	2	0	1	0	
73	0	1	0	1	
74	2	0	1	0	
75	0	2	0	1	
76	2	0	1	0	
77	0	2	0	1	
78	2	0	1	0	
79	0	2	0	1	
80	2	0	1	0	
81	2	0	1	0	
82	0	1	0	1	
83	0	2	0	1	
84	2	0	1	0	

N° question	Réponse VRAI	Réponse FAUX	Réponse PLUTÔT VRAI	Réponse PLUTÔT FAUX	SCORE
85	2	0	1	0	
86	2	0	1	0	
87	0	2	0	1	
88	2	0	1	0	
89	2	0	1	0	
90	2	0	1	0	
91	2	0	1	0	
92	1	0	1	0	
93	0	2	0	1	
94	2	0	1	0	
95	1	0	1	0	
96	2	0	1	0	

Faites le total puis reportez-vous aux commentaires ci-dessous :

De 136 à 181. Vous avez de réelles dispositions pour exercer le métier de coach personnel, que vous pratiquez peut-être déjà. Nous espérons que ce livre vous permettra de réfléchir sur cette profession et votre pratique.

De 91 à 135. Vous allez vraisemblablement vous retrouver dans les pages qui suivent : vos goûts, vos valeurs et vos aptitudes relationnelles vous poussent sans doute assez naturellement vers ce métier. À vous de mesurer, à la lecture de ce livre, si votre envie perdure suffisamment pour vous investir et transformer vos prédispositions en professionnalisme.

Entre 46 et 90. Ce métier vous attire, votre sensibilité vous donne le sentiment que vous avez pour cette profession des aptitudes telles que l'ouverture, la bienveillance et le goût pour le relationnel. À vous de discerner aussi les écueils et difficultés de ce métier et le chemin qu'il vous reste à parcourir pour les dépasser.

Entre 0 et 45. Votre curiosité vous a donné envie de mieux connaître le coaching personnel. Cependant, vous serez sans doute plus dans votre élément avec un métier plus cadré, où les relations humaines ont une place plus mesurée.

Ce test nous permet d'esquisser, dans le chapitre suivant, les contours de notre conception d'un coach personnel.

Nous vous proposons donc maintenant d'aller examiner en quoi le coaching personnel présente des spécificités qui se traduisent tant dans la formation, la posture, la supervision que dans l'exercice du métier à proprement parlé.

Les spécificités du coach personnel

Une des difficultés majeures que les coaches débutants disent rencontrer est de parvenir à se positionner sur le contenu des thèmes qu'ils se sentent autorisés à aborder en coaching.

Leur besoin de légitimité se heurte à cette question : que doit connaître un coach de vie pour être à même d'accompagner ses clients ? Comment avoir la certitude d'être à la hauteur ?

Et finalement, comment se définir coach de vie ?

De quelles spécificités le coach personnel va-t-il se prévaloir par rapport à son collègue coach en entreprise ?

D'une façon générale, les deux domaines d'activité présentent les mêmes prérequis et les coaches de vie ont aussi la plupart du temps une activité en entreprise, cependant le contexte n'est pas le même et la façon d'aborder le travail s'en trouve modifiée.

Caractéristiques

Le coach personnel a à cœur de travailler d'emblée avec la globalité de la personnalité de son client.

Il se trouve confronté à d'autres conditions et difficultés que le coach en entreprise lorsqu'une personne vient le voir en tant que client individuel pour travailler sur son projet de vie.

- Si l'entreprise est relativement normée dans ses problématiques et attentes, il n'existe pas en revanche de modèle pour un projet de vie. Certes, les contraintes et injonctions sociales sont fortes et pèsent sur les choix d'un individu comme autant de repères parfois impossibles à concilier, mais il peut aussi ressentir un besoin profond de se frayer un chemin plus personnel, plus approprié à ses aspirations profondes. C'est souvent sur cette base que sont formulées les demandes de projet de vie.
- La référence à des normes sociales peut cependant constituer une difficulté pour un coach qui n'aurait pas clairement travaillé sur son propre

projet et qui pourrait mélanger ses problématiques avec celles amenées par le client. Ainsi, un coach pour lequel prime la considération sociale exprime des réticences à accompagner un client dont la situation professionnelle est brillante mais qui veut changer de vie pour développer ses goûts artistiques, même si cela implique une situation matérielle et sociale plus précaire. Le coach, heurté dans ses valeurs et croyances, pourrait avoir moins confiance dans les ressources de son client, ce qui risque de diminuer sa capacité à l'accompagner dans son projet.

- L'avantage du client qui s'engage dans une démarche de coaching personnel réside dans son degré d'implication généralement très élevé, celle-ci peut néanmoins devenir un frein dans la mesure où elle génère chez lui des attentes fortes de résultats qui « mettent la pression » sur le coach.

  Un cas particulier de contrat tripartite se pose toutefois lorsque le coaché n'est pas le payeur : la situation la plus fréquente concerne les demandes d'accompagnement de jeunes adolescents ou adultes à l'initiative de leurs parents, dont ils dépendent financièrement. Lors de l'entretien tripartite avec les parents, le coach veille à faire préciser les demandes et les résultats attendus par chacun et s'assure que l'adolescent est bien volontaire dans le choix de se faire accompagner. De plus, les rôles, la place des parents, la notion de confidentialité, sont bien précisés dès le départ pour éviter toute ambiguïté par la suite. À défaut, les mêmes difficultés qu'en entreprise se produisent avec en plus une amplification des incidences émotionnelles du fait du contexte familial.

- Le coach personnel, encore plus que celui en entreprise, garde une grande vigilance pour ne pas céder aux demandes de « sauvetage » : on peut faire ce métier en vue d'aider quelqu'un, mais à condition surtout d'éviter de prendre sa place.
  - La durée du coaching est bien plus ouverte qu'en entreprise puisqu'elle est librement décidée avec le client, le danger serait néanmoins de ne pas lui donner de limite, le risque étant de créer une dépendance ou de « ressembler » au mode de fonctionnement du thérapeute. En effet, la démarche thérapeutique ne présume pas de la fin « des soins » puisqu'elle creuse une histoire de vie

et fait émerger des problématiques au fur et à mesure du travail. C'est le patient qui décide, à un moment donné, qu'il n'a plus besoin de son thérapeute. Dans le travail de coaching en revanche, le présupposé est que le client arrive avec une demande de résultats (objectifs de vie, projet personnel de changement...). Par conséquent, il est important qu'il puisse en mesurer les avancées et se donner des limites pour stimuler le passage à l'action. Sur ce point il faut distinguer l'obligation de moyens du coach de l'obligation de résultats qui repose sur le client lui-même. Le coach s'engage à mettre toutes ses compétences en œuvre pour aider son client à atteindre des objectifs ; ce qui signifie bien que ceux-ci ne sont pas de son seul ressort. Cette distinction est essentielle, car elle est souvent source de difficultés, notamment pour des coaches débutants, qui confondent fréquemment leur rôle avec celui de leur coaché. Prenons un exemple souvent traité lors de séances de supervision : un coach à qui son client dit avoir comme objectif de changer de travail peut faire la confusion entre ce qui relève de sa compétence – aider son client à la détermination et la mise en œuvre de son projet – et celui de son client : changer de travail. Si ce dernier n'y parvient pas, il peut se sentir mis en échec. Il est important qu'il sache repérer ce qui dépend de lui et ce qui dépend du coaché. D'autre part, le fait qu'une personne n'atteigne pas l'objectif qu'elle a fixé initialement ne signifie pas qu'il y a échec : peut-être la réflexion l'aura-t-elle amenée à le reconsidérer, à le remanier, à en changer... C'est d'abord au client de décider de la valeur de l'accompagnement. La prise en compte du temps psychologique du client, c'est-à-dire le respect de son rythme propre, est essentielle pour lui permettre de faire émerger ses ressources. Nous entendons par là, le besoin de chacun de définir et de se laisser le temps nécessaire à la réflexion, à la prise de conscience, au mûrissement, temps préalable à l'action tellement indispensable et pourtant si peu présent en entreprise où tout doit aller vite.

- Le fait d'aborder des domaines de vie multiples n'exclut pas le besoin pour le client d'obtenir des résultats comme cela a déjà été indiqué plus haut. Il vient précisément voir un coach, car il attend une impulsion qui l'amènera à changer concrètement des choses dans sa vie, ce qu'il n'arrive pas à faire seul. Il est donc important que le coach l'aide à se centrer sur des objectifs par étapes successives qui l'amèneront à dessiner plus précisément les contours de son projet de vie.

- La liberté qui est offerte au client d'aborder tous les domaines de sa vie sans distinction le pousse souvent à vouloir explorer et comprendre certains aspects de son passé. Il peut, par exemple, avoir envie de repérer les raisons de certaines répétitions de comportements qui lui nuisent dans sa vie actuelle et qui l'empêchent d'agir comme il le souhaiterait. Le coach discerne alors ce qui relève de la demande de réparation – et n'entre pas dans son domaine de compétences – et ce qui est utile à son client pour construire le futur grâce à l'éclairage que cette exploration peut apporter.

La caractéristique essentielle d'un coach de vie est donc de savoir travailler sur tous les domaines de vie amenés par son client, professionnel y compris, car il n'est pas rare que de nombreuses personnes soient confrontées à des difficultés professionnelles qu'elles ne souhaitent surtout pas faire connaître au sein de leur entreprise. Comment en effet faire état de «points faibles» auprès de son employeur lorsque celui-ci prône sans cesse la performance et la capacité à donner toujours le meilleur? Comment avoir confiance dans le résultat d'une telle démarche et ne pas en craindre l'impact sur sa carrière?

L'identité du coach personnel est par conséquent nécessairement multiple, ouverte et sans *a priori*. Nous soulignons ce dernier point en particulier, car la capacité à ne pas juger est celle qui permet d'instaurer la confiance du client et avec elle, l'émergence des ressources et de la créativité du coaché.

Pour accompagner ses clients avec toute la pertinence nécessaire et pour se montrer créatif dans la conduite des séances, de nombreuses qualités sont requises.

- Le coach personnel a une connaissance suffisamment fine du fonctionnement psychologique des individus et a travaillé sur lui-même pour repérer le fonctionnement de son client, ses difficultés, ses blocages tout en évitant les projections découlant de l'identification aux problématiques exposées. Qui dit formation au domaine de la psychologie ne signifie pas nécessairement être diplômé en psychologie, mais disposer de prérequis dans ce domaine, comme par exemple une formation en psychopathologie. De même le travail sur soi du coach peut revêtir plusieurs formes : psychanalyse, psychothérapie, travail en développement personnel... l'essentiel étant peut-être que le coach mesure la difficulté que revêt la connaissance de l'être humain et sache rester humble dans l'exercice de son métier.

- Il se montre à l'aise dans l'espace de complexité qui accompagne tout travail autour de l'humain. Les clients, par souci de bien informer, donnent souvent beaucoup de précisions sur leur contexte personnel et professionnel, tirent de nombreux fils dans tous les domaines de leur vie, font des liens, passent du « coq à l'âne », ce qui peut noyer un coach inexpérimenté. Ce dernier est alors tenté par une simplification de la demande, une hiérarchisation pour parvenir à s'orienter. Or, son rôle n'est pas de mieux comprendre mais d'aider son client à y voir clair dans sa propre complexité.
- Le coach personnel a suffisamment d'ouverture d'esprit pour accepter toutes les facettes de son client et se laisser surprendre par ses ressources, il a aussi profondeur et finesse pour savoir les utiliser et les mettre en valeur. Cela suppose d'apprécier réellement son client pour ce qu'il est et donc de ne pas avoir d'attente précise sur ce qu'il devrait être ou faire. Par exemple, avec un client qui se présente comme rigide, fermé, voire hostile, il est important d'avoir à l'esprit que toute attitude est sous-tendue par un motif légitime du point de vue de la personne. Le masque présenté cache souvent des qualités de rigueur, de prudence qui gagnent à être mises en valeur. Le client qui se sent accepté ainsi s'ouvre peu à peu et laisse apparaître d'autres facettes de sa personnalité, lesquelles seront aussi mises en lumière selon les besoins de l'accompagnement.
- Le coach personnel veille à laisser « son ego en position basse » pour donner toute la place au coaché. En effet, contrairement au formateur et au conseiller qui savent mieux que leur client ce qui doit être fait, le coach n'est pas en position de savoir ce que son client doit mettre en œuvre pour atteindre ses objectifs. Il ne réfléchit pas à sa place, ne lui fait pas de suggestions, malgré la tentation de valoriser ses compétences et son « ego », car il empêcherait dans le même temps le coaché

d'avoir sa propre réflexion. Il s'agit donc de rester humble, d'accepter de ne pas avoir de solutions concrètes à fournir au coaché – ce qui est parfois assez inconfortable – pour se centrer sur les questions à poser qui permettront au client de faire émerger ses propres solutions.

- Le coach de vie se centre davantage sur les aptitudes du coaché que sur ses limites, par exemple, en valorisant ses ressources plutôt qu'en pointant les manques.
- Il sait aider son client à faire des liens entre ses domaines de vie, ses compétences, ses besoins pour que celui-ci retrouve de la souplesse dans sa façon d'agir, découvre de nouvelles façons de voir les choses, de vivre, et arrive ainsi à définir ce qu'est un projet de vie réussi selon ses propres critères. Ce point sera plus largement étayé dans les exemples du chapitre intitulé « Réflexion et méthodologie autour du projet de vie ».

Quelle formation pour le coach de vie ?

Les formations existantes actuellement sont, pour la plupart, plutôt tournées vers les problématiques de l'entreprise. Une des raisons majeures de cette préférence est liée au marché actuel du coaching dominé par le coaching en entreprise.

Les écoles de coaching

La formation des coaches telle qu'elle est proposée par la plupart des écoles en France ou par l'université n'est généralement pas une formation spécifique au coaching personnel ou en entreprise même si les problématiques de ce dernier domaine y sont largement abordées. Y sont enseignés les prérequis pour développer une qualité de la relation (compétence relationnelle) et un certain nombre d'outils de référence, notamment des techniques relationnelles de base, questionnement et définition d'objectifs, pour acquérir un savoir-faire. Les démarches et outils proposés sont multiples et dépendent des préférences et des spécialités des enseignants : programmation neurolinguistique (PNL) pour les uns ; systémique, analyse transactionnelle ou *Gestalt* pour les autres.

Les différences portent sur «la philosophie» sous-tendue par chaque école quant à la finalité du coaching et à l'environnement dans lequel il est envisagé.

L'approche centrée sur l'entreprise présente souvent une orientation qui privilégie le versant organisationnel et présente l'inconvénient de négliger la complexité des aspects plus psychologiques.

Si tant de coaches n'imaginent pas exercer leur métier ailleurs qu'en entreprise, c'est en partie parce qu'ils ont aussi perçu et appris leur métier de coach comme allant de soi dans ce seul contexte.

Dans de nombreuses écoles, il semble plus facile, et moins sujet à controverse, de borner les limites des interventions de coaching au domaine professionnel. En effet, les avantages sont multiples :

- le temps consacré à la formation n'étant pas extensible, il est plus simple de se concentrer sur un apprentissage ciblé et circonscrit à un seul contexte ;
- cela élimine une fois pour toutes la peur de dériver vers le terrain de la thérapie sans en avoir la compétence. En effet, une des craintes les plus fréquentes chez les coaches débutants est de ne pas repérer les besoins en thérapie de leurs clients et de se retrouver démunis devant ce type de problématiques. Il faut souvent consacrer beaucoup de temps, de pédagogie, d'expérimentations pour les aider à cerner les différences, leur donner confiance en eux-mêmes et dans les ressources de leur coaché avant que cette peur disparaisse ;
- consacrer l'enseignement et l'exercice du métier de coach à l'entreprise évite les «procès d'intention» que certains thérapeutes, qui prétendent défendre leur pré carré contre les contrefaçons des apprentis coaches, tentent d'intenter au coaching *via* la presse ou la littérature spécialisée ;
- enfin, aspect non négligeable, le coaching en entreprise s'avère plus lucratif que le coaching auprès de particuliers.

Pour toutes ces raisons, ajoutées à l'émergence encore faible de la demande de coaching personnel dans le public, peu d'organismes de formation abordent donc la possibilité d'exercer la profession de coach de vie.

Le coaching à l'université

L'université de Paris-VIII-Saint-Denis propose un DESU intitulé « Pratiques du coaching » intégrant le coaching professionnel et le coaching personnel[1], quant à elle, propose des cursus de coaching, dont certains intègrent le coaching personnel[2], l'objectif annoncé de ce dernier diplôme étant d'acquérir les compétences et la posture spécifique au coach personnel.

Quelles spécificités présente la formation d'un coach de vie ?

La diversité

Étant donné que l'offre du marché de la formation présentée ci-dessus est davantage tournée vers l'entreprise, la plupart des coaches pratiquant le coaching personnel disent s'être formés d'abord au métier de coach en entreprise et avoir par la suite complété leur formation par l'acquisition de connaissances dans des domaines dont certains ont longtemps été réservés aux thérapeutes : la psychopathologie, les thérapies brèves avec le modèle cognitivo-comportementaliste, l'analyse transactionnelle, la programmation neurolinguistique, la *Gestalt*-thérapie et l'approche systémique ; cette liste n'étant pas exhaustive.

Le coach personnel recherche l'ouverture dans sa façon de choisir ses apprentissages afin de se préserver de toute tentation d'utilisation d'un l'outil unique, qui, tel le couteau Suisse, saurait solutionner toutes les difficultés.

Il est aussi conscient qu'il lui faut posséder, pour pouvoir accompagner efficacement ses clients, « une sécurité ontologique et une grande liberté intérieure[3] ».

Il acquiert cette sécurité grâce à son chemin de vie, aux formations suivies, aux connaissances théoriques acquises et enfin par les expériences concrètes d'accompagnement avec ses clients. Au final, c'est la

---

1. Site : www.fp.univ-paris8.fr
2. Pierre Angel, « Formation », in Angel Pierre (dir.), Amar Patrick, Devienne Émilie et Tencé Jacques, *Dictionnaire des coachings. Concepts, pratiques, outils, perspectives*, Paris, Dunod, 2007, p. 97.
3. Buratti Laurent et Lenhardt Vincent, *Découvrir le coaching*, Paris, InterEditions, 2013.

liberté personnelle qu'il ressent qui lui donne sa liberté d'action et favorise celle de son client.

Aucun parcours personnel ne ressemble à un autre et les thèmes abordés dans la relation avec un client soucieux de construire son projet de vie sont multiples : le coach a donc à cœur de faire preuve de curiosité pour accroître sa richesse personnelle dans le plus grand nombre de domaines possibles.

La connaissance de l'entreprise en tant que système

Un coach de vie n'est pas nécessairement un professionnel de l'entreprise. En revanche, il nous semble nécessaire de posséder une culture des entreprises et des collectivités, c'est-à-dire une connaissance des organisations au sens large. On peut considérer une organisation comme étant un système. C'est-à-dire un ensemble d'éléments en interaction étroite, dans la poursuite d'une ou de plusieurs finalités et ayant des règles de fonctionnement communes. Les problématiques abordées en coaching personnel sont très souvent d'origine professionnelle et appellent l'interrogation de l'ensemble des systèmes auquel participe le client. La personne étant un des éléments du système qu'elle représente, les changements qu'elle souhaite apporter à sa vie vont avoir des répercussions sur l'ensemble des systèmes qu'elle côtoie. Il est donc important que le coach puisse aborder ses différents points en séance afin d'aider le client à vérifier que l'écologie interne et externe sont respectées.

Être formé à la systémique peut représenter une alternative à une ignorance dans le domaine de l'entreprise car il s'agit plus d'interroger le système que de connaître toutes les appellations utilisées dans les organisations. Néanmoins, la lecture d'ouvrages ou de magazines permettra aussi au coach de se synchroniser plus facilement sur le vocabulaire de son client.

Par ailleurs, dans les entreprises est apparu un nouveau risque : les risques psycho sociaux. Le coach ne pourra pas ignorer cette thématique et devra avoir une connaissance minimum la concernant afin de repérer chez ses clients des symptômes relevant de ce type de risque, symptômes qui ne seront pas résolus par le seul coaching.

D'après le Ministère du Travail, les *risques psychosociaux recouvrent des risques professionnels qui portent atteinte à l'intégrité physique et à la santé mentale des salariés* : stress, harcèlement, épuisement professionnel, violence au travail… Ils peuvent entraîner des pathologies professionnelles telles que des dépressions, des maladies psychosomatiques, des problèmes de sommeil, mais aussi générer des troubles musculo-squelettiques, des maladies cardio-vasculaires voire entraîner des accidents du travail.

Si le coach a connaissance de ces risques pour son client, il ne doit pas lui laisser penser que son intervention seule est suffisante. Il devra conseiller à son coaché d'en parler à des professionnels du secteur juridique et à des psychologues. Les limites avec le conseil juridique et la thérapie sont donc abordées avec ce thème et devront amener le coach à vérifier si la demande peut s'inscrire aussi dans un cadre de coaching.

Une culture dans les domaines « psy »

Le lecteur peut s'étonner de l'intérêt de s'approprier des connaissances relevant de la psychologie alors que l'objectif du coach personnel n'est en aucun cas de soigner. D'abord, un des avantages est de pouvoir reconnaître, repérer les personnes dont la problématique relève plus d'une thérapie que d'un coaching. Mais la connaissance de ces domaines peut également être envisagée sous un angle bien différent que celui observé par un thérapeute : par exemple, alors que celui-ci se centre sur les dysfonctionnements de son patient, le coach repère plutôt les aspects positifs du fonctionnement de son client, c'est-à-dire ses ressources. Nombreuses sont les personnes qui se font accompagner par un thérapeute pour mieux comprendre leur histoire, voire atténuer des souffrances dans certains domaines de leur vie et qui, en même temps, souhaitent parallèlement un soutien pour construire un projet de vie. Les difficultés qu'elles rencontrent dans certains domaines de leur vie ne les empêchent pas d'avoir aussi l'envie et la capacité d'agir pour un futur meilleur. Il est souvent déconcertant d'entendre certains thérapeutes ou certains coaches, résolument hostiles au coaching personnel, étiqueter leur client en fonction des difficultés recensées : le risque est que la personne adhère à cette définition et se limite du même coup à une pauvre liberté d'action. Mais quel individu, aussi équilibré soit-il, peut affirmer l'être à tout moment et dans toutes les circonstances de sa vie ? Qui peut soutenir ne jamais avoir eu besoin ou n'avoir jamais besoin dans l'avenir d'une aide pour apprendre à mieux se connaître, source de tant de richesses mais aussi de contradictions ? Qui n'a pas eu envie de mieux se connaître tout en se centrant sur un projet de vie plus conforme à ses aspirations ? Chacun peut expérimenter dans sa vie la difficulté de sentir cohabiter en soi des blocages psychologiques avec une capacité à se prendre en charge.

La spécificité du coach de vie consiste, après avoir défini avec son client le problème rencontré et ce que celui-ci souhaite mettre en place, à se centrer sur les ressources de la personne pour l'aider à construire son projet, tout en sachant repérer les « flottements » possibles et trouver des marges de manœuvre.

Par exemple, un coach personnel qui accompagne un client désireux de donner une nouvelle direction à sa vie après avoir vécu le deuil d'un proche, aura peut-être à laisser faire le processus de deuil s'il s'aperçoit que la difficulté de son client à se projeter dans le futur est en partie liée à cela. Il devra être capable de l'accompagner à travers les différentes étapes[1], celles de l'écoute, de la compréhension de la demande et de la réflexion avant de pouvoir entreprendre avec lui la construction d'un projet. L'intérêt de se faire accompagner par le coach dans ce processus est d'être résolument centré vers l'intégration du passé, c'est-à-dire d'en retirer les atouts, pour en faire un axe de force et de ressources pour le futur.

L'apprentissage de la reconnaissance des frontières entre thérapie et coaching

Une formation appropriée au coaching personnel propose un vaste champ d'expérimentations abordant les différents domaines de vie de la personne et permettant des liens entre eux.

Les enseignants auront à aborder les frontières entre la pratique du coaching, orientée vers l'action, la construction d'un futur meilleur et plus adapté aux aspirations du client, et celle de la thérapie, orientée vers

1. Les différentes étapes du deuil ont été décrites par le docteur Elisabeth Kübler-Ross, spécialiste de l'accompagnement des mourants, dans ses livres. Parmi eux : *Les derniers instants de la vie*, Paris, Éditions Labor et Fides, 1996.

la recherche de ce qui fait souffrir dans le passé pour guérir le patient au présent. La thérapie ne cherche pas à construire un projet de vie mais à soulager et à traiter la souffrance. Elle a pour objet le traitement d'un dysfonctionnement psychopathologique du patient, ce qui la différencie très nettement du coaching. Nous développerons cette idée plus longuement dans le chapitre 4, section « Coaching personnel et psychothérapie ». Le langage utilisé le précise d'ailleurs très bien : le patient fait preuve de patience pour aller mieux, le coaché se montre, par définition, plus proactif, puisqu'il conduit lui-même son projet de vie.

Les coaches de vie ont donc à apprendre à repérer les différences entre les difficultés exposées par leur client comme autant d'entraves à la construction de leur projet de vie et les souffrances psychiques plus invalidantes qui relèvent de la compétence d'un thérapeute. L'expérience nous montre que c'est surtout en situation, sur le terrain, que le coach acquiert cette capacité de discernement.

Malgré tout, l'enseignement sur ce point aide les futurs coaches à travailler sur leurs propres limites, sur leurs craintes et sur les risques des inévitables projections. Celles-ci les amènent à attribuer à autrui des traits positifs ou négatifs de leur caractère (craintes, désirs...), auxquels ils seront confrontés lors de leur pratique. La peur est grande pour le coach de se trouver « coincé » ou d'avoir dérapé sans l'avoir vu venir dans un domaine qu'il sait ne pas maîtriser. Par exemple celui du transfert et du contre-transfert[1], propres aux thérapeutes.

L'humilité du coach sera de reconnaître qu'il ne sait pas faire autre chose que du coaching dans la relation à son client puisque c'est ce qu'il a appris et que là réside sa compétence.

Une approche, des outils, une grille de lecture pour comprendre ce qui a trait aux émotions et aux besoins psychologiques des personnes

Comme pour les coaches en entreprise, le coach personnel dispose d'un « modèle disciplinaire (méthodes, outils, grille d'analyse...) et d'un

1. Nous vous renvoyons à la définition du transfert et contre-transfert du livre de Doron R., Parot F., *Dictionnaire de la psychologie*, Paris, PUF, 2011.

modèle relationnel[1] » (capacité à l'écoute et la métacommunication), lesquels lui donnent une assise solide pour aborder l'accompagnement.

Mais le coach personnel est avant tout à l'écoute de ce qui se passe chez son client en lien avec sa demande alors que le coach en entreprise est centré sur l'objectif de performance demandé et les contraintes du contexte professionnel.

Le coach personnel sait accueillir les émotions du coaché quand elles s'expriment tout comme celles qu'il ne manque pas de ressentir lui-même dans les séances de coaching.

Une formation aux approches centrées sur les émotions et les besoins psychologiques des individus lui est donc indispensable[2].

Les indicateurs de personnalité, tels le MBTI®, le GOLDEN® ou le Process Com® sont d'un apport précieux pour le coach[3], qui a besoin d'instaurer une relation de confiance avec son client. Utilisé comme grille de lecture pour lui-même, un indicateur lui permet notamment d'entrer en communication rapidement avec son client, de repérer ses zones de stress et aussi ses atouts. Partagé avec son client, l'indicateur de personnalité, sous réserve qu'il ne soit pas utilisé pour définir la personnalité de la personne mais plutôt comme support d'évolution des comportements, permet au coaché d'acquérir une meilleure connaissance de soi en disposant d'une grille de lecture de ses besoins, de ses aptitudes, atouts et zones de risques et de faire des liens avec les interactions dans sa vie au quotidien. Les indicateurs de personnalité agissent en fait comme des réducteurs de complexité et il est essentiel qu'ils soient compris et utilisés comme tels.

Les outils développant la créativité, tels le dessin, le photo-langage®[4], complètent utilement la « boîte à outils » du coach en lui permettant de varier et de dynamiser les entretiens.

---

1. Hévin Bernard et Turner Jane, *Le manuel du coaching*, 2e éd., Paris, Inter-Editions, 2007, p. 19.
2. Formations à la Process Com®, au MBTI®, GOLDEN®, à l'intelligence émotionnelle, à la gestion des émotions.
3. Delivré François, *Le métier de coach*, chapitre « Référents théoriques utilisables en coaching », Paris, Éditions d'Organisation, p. 423.
4. Nous vous invitons à visiter le site www.photolangage.com, d'Alain Baptiste et Claire Belisle, qui donne des informations plus approfondies sur cet outil.

Le dessin consiste par exemple, à faire esquisser par le client la situation dans laquelle il dit se trouver, puis à lui faire prendre du recul ou des angles de vue différents pour découvrir ce que son dessin lui explique de ce qu'il vit actuellement.

Le photolangage® se compose d'une collection de photos, de dessins, dans la plus grande variété de domaines possibles. Son utilisation consiste à faire choisir de façon intuitive au client des photos symbolisant une problématique, par exemple. Puis, le coach fait travailler son coaché sur ce que la photo évoque pour lui : les différents niveaux qu'il repère, les liens qu'il fait avec la situation qui le préoccupe, l'impact sur ses projets, etc.

Cet outil offre une aide particulièrement efficace avec des clients très rationnels, virtuoses de la parole et des raisonnements très construits qui privilégient à outrance l'hémisphère gauche de leur cerveau, c'est-à-dire celui qui raisonne, gère la pensée logique au détriment de l'hémisphère droit, siège de l'inconscient et de la créativité. Il est souvent difficile, à travers le seul vecteur de la parole, de permettre à ce type de personnalité d'entrevoir la faille dans leur système très verrouillé de pensée, généralement aussi à l'origine de leurs difficultés. En revanche, le recours à des outils créatifs les emmène dans un univers qu'ils ne maîtrisent pas, qui les « contraint » à agir différemment et donc aussi à se découvrir. Mais pour y parvenir, il s'agit souvent d'abord de repasser par un mode du raisonnement qu'ils comprennent, par exemple en leur parlant de l'importance de l'utilisation des deux hémisphères cérébraux, pour les amener à ne plus valoriser l'un au détriment de l'autre et donc à accepter de travailler avec les outils créatifs. D'autre part, nous soulignons qu'il est prudent d'adapter l'outil proposé au niveau de progression du client. Par exemple, une personne dont les comportements sont dictés par une logique rationnelle pure peut se bloquer complètement si on lui demande de dessiner ses émotions dans une situation donnée. Cela peut se traduire par des justifications pour ne pas le faire (« Je ne sais pas dessiner » ou « J'ai horreur de ça »), par des essais infructueux, ou un refus catégorique de faire l'exercice en le dévalorisant.

Par expérience, un travail à l'aide du photolangage, qui semble d'une implication plus faible pour le coaché, car il n'a pas à « démontrer » de savoir-faire particulier, est plus approprié avec le type de client cité ci-dessus. Il trouve à la fois simple et ludique de choisir des photos et exprime souvent sa surprise devant la profondeur du travail réalisé à partir de ce matériel.

Le talent du coach de vie est de transformer ces outils en atouts pour la personne.

Il est donc essentiel que le coach personnel n'en ajoute pas d'autres dans sa « boîte » sans apprendre auparavant à vraiment s'en servir grâce à des formations appropriées, c'est-à-dire des formations privilégiant l'expérimentation pratique pour développer l'expérience.

Les questions à se poser pour continuer à se former après la formation de base

Lorsque le coach est plus aguerri dans sa pratique, la question de la formation continue se pose. Elle est nécessaire « à tout âge » car elle permet le renouvellement du coach et l'augmentation de sa fluidité et flexibilité d'intervention. Elle participe aussi à continuer à se développer en tant qu'individu.

Les réponses aux questions suivantes peuvent aider le lecteur à définir de nouveaux axes de formation.

Suis-je suffisamment formé(e) aux techniques de mon métier ?

Le métier de coach se définit maintenant par blocs de compétences grâce au travail réalisé d'une part dans le cadre du RNCP par les organismes de formation et d'autre part par les associations de coaching.

Le coach peut alors s'interroger sur chaque bloc de compétences et se positionner sur une échelle de 0 (pas du tout à l'aise) à 10 (maîtrise parfaite). Si la maîtrise est insuffisante, cela peut donner un axe de formation intéressant pour les années à venir.

Par exemple, on retrouve les blocs de compétences suivants dans les associations (voir les sites[1]) :

1. https://www.coachfederation.fr/je-veux-devenir-coach/les-11-competences-du-coach-selon-icf
https://www.emccfrance.org
http://www.sfcoach.org/competences-du-coach

- Construire les fondations (éthique et déontologie, établir le contrat).
- Co créer la relation avec le client (établir l'alliance, conduire le processus de coaching).
- Communiquer efficacement (écoute active, questionnement pertinent, communication directe et indirecte).
- Faciliter l'apprentissage du client et l'atteinte des résultats (développer la conscience du client, mobiliser des outils, aider à concevoir des objectifs et des actions).
- Évaluer et gérer les progrès du client.
- Avoir une conscience de soi en tant que coach.

Suivant la technique à améliorer, le coach pourra alors de former dans des stages de perfectionnement visant le savoir/savoir-faire/savoir être souhaité.

Ai-je besoin de progresser concernant une thématique spécifique ?

Un autre axe de réflexion sera de repérer pour le coach ses difficultés personnelles, perçues notamment lors des supervisions.

Il peut s'agir par exemple d'une difficulté à utiliser ses émotions dans la relation de coaching, ou bien d'accueillir les émotions de l'autre. Ceci va alors donner une piste d'apprentissage qui sera autant utile au métier qu'à la personne du coach. Les formations possibles étant nombreuses dans le domaine, on peut citer la Gestalt, le travail sur l'intelligence émotionnelle, les stages spécifiques liant émotions et gestion des conflits : émotions et assertivité… et bien entendu les formations aidant à gérer les émotions de la sophrologie à la mindfulness.

Autre exemple de difficulté : une thématique qui « touche » le coach et sur lequel il va avoir besoin de se donner plus de choix : la maladie, la souffrance, le harcèlement… Chacun d'entre nous ayant ses propres points à travailler il est intéressant de les identifier pour pouvoir se former, réfléchir et expérimenter d'autres paradigmes.

Nous sommes alors au carrefour de la formation et de la connaissance de soi.

Une condition impérative pour le coach : mieux se connaître

Une formation au coaching personnel aborde les domaines cités plus haut mais elle souligne aussi l'importance pour le futur coach de vie d'accomplir un travail sur lui-même. En effet, le travail sur soi demeure, selon nous, le principal support de compétences du coach : cela lui permet d'expérimenter le positionnement et le ressenti du client en le vivant de l'intérieur.

Qui dit travail sur soi, n'implique pas nécessairement dix ans de psychanalyse, le choix de l'accompagnement restant ouvert, mais oblige à une réflexion en profondeur et à des « piqûres de rappel » fréquentes durant toute la pratique du métier.

Comme nous l'avons souligné précédemment, la mission du coach personnel consiste à travailler avec « l'élément humain[1] ». Il instaure une relation très particulière, empreinte d'empathie, d'attention et de compréhension, pour que son client développe sa propre confiance en son potentiel et puisse faire aboutir son projet de vie.

Cela suppose qu'il ait lui-même travaillé sur sa propre relation à la confiance[2] :

- l'estime qu'il a de lui à travers la connaissance qu'il aura pu acquérir de lui-même ;
- la confiance en lui, celle qui lui permet de se savoir capable de réussir ce qu'il entreprend, de s'affirmer sereinement et d'oser dire et agir selon ses propres valeurs.

Alors seulement, il pourra parvenir à développer cette confiance chez l'autre.

Le travail sur soi n'a pas pour ambition de résoudre tous les problèmes, car comme Carl Gustav Jung le précise lui-même : « Tous les problèmes les plus importants de la vie sont fondamentalement insolubles… Ils ne peuvent jamais être résolus mais seulement dépassés[3]. »

1. Schutz Will, *L'élément humain*, Paris, InterEditions, 2006.
2. Schéma de la confiance en soi, dans Burratti Laurent et Lenhardt Vincent, *Découvrir le coaching*, Paris, InterEditions, 2007, p. 175.
3. Jung Carl Gustav, *Collected Works*, vol. 13 : *Alchemical studies*, New York, Panthéon, 1953.

Le travail sur soi permet l'émergence d'une meilleure connaissance de son fonctionnement d'être humain, d'un nouveau niveau de conscience permettant d'aborder ensuite le travail d'accompagnement avec plus de lucidité et de liberté. Citons la sagesse de Tao Te King de Lao Tseu[1] : «Voulez-vous avoir une influence positive sur le monde ? Mettez d'abord votre vie en ordre[2].»

Pour le coach personnel, plus encore que pour le coach en entreprise, il est nécessaire de savoir accueillir la manifestation des émotions de son client, notamment d'accepter la tristesse, les pleurs, qui risquent de mettre le coach en difficulté s'il ne les a pas déjà travaillées pour lui-même. Le coach risque aussi de ne pas prendre conscience de la manipulation, souvent inconsciente, du coaché, ou ne sera pas en mesure de repérer, ni d'utiliser non plus, les phénomènes psychologiques les plus classiques, tels les transferts et les contre-transferts[3] qui se manifestent dans toute relation d'aide.

Le travail sur soi amène le coach à savoir distinguer, pour en avoir fait l'expérience, les frontières entre thérapie et coaching.

Le coach qui souhaite accompagner une personne a tout intérêt à clarifier ses capacités à aider ses clients. Sans avoir pour autant tout réglé dans sa vie – projet très ambitieux, voire prétentieux – il a abordé, voire dépassé certaines de ses limites personnelles, ce qui lui permet d'aider son client à dépasser les siennes. Comme l'exprime le coach Bernard Hévin dans ses formations : « On ne peut pas accompagner une personne plus loin que là où nous sommes allés nous-mêmes.» C'est d'autant plus important en coaching personnel que le client est autorisé à aborder tous les domaines de vie, ses émotions, son passé, et offre donc une large palette de problématiques au coach.

Le coach, qui a une vision constructiviste de la réalité[4] et a travaillé sur lui-même dans cette direction, sait, par exemple, repérer que toute

---

1. *Le Tao Te King, livre de la voie et de la vertu*, de Lao Tseu, sage chinois fondateur du Taoïsme.

2. *The Tao of Leadership Interprétation*, de Heider John, Atlanta, Humanics, 1985.

3. Doron R., Parot F., *Dictionnaire de la psychologie*, Paris, PUF, 2003, p. 161 et p. 727.

4. À lire, pour mieux comprendre le constructivisme, les livres de Paul Watzlawick : *La réalité de la réalité*, 1984, *Le langage du changement*, 1980, *Une logique de la communication*, 1972, Paris, Le Seuil.

perception de la réalité de l'autre est relative et partielle, que la relation d'accompagnement est donc elle aussi forcément « déformée » par le regard de chacun, et qu'il doit affiner sa vigilance pour repérer sa propre façon de percevoir à sa manière la réalité, bref se défier de ses propres « lunettes[1] ».

De nombreux coaches en apprentissage n'acceptent qu'avec réticence qu'une des conditions de compétence du coach soit liée à ce travail personnel : beaucoup pensent, selon leurs propres termes, ne pas « en avoir besoin ». Ils considèrent que, le travail du coach étant différent de celui du thérapeute, des connaissances théoriques en psychopathologie par exemple seront largement suffisantes. Puis, peu à peu, et au fil des apprentissages et des expérimentations de coaching, ils repèrent leurs « angles morts », c'est-à-dire des facettes ignorées de leur personnalité, et découvrent l'utilité de les creuser auprès d'un professionnel. Ceux qui tentent la démarche appréhendent ensuite différemment les aspects théoriques appris : c'est ce qui fait toute la différence entre le savoir et l'intégration du savoir.

Le travail sur soi du coach ne se limite pas à une période de sa vie mais implique une constante mise à jour par le biais d'une remise en question.

La supervision : une aide indispensable pour exercer ce métier

Le coach personnel a besoin de se former tout au long de sa pratique pour développer son ouverture d'esprit au moins autant que ses compétences. Il éprouve aussi la nécessité de se faire superviser régulièrement par un praticien expérimenté : il a ainsi l'opportunité de travailler sur les difficultés qu'il ressent à l'écoute de certaines des problématiques de ses clients. En supervision, le coach est autorisé à déposer ses doutes, exprimer ses limites, ses cas de conscience, repérer ce qu'il est en train de « rejouer », les pièges des relations et des jeux psychologiques, la façon dont le client l'instrumentalise parfois. Et surtout, il peut « en faire quelque chose ». Comme le dit avec humour le docteur François Balta dans sa pratique de la supervision de coaches et de thérapeutes « dans la relation, tout est recyclable ». L'objectif de la supervision est d'abord de

1. Voir les réalités de 1er et 2e ordre de Paul Watzlawick, cité ci-dessus.

donner des pistes au coach pour qu'il transforme ses difficultés en ressources et qu'il agisse ensuite différemment avec son client.

La supervision est pour lui l'occasion de développer et d'approfondir sa pratique à la fois à travers l'analyse de celle-ci et aussi grâce au regard porté par le superviseur et le groupe, lorsque la rencontre est collective.

Les coaches de vie peuvent s'enrichir en participant avec intérêt à des groupes de supervision comprenant également des psychothérapeutes, pour peu qu'ils partagent à la fois une grande tolérance et une démarche commune, telle que la systémique par exemple, car l'écoute des situations présentées par ces derniers apporte dans le même temps une belle ouverture et une meilleure appréhension des frontières entre le coaching et la thérapie.

On peut suggérer qu'une rencontre mensuelle est indispensable pour un coach pratiquant de façon quotidienne.

Globalement, certaines questions ou thématiques doivent aider le coach personnel à organiser un rendez-vous avec son superviseur. Nous avons listé quelques questions les plus courantes pour donner des exemples concrets.

Le coach peut s'interroger sur son positionnement : se demander par exemple s'il n'est pas « plus client que le client ». En effet, il arrive que le coach projette ses propres désirs ou ses propres peurs sur son client notamment lorsque celui-ci vit une situation qui pourrait devenir « désespérée ». Par exemple, lorsque la personne risque de perdre son travail ou est en fin de droit et risque de se faire expulser de son logement, le coach peut alors se positionner en « sauveteur », ce qui n'est pas aidant pour amener le client vers l'autonomie. Le travail en supervision va aider le coach à distinguer ses propres désirs de ceux de son client et définir ses besoins pour exercer son rôle en toute conscience.

Un deuxième axe de vigilance va porter sur la demande de coaching qui se transformerait en une demande thérapeutique au fil des séances du fait d'éléments non connus par le coach au départ de la relation. Il s'agit ici de situations où le coach découvre de nouveaux faits : par exemple, le client venu pour gérer son stress qui souffre de crise d'angoisse ou de panique depuis quelques années ou bien la cliente venue pour un manque de confiance en soi qui a fait des tentatives de suicide dans les mois précédents… Autant de situations où le superviseur va alors aider le coach à démêler la pathologie éventuelle et lui permettre d'envisager l'arrêt du coaching dans les meilleures conditions pour le client.

Globalement les frontières avec la psychothérapie occupent un certain nombre de séances de supervision en coaching personnel. Lorsque l'alliance est établie entre le coach et son client, celui-ci se sent suffisamment à l'aise pour « demander » explicitement ou implicitement des conseils, une intervention de soutien ou le traitement d'une problématique de fond qui appellerait habituellement plutôt une psychothérapie. Le coach, surtout lorsqu'il possède les outils pour traiter la demande, va devoir résister à la tentation de sortir du cadre sous prétexte d'aider son coaché là où d'autres professionnels n'auraient pas pu le faire selon lui. La supervision va alors être extrêmement aidante pour analyser ce qui se passe pour le coach et l'aider à explorer cette dimension de toute puissance qui, si elle s'exerçait, serait au détriment d'une réelle aide pour le coaché.

Pour terminer cette série d'exemples, non exhaustive bien entendu, nous rappelons aussi aux coachs d'aller voir leur superviseur quand ils n'ont plus de doute ni de questionnement sur leur activité ! Il nous semble qu'il s'agit là d'une excellente raison de consulter car ce métier est basé sur la position de non-savoir, non-vouloir pour l'autre. Le superviseur par son questionnement permet alors de réactiver cette posture.

D'une façon plus globale, le travail sur soi du coach représente à la fois une philosophie de vie, car il l'engage entièrement et a un impact tant sur sa vie professionnelle que personnelle, et une nécessité pour assurer le maintien de ses multiples compétences.

Le principal outil du coach : soi

Selon les métiers exercés, nous mettons en œuvre plusieurs aptitudes tant intellectuelles, que manuelles, artistiques, relationnelles...

« Le coaching est un processus qui ne relève pas de la simple intuition. Il demande au contraire une extrême rigueur conceptuelle, mais exige également une grande souplesse dans son exécution. Les étapes sont en effet clairement identifiées et chacune mobilise la créativité du coach[1]. » Cette phrase met en évidence la diversité des compétences nécessaires au coach afin de lui permettre d'exercer sa créativité au service de son

1. Angel Pierre et Moral Michel, *Coaching, outils et pratiques*, Paris, Armand Colin, 2006.

client. En effet, le coach ne peut pas anticiper ou construire une méthodologie pour aider son client puisqu'il n'est pas là pour conseiller[1]. Sa force est de savoir utiliser tous les éléments amenés par le coaché, de faire des liens entre des paroles, de repérer des contradictions, bref de « tricoter » du sens au fur et à mesure avec le fil apporté par le client.

Une des particularités du coach personnel est qu'il est « son propre outil » pour accompagner son coaché. Cela signifie qu'il utilise sa sensibilité, ce qu'il ressent, ce qui résonne en lui à partir des paroles et des attitudes de son client pour le faire progresser.

Le coach personnel est plus particulièrement à l'écoute de ce qui se passe en lui – c'est ce que l'on appelle l'écoute interne –, et il sait utiliser ses émotions en écho à celles de son client. Le coach en entreprise pourrait en revanche être tenté de se centrer plutôt sur l'objectif à atteindre et les contraintes du contexte. Dans le premier cas, la réalisation des objectifs du coaché représente la finalité pour le coach, dans le deuxième cas, c'est l'entreprise, prescripteur du contrat, qui devient prioritaire. Le coach en entreprise éprouve lui aussi des émotions, mais il ne leur accorde pas nécessairement la même importance du fait du contexte professionnel. En ce sens, le coaching personnel autorise une plus grande liberté d'action.

Dans la relation d'aide, tout ce qui est amené par le client peut être exploité positivement par le coach, y compris lorsque son ressenti est pour lui source de malaise. Par exemple, un coaché dont le comportement génère un ennui profond chez le coach. Si le coach n'écoute pas ses émotions, il tente, souvent en vain, de refouler ses sentiments estimés inadéquats et reste juste aimable et patient. Toutefois, en agissant ainsi, il prive son coaché de la possibilité de prendre conscience d'un comportement peut être problématique pour lui.

Si le coach est attentif à ses propres sensations, émotions, il repérera que le client rejoue avec lui des scènes de sa vie et lui fait vivre ce qu'il fait subir à son entourage.

Il est aussi à même de percevoir l'intérêt de partager ce qu'il ressent pour aider son client à faire des liens avec la difficulté qu'il est venu exposer.

---

1. Lire à ce propos, la section « Coaching personnel et métiers du conseil » du chapitre 4.

L'un d'entre nous a reçu ainsi un monsieur qui se montrait particulièrement prolixe et ennuyeux à chaque démarrage de séance en prenant la parole durant plus de vingt minutes d'affilée. Cela avait pour résultat d'ennuyer le coach, puis de l'irriter et de l'amener à ne plus écouter son client.
Il a estimé utile de lui dire : « Est-ce que je peux partager avec vous un sentiment que je ressens en vous écoutant à chacun de nos démarrages de séance ? » Et après l'accord du coaché : « C'est curieux, mais à chaque fois que vous prenez ainsi la parole durant vingt minutes sans interruption, je finis, malgré tous mes efforts et mon envie de vous suivre, par m'ennuyer, décrocher et ne plus vous écouter. Je me demandais si par hasard, ce type d'expérience ne serait pas une expérience que vous auriez déjà vécue avec votre entourage ? »
Le client, surpris, a pris le temps de réfléchir longuement et a répondu : « C'est curieux, ce que vous me dites là, parce que j'ai effectivement souvent remarqué que les autres ne m'écoutaient pas. Jusque-là, je pensais que cela venait d'un manque d'intérêt de leur part, mais, en fait, à parler si longtemps, c'est vrai que je dois être très ennuyeux. Pas étonnant que ma femme décroche par exemple ! »

La façon de partager doit être respectueuse du coaché et de sa sensibilité ; il ne s'agit pas d'affirmer ou de démontrer quelque chose mais seulement d'amener le client à réfléchir autrement qu'à son habitude pour, peut-être, lui permettre de découvrir un aspect ignoré de la réalité. Le coach, en agissant ainsi, accepte l'éventualité que son intervention n'aboutisse pas. Mais, tel le jardinier, il sème en sachant que toutes les graines ne sont pas appelées à germer tout de suite, et certaines, pas du tout.
Cette capacité à s'utiliser soi-même, à se montrer vrai, induit de la confiance chez la personne accompagnée qui apprécie la qualité de ce type de relation rare.

Carl Rogers, le père de la thérapie centrée sur la personne, remarque : « Lorsque mon attitude reflète l'agacement que j'éprouve vis-à-vis de quelqu'un mais que je n'en suis pas conscient, ma communication comprend des messages contradictoires. Mes paroles communiquent un certain message, mais je communique aussi d'une manière détournée l'agacement que j'éprouve, ce qui crée une confusion chez l'autre personne et la rend moins confiante, bien qu'elle puisse être inconsciente de ce qui cause la difficulté entre nous[1].» Pour cette raison, le coach reste à la fois centré sur l'écoute de son client mais demeure attentif à ce qu'il ressent lui-même pour en faire quelque chose d'utile à la relation.

Le coach a tout intérêt à travailler ses «ressentis» en supervision, notamment lorsque ceux-ci ne lui sont pas apparus immédiatement au cours des séances ou lorsqu'ils ont entravé sa capacité à coacher. Le regard extérieur et compétent du superviseur lui permet de prendre du recul et de réévaluer différemment ses comportements pour éviter que la relation ne s'enlise.

La formation à la démarche systémique, qui établit des inter-actions dans chaque relation, apporte une grande aide pour s'approprier cette capacité du coach à «être son propre outil».

À noter justement que si le coach est son propre outil, il aura tout bénéfice, et ses clients aussi, à prendre soin de lui, notamment à travers la supervision, mais aussi en restant vigilant quant à l'équilibre et l'harmonie de sa propre vie personnelle.

Une posture

Tout d'abord, nous pensons qu'être coach, c'est savoir être.

Au-delà des techniques et des références théoriques liées au métier, la valeur ajoutée du coach se situe avant tout dans son savoir-être. C'est à travers lui que se construit la relation de confiance, c'est lui qui permet de donner la fluidité et l'intensité nécessaires aux échanges, c'est bien le savoir-être qui soutient le savoir-faire, notamment dans le choix du ou des outils les plus adaptés à la situation. C'est encore lui qui donne l'espace de réflexion nécessaire au coaché puis mène à impulser l'action. Et enfin, c'est grâce à ce savoir-être que le coaché prend inconsciemment modèle sur le coach. Il est par conséquent de la plus haute importance que le coach soit congruent, c'est-à-dire pleinement en accord avec lui-même.

Ensuite, le coach est, ce que nous appellerons, le garant du cadre : c'est à lui de guider son client, de conserver les rênes du processus, tout en laissant toute liberté du contenu de ce qui est abordé au client.

---

1. Rogers Carl R., *Le développement de la personne*, Paris, Dunod, 2005.

Il nous a semblé intéressant, pour définir la posture du coach personnel, d'utiliser un outil très puissant de la programmation neurolinguistique (PNL), les niveaux logiques de Roberts Dilts[1]. À partir des travaux de l'anthropologue Gregory Bateson[2], Dilts a élaboré un outil de développement personnel, qui présente l'avantage pour un individu de pouvoir découvrir son fonctionnement, ses motivations et d'évoluer en cohérence avec ce qu'il est.

Nous avons utilisé cet outil, présenté sous la forme d'un schéma en étages, pour définir la posture qui nous a semblé propre au coach personnel, en repérant un tronc commun de comportements, valeurs, compétences communes au métier de coach.

La lecture de la pyramide se fait à partir du bas.

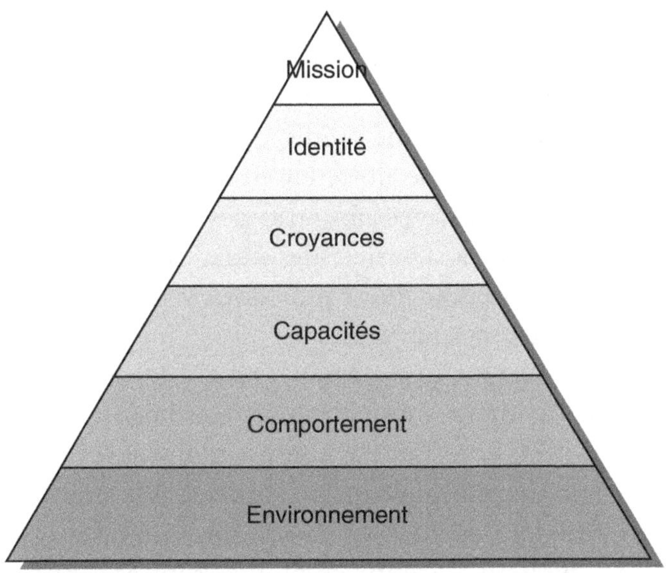

Figure 3.1 – Utilisation des niveaux logiques dans la posture du coach (d'après Robert Dilts)

1. Robert Dilts, chercheur et développeur de la PNL.
2. Gregory Bateson, anthropologue, psychologue et épistémologue américain à l'origine de l'École de Palo Alto, qui s'est intéressé à la communication et aux fondements des phénomènes humains.

L'environnement du coach personnel

Le coach personnel évolue généralement dans un contexte moins tendu que celui de l'entreprise, avec une clientèle dont les problématiques sont très variées puisqu'elles englobent tous les domaines de vie. Le coach a donc besoin d'être particulièrement au clair avec ses propres difficultés de vie pour qu'il n'y ait pas d'interférence avec celles de son client.

L'environnement qu'il offre au coaché, à l'instar du psychothérapeute, est un lieu neutre, d'absolue confidentialité, dans lequel celui-ci peut se sentir en confiance.

Les comportements et attitudes mentales

Les comportements du coach révèlent qui il est, et ses attitudes mentales, ce qu'il pense de son client. Une attitude mentale se définit comme « une pensée durable reliée à une émotion qui nous invite à réagir à un comportement » et qui « créé une prédisposition à réagir de manière systématique à certains aspects de notre environnement[1] ».

Le fait d'être en contact avec nos attitudes mentales nous permet de prévoir nos réactions face à la variété des situations de la vie. C'est ce qui nous permet de comprendre pourquoi nous ressentons des réticences vis-à-vis de certains clients, par exemple.

Le coach bannit, autant que possible, toutes les attitudes directives[2], telles que conseil, jugement, soutien moral, dans l'exercice de son métier. Et en particulier, il ne confond pas sentimentalisme et compassion, car il n'est pas possible de pratiquer une relation d'aide efficace en s'attendrissant sur le sort des coachés[3]. Le coach sait entendre et comprendre la demande de son client, ressentir ce qu'il ressent et il lui laisse l'espace de respiration nécessaire pour s'écouter lui-même. Ce qui suppose qu'il

---

1. Hévin Bernard et Turner Jane, *Manuel de coaching*, 2e éd., Paris, InterEditions, 2007, p. 107 et 108.
2. Le psychologue Porter a dressé une typologie de six attitudes qui permet d'analyser la relation à autrui : jugement, soutien, décision/conseil, interprétation, enquête, compréhension. Cette dernière attitude étant non directive, elle est celle qu'un coach devra privilégier pour créer la confiance, puis faire émerger la créativité de son client.
3. Hévin Bernard et Turner Jane, *Pratique du coaching*, Paris, InterEditions, 2006, p. 110.

adopte ce qui est appelé dans le métier « la position basse » en opposition avec « la position haute » du conseillé ou du formateur – celui qui sait mieux sur le sujet abordé que le client.

Il n'est pas si simple de lâcher le confort d'une expertise reconnue et le pouvoir qui va avec pour adopter – et surtout conserver tout au long de la séance – une attitude humble, surtout si le coaché sollicite votre avis ! Et pourtant, plus le coach est investi d'un savoir, et donc d'une valeur supérieure à celle du client, moins ce dernier sait chercher ses propres ressources et aller vers l'autonomie.

Par conséquent, ce sont les attitudes d'écoute, d'ouverture et d'acceptation inconditionnelle du client que le coach aura le plus à cœur de développer. Par acceptation inconditionnelle, nous entendons que le coach ne juge pas son client et l'accepte tel qu'il est sans chercher à modifier ses comportements. Cela ne signifie pas qu'il est d'accord avec ses opinions ou comportements et qu'il les valide : simplement, il prend acte de l'individualité de son client et le reconnaît en tant que personne ayant une valeur intrinsèque.

Les capacités

«Au début, il y eut l'écoute[1].»

La capacité du coach personnel à écouter est aussi celle qui fonde la relation, à la fois par la qualité d'être qui émane du coach centré sur son client, sur l'intérêt qu'il lui témoigne, la confiance qui en découle. Nous avons en mémoire les remarques de plusieurs coachés à la fois étonnés et conquis par cette capacité à s'abstraire de soi pour tourner toute son attention vers eux. C'est souvent ce regard valorisant porté sur leur personne, sans attente de performance quelconque comme en entreprise, qui va les aider à s'aider eux-mêmes.

Et puis, il s'agit de comprendre la demande du client et d'en faire une matière de travail.

« Qu'est-ce que l'autre me dit d'autre que ce qu'il me dit quand il dit ce qu'il dit[2] ? »

---

1. *Ibid.* p. 111.
2. Citation de Jacques Durandeaux dans Hévin Bernard et Turner Jane, *Pratique du coaching*, Paris, InterEditions, 2007, p. 111.

Le coach possède des outils tels que la « détermination de l'objectif[1] » pour aider son client à clarifier le sien, des techniques de questionnement qui permettent de faire émerger ce qui est souvent tu au départ, volontairement ou non. « En coaching, on avance avec le dessus de l'iceberg, en écoutant le dessous de l'iceberg[2]. » D'une certaine façon, le coaching personnel intègre certaines compétences relationnelles utilisées en thérapie sans vouloir l'imiter pour autant.

Tous les outils techniques les plus diversifiés déjà cités plus avant contribuent à la compétence du coach personnel : tous ces savoirs, savoir-faire et savoir-être alliés à l'expérience déterminent son niveau de maîtrise, son aisance dans le coaching. Plus ils sont intégrés, « digérés » pourrait-on presque dire, plus le coach peut se distancier des aspects techniques et plus il enrichit l'espace relationnel offert au coaché.

Les valeurs et croyances

Le coach personnel, en tant qu'individu, possède ses propres valeurs et croyances. La plupart des coaches cependant partagent des valeurs humanistes, lesquelles sont souvent confondues avec des aptitudes pour ce métier. Par exemple, croire en l'humanité et/ou s'intéresser à ses semblables peut laisser croire que l'on sait écouter ; or l'intérêt ne fait pas nécessairement la compétence.

Les croyances, quant à elles, sont propres à chacun, car elles sont structurelles. Elles ne sont que rarement perçues comme telles et encore moins remises en question. Or certaines de ces croyances peuvent venir interférer dans le processus du coaching en le limitant. Le coach a donc tout intérêt à en prendre conscience. S'il apprend à connaître et comprendre la façon de percevoir le monde de son client pour l'aider à en repérer les limites, il a tout bénéfice à en faire de même pour lui. Bien sûr, il n'est pas simple de prendre du recul et de se détacher de son propre cadre de référence. Le coach en entreprise a peut-être plus tendance à adopter les valeurs et croyances de ses clients puisqu'il lui est souvent demandé d'aider le coaché à s'adapter à l'entreprise. En coaching personnel, en revanche, la

1. La détermination d'un objectif fait partie des techniques de la PNL.
2. Conférence de Vincent Lenhardt, université Paris-VIII, DESU de coaching personnel.

liberté d'être soi est totale. Du moins en théorie, car le coach personnel doit repérer en lui ce qui heurte ses valeurs dans les paroles de son client, ce qui l'amène à des jugements pour mieux s'en dissocier. Irène Bouaziz, au cours de la formation qu'elle donne à Paris à l'école du Paradoxe sur le modèle systémique de Palo Alto, propose à ses élèves ce sujet : « Si vous vous sentez parasités par une pensée négative issue de votre propre échelle de valeurs, prenez-en acte et puis... décidez de ne pas vous en servir puisque cela vous appartient et n'a pas à être utilisé avec votre client ! »

Il s'agit de ne pas « vouloir » pour l'autre, donc de ne pas dicter sa conduite au coaché, car le coach a conscience de ne pas « savoir » ce que son client veut vraiment : cela signifie, par exemple, ne pas s'efforcer qu'il atteigne à tout prix – et parfois malgré lui – ses objectifs, ne pas chercher à le pousser à faire des choses qu'il ne demande pas, ne pas savoir mieux que lui ce qu'il conviendrait de faire dans une situation donnée. Il s'agit surtout de ne pas être plus client que le client lui-même. Le coach personnel qui croirait avoir un quelconque pouvoir vis-à-vis de son client va au devant de l'échec parce que son propre pouvoir entrave celui du coaché. De plus, le sentiment de toute puissance risque de l'amener à ne plus discerner l'intérêt de son client. Enfin, ce qui est parfois tolérable pour un client en entreprise, captif des objectifs de sa hiérarchie, l'est moins par une personne sollicitant un coaching personnel car elle cherche précisément à retrouver une liberté de choix et d'action.

Il nous semble donc indispensable pour un coach personnel de s'assurer de la puissance de ses croyances positives quant aux capacités de ses clients. À défaut, il ne saurait pas construire la confiance. Il a besoin :

– de croire en son client, d'avoir confiance en sa valeur intrinsèque, en ses capacités à construire son projet de vie (« Je crois en la valeur de mon client, en ses ressources et je peux l'aider à s'en servir ») ;
– de croire que toute action de son coaché est sous-tendue par une intention positive pour lui, même si l'aspect positif n'apparaît pas toujours clairement au premier abord.

L'identité

Le coach personnel peut vivre pleinement son identité dans la mesure où il est en adéquation étroite avec le choix de ce métier, où il est congruent avec lui-même mais aussi dans sa façon d'accompagner ses clients vers la construction de leur projet de vie.

« [Le coach] s'autorise en conscience à exercer cette fonction à partir de sa formation, de son expérience et de sa supervision initiale[1] ».

La mission

Cette dimension plus spirituelle fait appel au sens que revêt le choix d'exercer son métier en tant que coach personnel et non pas uniquement en entreprise. C'est ce que le coach pense faire de sa vie en exerçant ce métier, ce à quoi il contribue au niveau plus large de l'humanité.

C'est un peu en tant qu'éveilleur, passeur, que pourraient se préciser les contours de la mission du coach personnel.

On le voit, la posture du coach passe par des convictions – croire en son client et en soi-même –, lesquelles lui permettront de sécuriser son coaché lors des séances de coaching, de lui offrir des permissions – être lui-même – pour enfin développer ses ressources et sa propre puissance afin de devenir le créateur de sa vie.

Nous retrouvons ici le triptyque de la règle des 3 P de l'analyse transactionnelle, protection, permission, puissance[2], concernant l'ensemble des comportements relatifs à la sécurité, la possibilité d'entreprendre et au succès.

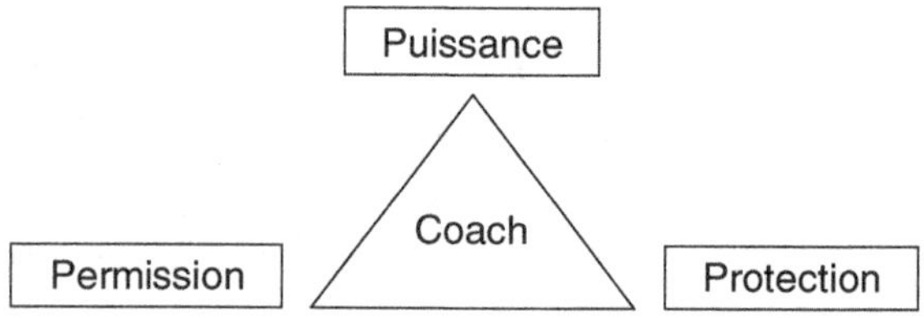

Figure 3.2 – Lecture de la mission du coach personnel à travers le triptyque des 3P

1. Charte déontologique de la SF coach : article 1-1 Exercice du coaching.
2. Notions issues de l'analyse transactionnelle.

Une déontologie

Tout métier a son code de déontologie, et les professions liées à la relation d'aide à plus forte raison.

Qu'est-ce qu'une déontologie ? D'abord, c'est un code propre à un métier qui donne des points de repères tant aux professionnels concernés qu'à leurs clients. La meilleure définition que nous ayons trouvée est cependant celle donnée par François Delivré : « La déontologie, c'est quand les valeurs l'emportent sur les besoins personnels[1]. » D'emblée, elle met en évidence la face « cachée » d'un métier où s'exercent des pouvoirs : celui du coach, du client, et éventuellement de l'entourage. Il est par conséquent important que le coach ait des repères, un cadre d'exercice qui l'aide à rester « droit et professionnel » tout en préservant des marges de manœuvre sans lesquelles il ne serait plus compétent face à son client.

Coaching personnel et coaching professionnel partagent le même repère éthique, grâce à la référence à une charte déonto-logique par exemple[2], un cadre conceptuel pour « orienter l'être et le faire du coach[3] ». Il s'agit de poser les bases de la relation sur un contrat précis impliquant une réciprocité de droits et de devoirs entre le coach et son client. Mais c'est aussi une précaution contre les tentations toujours possibles de prise de pouvoir et de narcissisme qui guettent le coach. Celui-ci a bien besoin d'un garde-fou qui lui sert de boussole dans les probables tempêtes que la relation d'accompagnement ne manque pas de faire surgir. Il lui faut toute sa vigilance pour travailler avec éthique dans un « processus où se jouent des phénomènes d'influence, de pouvoir et où l'être humain, dans un acte de confiance, se révèle dans ses ambivalences[4] ».

Si la notion de pouvoir est au cœur de toute relation, celle du coaching n'échappe pas à la règle. Comme l'explique fort bien François Delivré[5],

1. Delivré François, *Le métier de coach*, Paris, Éditions d'Organisation, 2013.

2. Consulter les chartes déontologiques de la SF Coach, de l'ICFF et de l'EMCC (voir sites internet en annexe).

3. Angel Pierre (dir.), Amar Patrick, Devienne Émilie et Tencé Jacques, *Dictionnaire des coachings, Concepts, pratiques, outils, perspectives*, Paris, Dunod, 2007, p. 83.

4. *Ibid.*, p. 93.

5. Delivré François, *Le métier de coach*, chapitre « Qui peut quoi ? Le pouvoir en coaching », Paris, Éditions d'Organisation, 2013.

il ne s'agit pas d'exercer un pouvoir sur le client, ce qui impliquerait une relation de domination, et de soumission, assez peu propice à la relation de confiance supposée sous-tendre tout coaching. Il s'agit d'utiliser son pouvoir de professionnel, assis sur ses compétences et son éthique, pour satisfaire au mieux les demandes de son client. C'est dans le respect du contrat passé, des règles de conduite annoncées que le coach démontre sa déontologie. Il s'engage à respecter et à protéger les intérêts de son client et donc à lui offrir un cadre protecteur dans lequel la relation gagnant/gagnant pourra s'épanouir.

En même temps, il affronte le pouvoir que le client tente, généralement très inconsciemment, d'exercer sur lui, par exemple en « sabotant » le travail par des résistances psychologiques, comme lui envoyer des messages implicites du genre « aidez-moi à ne pas changer ».

Le pouvoir n'est donc pas d'un seul côté, avec un schéma simpliste de l'oppresseur potentiel et de la victime sans défense et innocente. C'est d'ailleurs ce qui fait dire à F. Delivré[1] que « cette capacité du coach à affronter le client justifie (entre autres) les honoraires du coach ».

Le coaching étant une coconstruction, les deux personnes s'engagent chacune librement à agir au mieux selon leurs capacités : le coach offrant ses compétences, le client son engagement à aller vers le changement souhaité, en acceptant les modalités d'accompagnement proposées par le coach. « Il convient de ne pas vouloir faire pour l'autre mais plutôt de permettre à l'autre de faire quelque chose pour lui. »

Le contrat passé entre le coach et son coaché implique donc une réciprocité du respect des besoins de l'autre, traduits de façon contractuelle. Le client doit, par exemple, respecter les horaires ou aller au bout des séances sur lesquelles il s'est engagé.

Le coach qui constaterait un non-respect des termes du contrat se devrait de les rappeler à la responsabilité du coaché. Dans la plupart des cas, il sait être ferme sur la non-transgression des règles : une heure non décommandée est due, elle est donc payée quel que soit le motif.

Dans d'autres circonstances, il a à faire preuve de plus de souplesse. Par exemple, à un client qui souhaiterait arrêter ses séances malgré son engagement initial, il demandera de faire une séance de bouclage pré-

---

1. *Ibid.*, p. 74.

alable. En effet, un client qui souhaite mettre fin à un coaching peut le décider pour de multiples raisons. L'une des plus simples, le changement de motivation, par exemple, n'a pas à être contestée en soi et surtout représente un véritable obstacle au travail de coaching puisque celui-ci repose essentiellement sur ce paramètre. Il serait donc vain de vouloir à tout prix « conserver » ce client. En revanche, l'accent porté sur la nécessaire séance de bouclage rappelle au client qu'il a lui aussi des règles à respecter et permet peut-être aussi de conclure ce cycle de façon claire pour les deux interlocuteurs.

Le cadre déontologique engage le coach contre toute tentation de manipulation comme, par exemple, faire durer le coaching plus que nécessaire. Cette tentation peut être forte dans un coaching personnel dans lequel le client n'a pas forcément de repères clairs sur la durée d'un accompagnement, contrairement à ce qui se passe dans un coaching en entreprise. Et puis, quoi de plus normal peut-on penser que de ne pas donner d'échéance lorsque l'on travaille sur un projet de vie ! La confusion avec les pratiques thérapeutiques peut aussi induire le trouble et le coach indélicat en profiter.

Créer une dépendance chez son client peut être également une stratégie – ou de l'inconscience – chez un coach débutant qui craindrait de manquer de clients.

La déontologie du coach suppose le principe d'égalité au sein de la relation de coaching. Chacun s'engage vis-à-vis de l'autre en tant qu'adulte responsable de ses actes et de ses choix. C'est cette égalité qui permet de maintenir une position d'acceptation pleine de l'autre (voir sur ce point les positions de vie en analyse transactionnelle[1]), mais elle est toute relative.

Sur le plan strict de la loi, tous les êtres humains sont égaux, néanmoins cette belle construction intellectuelle s'effrite lorsque l'on considère l'égalité de fait dans les rapports humains. Nous ne sommes pas tous égaux dans nos expériences, nos connaissances, nos talents, nos comportements. Dans la relation de coaching, l'inégalité entre le coach et le client tient d'abord à la demande d'aide de ce dernier : cette demande

1. Stewart Ian et Joines Vann, *Manuel d'analyse transactionnelle*, Paris, InterEditions, p. 147 et suiv.

met en lumière que le coach possède des compétences que le coaché n'a pas. Et c'est d'ailleurs justement pour cette raison qu'il fait appel à lui. Or le coach, tout en ayant conscience de la contradiction, travaille avec une vision claire de l'égalité de droit qui doit exister entre lui et son client pour éviter de basculer dans une position haute, celle de « celui qui sait », celle du conseiller[1].

Le coach assume ce pouvoir, que crée la relation d'accompagnement et se met au service d'une recherche progressive de rétablissement de l'égalité avec le client en l'aidant à trouver en lui les ressources nécessaires et en évitant tout ascendant[2].

Le code de déontologie du coach personnel s'oriente sur deux axes principaux : favoriser la confiance du client et faciliter les repères du coach.

Les devoirs du coach personnel sont précisés dans une charte[3] qui est remise au client ou consignés dans le contrat passé.

Cette charte éthique comporte :

- une explication de la nature, des limites et des contraintes de l'intervention du coach personnel.

  Il est souhaitable de formaliser le tout dans un contrat écrit et d'y préciser les objectifs, les modalités d'accompagnement et les engagements des deux parties.

  En effet, trop de coaches personnels ne proposent pas de contrat, arguant de la difficulté de cerner certains points de l'accompagnement tels que la durée des séances. Mais cette attitude peut faire oublier que la notion d'objectifs à atteindre, que le client aborde implicitement dans sa demande, doit être posée dans le temps. C'est-à-dire que le client doit se donner des échéances pour obtenir des résultats.

  Un projet de vie comporte des étapes qu'il convient de cibler avec le client. La passation d'un contrat est une contrainte qui permet de structurer la démarche, qu'elle rappelle au client qu'il est là pour réaliser un projet et que le temps sera son allié s'il est clairement pris en compte ;

1. Voir chapitre 4, section « Coaching personnel et métiers du conseil ».
2. Article de Jean-Lucien Jacquemet, *Réel* (mensuel de psychologie et de développement personnel), avril 2007, p. 13.
3. Voir en annexe les chartes éthiques SF coach, ICF et EMCC.

- un engagement à mettre toute son expérience, ses compétences, ses qualifications au service de son client ;
- la précision du respect absolu de la confidentialité des échanges. Même si le risque paraît plus limité en coaching personnel qu'en entreprise, il est important de rappeler ce point pour renforcer la confiance. C'est d'ailleurs une des raisons qui peut amener un coaché à choisir un coach personnel plutôt qu'un coaching au sein de la société qui l'emploie ;
- le rappel du respect des droits, des valeurs et de la liberté de son client. Ce dernier est seul responsable de ses choix et le coach s'interdit tout abus d'influence à son égard. C'est une des zones de risque en coaching personnel car aucun tiers ne vient interférer dans la relation comme le payeur en entreprise ;
- la reconnaissance des limites d'intervention du coach. Ce dernier sait orienter le client vers un confrère ou un autre professionnel de la relation d'aide s'il estime ne plus pouvoir répondre efficacement à la demande ;
- l'engagement du coach à développer ses compétences régulièrement par des formations[1] ainsi que l'assurance de bénéficier d'un lieu de supervision pour contrôler sa pratique professionnelle.

  Il prouve ainsi son souci de progression, sa conscience de travailler sur un domaine sensible et démontre en même temps à son client que savoir se faire aider n'est pas l'apanage des faibles mais est au contraire « une façon intelligente de régler ses problèmes[2] » ;

  un engagement d'indépendance du coach vis-à-vis de toute influence de nature à interférer négativement sur le travail et la relation d'accompagnement. Il s'agit ici de rassurer le client et de lui garantir, par exemple à l'aide d'un engagement sur l'honneur écrit, que le coach ne subit aucune influence extérieure, notamment par l'appartenance à une secte[3].

1. Formations à la programmation neurolinguistique (PNL), à l'analyse transactionnelle (AT), à la *Gestalt*-thérapie, à la systémique, à la sémantique générale, au Process Com®, au MBTI® ou au GOLDEN®, à l'intelligence émotionnelle...
2. Délivré François, *Le métier de Coach*, *op. cit.*, p. 87.
3. « Engagement d'indépendance du coach », dans le livre *Petit traité des abus ordinaires,* d'Eléna Fourès, Paris, InterEditions, 2004.

Points clés du chapitre
Carte d'identité du coach personnel

On reconnaît un coach de vie à :

- son ouverture à l'autre et son attitude d'acceptation incondition-nelle ;
- sa flexibilité comportementale ;
- son approche globale du client ;
- sa capacité à être à l'aise dans la complexité ;
- son aptitude à accepter les émotions ;
- son aptitude à discerner ce qui relève de sa compétence et de celle d'un thérapeute ;
- son développement personnel.

Spécificités de la formation d'un coach de vie :

- offrir des modèles théoriques et des modèles relationnels ;
- proposer des techniques et outils diversifiés ;
- distinguer stratégie d'intervention, grilles d'analyse et techniques à utiliser ;
- donner des repères en psychopathologie ;
- comporter la connaissance d'un ou plusieurs indicateurs de personnalité ;
- faciliter la connaissance et la compréhension de soi.

Le coach personnel maintient un développement constant grâce à :

- une supervision régulière et spécifique ;
- des formations d'approfondissement et d'ouverture, de créativité ;
- un suivi psychologique si nécessaire ;
- la recherche de la connaissance de soi.

Les particularités du coaching personnel :

- le travail sur le projet de vie d'une personne considérée dans sa globalité ;
- la prise en compte du temps psychologique et le respect du rythme du client, couplés à des objectifs comme autant d'étapes à atteindre ;
- la liberté offerte au client de travailler sur ses priorités de vie.

Les écueils à éviter, les difficultés sur lesquelles une vigilance particulière est requise :

- la dépendance du client ;
- le risque de ne pas repérer un problème psychologique grave du client ;
- le manque de savoir-faire, d'outils ;
- le risque de transferts, contre-transferts et projections si le coach ne fait pas de travail sur lui-même.

RÉFLEXION ET MÉTHODOLOGIE AUTOUR DU PROJET DE VIE

Comment le coaching peut-il prétendre accompagner quelqu'un dans cet ambitieux objectif que représente le projet de vie ? Car nous pouvons bien le reconnaître, cela peut apparaître prétentieux à certains esprits très pragmatiques, la notion de projet de vie étant tellement vaste et recouvrant tellement de paramètres qu'il semble très complexe d'imaginer y parvenir.

Surtout lorsque l'on imagine la réussite d'une existence comme une juxtaposition de réussites éclatantes dans tous les domaines possibles, une vie de «*superman*», en quelque sorte.

Mais l'ambition du coach personnel est plus humble, car elle correspond à une réalité souvent plus modeste et réaliste qu'il voit se traduire au quotidien à travers les demandes de sa clientèle.

Finalités du coaching de vie

Alors qu'en entreprise, les personnes se sentent obligées de s'adapter en permanence aux besoins prioritaires de leur employeur, quitte à contraindre leur personnalité, elles recherchent dans l'accompagnement par le coaching personnel la liberté de pouvoir enfin être elles-mêmes. Le client s'adresse à un coach personnel, car il croit, espère, pouvoir en toute liberté avancer, choisir, construire une vie qui lui semblerait meilleure pour lui-même, un monde qui porterait des valeurs fortes et qui aurait du sens, bref, il entreprend la démarche pour donner ou redonner du goût à son existence.

L'accompagnement

Dans cette perspective, le coaché attend que le coach personnel soit là pour lui, pour l'aider à débrider ses envies, à libérer son potentiel, ses aspirations fortes mais insuffisantes pour qu'il y parvienne seul. Comme le dit Molière «le chemin est long du projet à la chose».

Dans ce cadre précis du coaching personnel,
qu'appelons-nous un projet de vie ?

Si nous cherchons la définition du mot projet dans le dictionnaire, nous trouvons :
- « Image d'une situation, d'un état que l'on pense atteindre » et aussi « travail » (Petit Robert) ;
- « Ce que l'on a l'intention de faire » (Larousse).

Si on applique ces définitions au projet de vie, cela peut devenir :
- déterminer la situation vers laquelle on souhaite orienter sa vie ;
- préciser ce que l'on a l'intention de faire de sa vie[1].

Mais aussi, cela implique qu'il s'agit bien d'un travail et d'une élaboration qu'il conviendra de faire vivre concrètement ensuite.

Un projet de vie est à la fois une finalité qui pousse son auteur à agir et une construction permanente, car tout est en perpétuel changement dans la vie.

L'idée qu'il existe un projet de vie repose sur le constat que chaque individu se construit depuis l'enfance autour de certaines valeurs, qu'il est sensible au bien et au mal, etc. et qu'il élabore ainsi une conception de la vie qui lui est propre bien que largement influencée par son environnement familial, culturel[2]…

Quel enfant ne rêve pas d'un monde extraordinaire dont il serait le roi et qui apporterait le bonheur sur terre ?

Ce monde dont nous rêvons, enfant, est bien sûr une utopie, et c'est pour cette raison que nous l'abandonnons souvent, mais en même temps « cette utopie guide nos pas en nous montrant la direction, un peu comme l'étoile qui brille dans le ciel éclaire notre chemin[3] ».

En vieillissant, ce rêve se modifie, évolue, parfois se réalise sous la forme de concrétisations positives dans l'existence de la personne. Mais souvent aussi, ce rêve est enfoui, oublié au prix de renoncements souvent coûteux, car le mode de vie et le « réalisme » ambiant ne favorisent pas la

1. Mortier Éric, *Réussir sa carrière et sa vie*, Paris, InterEditions, 2006, p. 5.
2. Saint-Paul Josiane (de), *L'esprit de la magie*, 3e éd., Paris, InterEditions, 2013, p. 225 et suiv.
3. *Ibid.*, p. 6.

possibilité de croire dans la réalisation de ses rêves. Alors le renoncement s'installe avec son cortège de difficultés, de compromis, de souffrances, d'insatisfactions.

Chacun essaie de bricoler avec sa vie, de réussir « dans la vie », de se doter de signes extérieurs de richesses, de réussite sociale. Quant aux ressources intérieures, c'est-à-dire nos atouts, talents, forces personnelles, elles sont, dans un premier temps, souvent ignorées.

Si les souffrances sont trop grandes, certains vont consulter un thérapeute et découvrent, entre autres choses, la richesse de leur vie intérieure. Cette démarche, initialement décidée pour vaincre une souffrance psychologique, ouvre fréquemment la porte des rêves enfouis. Mais d'autres circonstances douloureuses de la vie peuvent également y contribuer : un divorce, un deuil, un licenciement. La personne prend conscience qu'elle souhaite reprendre les rênes de son existence, retrouver une liberté et une joie de vivre. Comme l'a dit Jean-Paul Sartre dans *L'être et le néant* : « L'être libre est celui qui peut réaliser ses projets. »

Alors un jour, souvent en milieu de vie, nous le constatons fréquemment avec nos clients, ressurgit cette envie de vivre une vie plus conforme à ses aspirations premières, une vie qui ait du sens pour la personne, c'est-à-dire qui comble ses attentes fondamentales, qui soit en cohérence avec ses valeurs, qui la nourrisse en profondeur.

Ce sont ces prises de conscience qui la guide alors vers nos cabinets de coaching.

Comme nous l'avons évoqué dans le chapitre 2, la demande du client a souvent pour origine une difficulté, une insatisfaction, l'impression de passer à côté de sa vie, de ne pas faire ce à quoi il se sent destiné.

Le coach personnel part de cette insatisfaction pour accompagner son client vers la prise de conscience de ce qui lui manque, de ce qu'il souhaiterait à la place de ce qu'il a, de ce qui donnerait de la saveur à sa vie.

Il l'aide à transformer ses rêves revisités en fil conducteur, puis à les décliner en objectifs concrets, et enfin à les traduire en actions ancrées dans son quotidien.

Un de nos clients, Philippe, avait le projet de changer de métier. Il espérait, après un parcours de fonctionnaire, exercer le métier d'artisan décorateur, pour lequel il se sentait des talents. Il venait de terminer une formation qualifiante dans ce domaine mais bloquait devant la mise en œuvre concrète de son projet. La peur de ne pas être à la hauteur de la tâche, de ne pas savoir trouver une clientèle, l'angoisse de l'échec, l'empêchaient de poser les premières pierres de l'édifice. C'est ce qui l'a amené à voir un coach personnel.

Philippe exprimait ainsi son rêve de vie après avoir travaillé quelques séances sur ses valeurs et aspirations profondes :

« J'imagine un monde où l'harmonie, la beauté et la sérénité règnent, un monde plein de joie et qui offre l'égalité et la liberté de vivre heureux ensemble à des êtres dotés d'une bonne santé, intelligents, soucieux de progresser et d'améliorer leur monde, bienveillants les uns envers les autres et soucieux de leur environnement. »

Cette vision de sa vie, bien que très idéalisée, lui a donné une base solide pour aller vers son projet de vie, car elle contenait tous les éléments fondamentaux qui constituaient le socle d'une vie réussie selon lui. Bien sûr, il lui a fallu ensuite travailler sur la façon de traduire ce rêve, pour ancrer dans son quotidien des actes qui tendraient vers son idéal.

Cet exemple illustre bien le fait que c'est dans la confrontation entre le rêve et le principe de réalité que le client perçoit le mieux son parcours vers l'objectif.

Voyons maintenant comment passer de ce rêve au projet de vie concret.

La demande du client et ce qu'elle cache

Nous venons de le dire, la demande initiale est souvent très floue ou vaste, ou utopique. Plus précisément, le client arrive avec une demande implicite et des besoins flous.

Le client compte sur le coach pour l'aider à comprendre, trier, jeter, remanier, éclaircir tous les éléments qu'il lui amène en vrac.

Un autre de nos clients, une femme d'environ 40 ans, Isabelle, cadre supérieur dans une société d'assurance, est venue à la première séance en exprimant un sentiment de saturation vis-à-vis de son travail qu'elle ne supportait plus. « En vrac », elle a dit se sentir déçue par sa vie personnelle, vivre depuis peu avec le sentiment de renier les aspirations de sa jeunesse, avoir envie de construire une autre vie, mais sans savoir par quel bout la prendre.

Le coach a commencé par écouter ; il a encouragé ensuite sa cliente, par son questionnement, à trier, faire des liens entre tous les domaines abordés pour que peu à peu celle-ci oriente sa réflexion et sa recherche de sens. Elle a pris ainsi conscience de la phase de vie qu'elle traversait et des besoins sous-jacents que cela impliquait pour elle. Isabelle a réalisé qu'elle vivait tout ce qui lui arrivait de manière très négative, comme si elle était dans un marasme perpétuel. Elle avait besoin de prendre du temps pour s'occuper d'elle, de ses besoins, pour apprendre à écouter ses émotions et ses sentiments, pour reconsidérer ses choix et pouvoir ensuite construire un projet. C'est une phase de « cocooning » nécessaire au ressourcement[1].

Des clients autres que la dame citée ci-dessus en exemple arrivent cependant avec un rêve et demandent à pouvoir le réaliser tout de suite. Le travail du coach consiste alors à les aider à « rêver leur rêve[2] » – ce en quoi les outils créatifs déjà évoqués seront très utiles –, et à prendre le temps du choix des couleurs et des pinceaux, le temps de considérer l'harmonie chromatique en prenant du recul, de vérifier en quoi le résultat leur convient, et de savourer la sensation qu'il leur procure. Sans oublier que c'est aussi la confrontation avec la réalité qui leur permettra de réajuster leur projet.

Le client comprend que le projet de vie qu'il a désiré, imaginé ne se réalise que rarement comme il l'a prévu. Mais il découvre aussi en cours de route combien la réflexion entreprise l'a enrichi, combien l'autonomie gagnée l'aide à élaborer une qualité de vie qu'il n'avait peut-être pas imaginée au départ.

Sylvie, l'une de nos coachées, était venue avec la ferme intention de changer d'entreprise, car tout y était sans intérêt selon elle, de la grisaille du quotidien aux tâches répétitives de son métier. Sa demande se résumait à : « Je suis obligée de changer de société si je veux trouver un travail intéressant. » Son objectif s'est peu à peu transformé au fur et à mesure qu'elle a pris conscience de ce qui lui apportait une réelle satisfaction. Elle a alors insensiblement orienté son énergie vers d'autres centres d'intérêts, comme le bénévolat dans une association où elle a pris des responsabilités, ce qui lui a apporté d'énormes satisfactions. Et sa façon de voir son métier s'en est trouvée changée. Sa manière d'être également d'ailleurs, car, à la même époque, soit trois mois après le début du coaching, sa hiérarchie lui a proposé un autre poste, plus motivant selon elle. Elle n'a donc pas atteint son objectif initial, qui était de changer

1. Hévin Bernard et Turner Jane, *Manuel du coaching*, 2e éd., Paris, InterEditions, 2007, p. 79 et suiv.

2. Hévin Bernard et Turner Jane, *Pratique du coaching*, Paris, InterEditions, 2006, p.102.

d'entreprise, mais elle l'a remanié en changeant son regard d'abord, puis son environnement, tant professionnel que personnel, ensuite.

Comment s'y prendre pour accompagner un projet de vie ?

Le coach a en tête que son client a besoin de cohérence. Quels que soient sa demande et ses objectifs, il convient de s'assurer que les choix, les moyens, sont compatibles entre eux. Trop souvent, en entreprise, les objectifs amenés par les coachés ne sont pas les leurs, ou bien, ils les ont acceptés pour être conformes. En coaching personnel, le coaché est réputé libre de ses choix, même si ceux-ci sont souvent tributaires des contraintes de l'environnement. Cependant, le coach garde à l'esprit qu'un individu contraint ne se libère pas forcément du jour au lendemain ; c'est pour cette raison qu'il veille à aider son client à sonder les choix de son projet de vie et à s'assurer de sa cohérence et de sa compatibilité avec son environnement.

Histoire de l'une de nos clientes, Sophie : cette jeune femme, mariée, mère de deux jeunes enfants, vient en coaching personnel durant son congé parental. Elle doit reprendre son poste de responsable de service dans une grosse entreprise. Sa difficulté réside dans le choix qu'elle dit devoir faire dans cinq mois : soit reprendre son poste, lequel ne lui plaît plus, soit se lancer dans ce qu'elle aime, c'est-à-dire l'écriture, la composition et l'interprétation de textes et chansons pour enfants. Elle arrive, timidement d'abord, à formuler son projet – s'installer à son compte pour vivre de sa passion – tout en mettant en évidence le peu de soutien de son mari, qui « n'est pas très chaud pour prendre ce risque financier ». Sophie est un peu perdue, elle le reconnaît, et elle dit aussi souffrir de se sentir « coincée ». Son projet « tient-il la route » ? Ne met-elle pas en péril l'équilibre de vie de sa famille ? A-t-elle le droit de prendre ce risque ? Et si elle se lance, sera-t-elle reconnue ? Pourra-t-elle vivre de son art ?
Le travail de coaching lui a permis d'abord d'éclaircir sa demande puis de s'apercevoir que son projet professionnel était aussi un projet de vie. Elle s'est apaisée en dialoguant avec son mari au sujet du soutien qu'elle attendait de lui et de celui qu'il attendait peut-être lui-même d'elle. Elle lui a aussi montré ses talents en lui écrivant des poèmes, auquel il s'est montré très sensible du reste. Elle a finalement organisé son projet de façon progressive en négociant un temps partiel lors de sa reprise de poste dans son entreprise et en imaginant des façons de mettre en œuvre petit

à petit son activité d'écriture et de chant. Ce qui lui paraissait au départ complexe et stressant s'est transformé en plaisir à agir et à construire.

La démarche

Première étape : instaurer la confiance et identifier la demande

La première étape de l'accompagnement, une fois la décision prise de travailler ensemble, consiste en la création d'une relation dans laquelle la confiance sera essentielle, puisque comme nous l'avons déjà souligné précédemment, c'est cette confiance entre le coach et son coaché qui permet au client de se faire à son tour confiance et aborde sereinement la construction de son projet de vie. C'est grâce à elle qu'une coconstruction peut s'élaborer. À défaut, le risque est que le client, selon sa personnalité, se rebelle, se montre passif, attaque, manipule, voire abandonne le coaching. Cette étape sert dans le même temps à comprendre ce que demande le client.

Pour créer cette confiance, il convient de savoir écouter :

- sans *a priori* ni jugement pour que le client perçoive une saine curiosité, l'intérêt, l'acceptation pleine et entière de sa personne ;
- pour comprendre la demande explicite, c'est-à-dire celle qui est amenée par le client au départ, et repérer ce qu'il y a derrière ;
- pour décrypter petit à petit la logique, la façon du coaché de construire sa réalité, de raisonner, de réfléchir ;
- pour entendre les opinions, siège des valeurs et des croyances du client ;
- pour repérer les mots utilisés, le contenu de la communication ;
- pour ressentir les émotions ou le manque d'émotion exprimée ;
- pour repérer les signes non verbaux, qui donnent autant de sens au message.

Le rôle du coach est ensuite d'aider le coaché à intégrer la démarche en stimulant son intérêt, en l'aidant à s'écouter lui-même, à prendre le temps de se découvrir sous un angle nouveau, à réfléchir sur des bases nouvelles, à discerner petit à petit qu'il existe une autre façon d'aborder ses problèmes, de construire des solutions nouvelles et en l'aidant enfin à mettre au jour des ressources insoupçonnées jusque-là.

Cette phase est essentielle pour que le coaché se mobilise ensuite avec confiance dans la recherche de ce qui va donner du sens à son projet.

Le coach utilise des outils assez classiques d'écoute active (écoute avec une attitude d'ouverture et compréhension, reformulation, synchronisation sur la posture de son client, temps de silence pour donner une respiration) et d'évaluation de la situation (utilisation d'échelles de mesure de la qualité de la relation, de la difficulté évoquée par exemple).

Nouveau client, Pierre est venu terriblement inhibé « sur les conseils d'un ami qui s'est fait coacher » : les mots n'arrivent qu'avec difficulté à sortir de sa bouche ; il hésite, balbutie, se tait… reprend puis se tait à nouveau et le silence dure… Le coach a respecté son rythme en se synchronisant sur lui, a accepté le besoin de silence, puis l'a doucement invité à exprimer ce que voulait dire son silence. À l'issue de cette première séance, il a demandé à Pierre, comme nous le faisons souvent, son avis sur la qualité de la relation instaurée[1] et celui-ci a exprimé le plaisir, qu'il savait être rare, de se sentir écouté, respecté, soutenu dans sa façon d'être.
La deuxième séance l'a vu arriver souriant, ouvert et bien plus disert, tout en conservant sa faculté de savoir plonger dans sa réflexion lorsque le besoin s'en faisait sentir, d'y rester le temps nécessaire.

Deuxième étape : faire de la demande un matériau de travail en explorant les domaines de vie et les valeurs

Le coach explore la demande, la difficulté, le problème ou l'objectif amené par le client afin de permettre à ce dernier de faire émerger des aspects nouveaux qui l'aident à avancer. Le coach cherche en quelque sorte à servir de support, de tremplin au coaché pour que celui-ci puisse s'y appuyer, y trouver des points de repère. Les questions que le coach soumet à son client l'aident à accéder à son espace intérieur, c'est-à-dire lui permettent d'entamer un dialogue fructueux avec lui-même car exprimé sur des bases qu'il n'avait pas encore explorées jusque-là.

---

1. Voir en annexe 4 la mesure de la qualité de la relation, document inspiré par le docteur F. Balta.

Cette phase comporte un temps d'examen de sa vie par le client, de recherche d'un autre type d'équilibre ; le coach l'amène aussi à travailler sur les différents domaines de sa vie, en l'aidant à prendre conscience, par exemple, du déséquilibre de l'un par rapport à d'autres. Durant cette partie du travail, le client reprend contact avec sa façon de gérer sa vie, en la rendant d'abord plus consciente, en l'évaluant, en repérant les valeurs sous-jacentes et en imaginant comment la réagencer de façon plus satisfaisante pour lui. Il la regarde comme un immense puzzle dont le dessin n'est pas figé une fois pour toutes mais dépend de toutes sortes de paramètres : le thème dominant, les couleurs choisies et leur intensité, l'esquisse… Il découvre alors tout ce qui dépend de lui alors que, comme de nombreux clients, il se sentait impuissant à agir en arrivant en coaching.

C'est donc une phase propice à la découverte de ses priorités et aussi de ses ressources.

C'est un moment où l'on va utiliser avec son client des outils de découverte de soi, comme le rêve éveillé ou le travail sur les valeurs.

Gilles est venu en coaching personnel, car « à bientôt 40 ans », il voulait « être sûr de faire quelque chose de valable de sa vie ».
Sa demande était floue ; il sortait d'une thérapie qui l'avait déçu et se montrait *a priori* assez dubitatif sur ce que le coaching pourrait lui apporter, bien que celui-ci lui ait été recommandé par son meilleur ami.
Gilles se montrait un client très bavard, et constamment en train de décortiquer le sens de ce qu'il était en train de dire ou de ce que le coach lui disait.
La stratégie de coaching a consisté à lui faire faire des choses différentes de ce à quoi il s'attendait : un rêve éveillé l'a plongé dans son futur et l'a amené à revisiter ses priorités. La recherche de ses valeurs l'a aidé à cerner ce qui donnait du sens à sa vie, et enfin, le dessin lui a permis de peindre un projet de vie coloré, plein de vie et désirable.
Petit à petit, ce que Gilles considérait comme le signe de l'échec de sa vie à 40 ans est devenu un point d'appui pour définir ce qui serait désormais son fil conducteur pour construire une vie valable, selon ses propres mots.

Troisième étape : contribuer à faire progresser le client (stimulation des ressources)

Dans cette étape, prélude à la fin du coaching, le coach va s'attacher à stimuler les ressources mises au jour par son client pour élaborer ce qu'il souhaite pour sa vie.

La motivation est présente, la personne est en contact avec ses valeurs profondes, ses besoins : elle sait ce dont elle ne veut plus, les tensions sont apaisées, la prise de recul se fait plus facilement. Le sens de sa démarche lui apparaît plus clairement, de façon souvent plus nuancée aussi. De nombreux clients arrivent par exemple avec des envies de changements radicaux de vie, puis peu à peu revoient leur position. Parfois, ils ne changent que très peu d'éléments à leur vie, mais ces infimes changements permettent de laisser la place à ce qu'ils ont découvert comme étant l'essentiel pour eux.

Pour les aider, le coach prescrit ce que nous appelons des « tâches ». Il s'agit d'un outil, issu des travaux de l'approche systémique, des thérapies brèves et de l'hypnose. Le but n'est pas d'atteindre un résultat précis, mais plutôt d'amener le client à faire « quelque chose » afin qu'il prenne conscience de ses ressources, ce qui, *in fine*, peut déboucher sur des changements de comportement ou de point de vue. Les tâches permettent également de faire un lien entre deux séances, de poursuivre le travail, mais cette fois en prise directe avec la vie du coaché. L'efficacité d'une tâche repose en grande partie sur la façon dont le coach la prescrit et sur sa « non-attente de résultat particulier ». C'est le commentaire du coach, étayé par la représentation du monde de son client, qui donne du sens à ce qui est demandé. Pour préciser cet aspect, nous dirons que si la tâche paraît utile au coaché, il la réalisera. Pour avoir du sens, elle devra donc lui être proposée en tenant compte de son point de vue. Le coach ne vise, quant à lui, qu'à développer chez son client un processus spécifique – par exemple : prendre conscience de son ressenti – ; il n'a par conséquent pas d'attente particulière concernant le contenu de la tâche et le fait que celle-ci soit réalisée ou non.

Sylvain était venu en coaching avec une plainte : la vie était profondément triste et, quoi qu'il fasse, elle le resterait. Cependant il voulait essayer de réussir un changement de métier dans le but de vivre plus confortablement. Le coach vérifia d'abord qu'une thérapie ne s'avé-

rerait pas plus opportune, mais Sylvain lui déclara être suivi dans le même temps par un psychothérapeute qui l'avait orienté vers un coach pour s'occuper de son projet de vie professionnelle. Bien sûr, le travail fut d'abord de définir la demande, le problème et l'objectif sur la base d'entretiens chaleureux et empreints d'humour chaque fois que cela fut possible. Sylvain déclara un jour que venir en séance de coaching lui donnait beaucoup de plaisir. Une fois la croyance que «la vie est définitivement triste» fut un peu atténuée, le coach proposa une tâche: Sylvain allait se coucher chaque soir en pensant, à partir d'une échelle de 1 à 10, au niveau de joie auquel serait la vie le jour suivant. Le lendemain, en se réveillant, il y repenserait, puis le soir venu, il ferait le bilan pour vérifier si sa prédiction avait été la bonne.
Sylvain revint la séance suivante mais ne reparla pas de la tâche donnée. Il ne reparla plus non plus sans cesse des aspects négatifs de «la vie en général». Il affirma peu à peu par des actes concrets, plus de confiance, ses capacités à changer le cours de sa vie personnelle et à faire aboutir son projet professionnel.

Cette troisième phase du coaching est donc orientée très concrètement sur la construction du futur souhaité, à «petits pas», par des actions qui amènent le coaché à repérer l'impact des changements sur sa vie. Il va donc construire et vivre le changement en même temps puis saura comment le réajuster, le retailler à sa mesure, comme on le ferait d'un vêtement que l'on souhaite confortable. Ce travail lui redonne des marges de manœuvre et, ce faisant, la sensation de pouvoir être le créateur de son projet de vie. Il importe pour le coach de veiller à valoriser ce pouvoir retrouvé du client pour éviter de créer au contraire chez celui-ci une dépendance au coaching. La fin de l'accompagnement va pouvoir s'amorcer.

Quatrième étape : point sur le chemin parcouru et chemin vers l'autonomie

Cette phase correspond à un moment de clarification, de finalisation du projet et d'autonomisation[1] du client qui va poursuivre son chemin seul.

C'est pour le coaché un temps de bilan de ce qu'il a vécu, appris depuis le début du coaching. C'est aussi une phase de projection dans le futur proche : le client formule les actions qu'il va mettre en œuvre grâce aux ressources de celui qu'il est devenu.

1. Hévin Bernard et Turner Jane, *Pratique du coaching*, Paris, InterEditions, 2006, p. 126.

Il s'agit donc de la fin du coaching, le coaché comprenant et verbalisant en quoi il se sent désormais en capacité de construire seul un projet de vie nourrissant ses aspirations fondamentales.

L'une de nos clientes, Amélie, est venue voici neuf mois en coaching personnel « pour arriver à mettre plus de joie dans sa vie », selon ses propres termes. Elle disait avoir du mal à s'affirmer vis-à-vis de son mari, auquel elle était toute dévouée, et de ses enfants, déjà de jeunes adultes. Elle aspirait à vivre un peu plus pour elle sans pour autant léser son entourage. À la demande du coach à propos du temps qu'elle se donnait pour atteindre son objectif, elle a paru d'abord surprise, puis a réfléchi et dit simplement : « neuf mois, le temps d'une grossesse ». Le travail d'accompagnement s'est orienté, entre autres, beaucoup vers les permissions qu'elle pouvait se donner à elle-même, comme elle savait en donner à ceux qui lui étaient chers. Les avancées paraissaient timides au coach. Et puis, à l'avant-dernière séance, Amélie a annoncé en arrivant : « Je suis contente d'arriver au terme de ce travail. » Elle a décrit alors la joie qu'elle éprouvait à sentir que « quelque chose » était en train de « naître en elle » qui faisait que ses relations avec ses proches avaient insensiblement changé : elle prenait du temps pour ses loisirs sans culpabiliser, et le plaisir qu'elle vivait rejaillissait sur la relation familiale. Amélie dit en partant au bout des neuf mois : « Je vous l'avais dit : il m'a juste fallu neuf mois pour naître à moi-même. »

Tableau 3.1 – Récapitulatif de la démarche de coaching personnel

PHASES	OBJECTIFS	OUTILS
1re étape	Instaurer la confiance et identifier la demande (acceptation inconditionnelle du client). Comprendre le fonctionnement et la façon d'élaborer une vision du monde du client.	Écoute, reformulation Synchronisation Questionnement ouvert et précis Échelle de mesure de la situation apportée
2e étape	**Faire de la demande une matière de travail** en explorant les domaines de vie et les valeurs. **Passer de la demande à l'objectif**.	Détermination de l'objectif Recadrage, confrontation Émergence des valeurs Repérage de l'équilibre des domaines de vie (réel/souhaité) Détermination du projet de vie
3e étape	Contribuer à **faire progresser le client** en stimulant ses ressources.	Détermination des buts, objectifs, actions concrètes pour élaborer le projet de vie Tâches données Utilisation de profils de personnalité

☞

PHASES	OBJECTIFS	OUTILS
4e étape	**Point sur le chemin parcouru** et chemin **vers l'autonomie**.	Échelle de mesure de la progression du travail Évaluation de la force du projet avec ses atouts et ses zones de risques (photolangage, visualisation...)

Comme nous l'avons évoqué plus haut, le temps nécessaire à la conduite aboutie d'un coaching personnel dépend étroitement de la demande initiale, du temps et des moyens financiers que le client se donne pour la faire aboutir. La durée d'un coaching personnel s'échelonne sur environ plus ou moins vingt séances, sachant que le coaché standard n'existe pas. Souvent, en coaching personnel, nous voyons revenir des clients après un premier accompagnement qu'ils n'ont pu faire aboutir pleinement faute de moyens ou pour d'autres motifs liés aux contraintes de leur vie ; mais cette deuxième démarche est souvent plus vite « productive » pour le coaché que la première, car il s'en nourrit. Le coaché connaît la puissance du coaching, a confiance en son coach et sait que l'efficacité de l'accompagnement repose avant tout sur lui : la réflexion en est facilitée, elle s'élabore avec plus d'aisance, de fluidité. Pour prendre une image, on pourrait faire le parallèle avec un sportif qui aurait arrêté temporairement un sport dans lequel il aurait déjà un bon niveau : la reprise de l'entraînement réveille ses anciens réflexes et il retrouve très vite une certaine maîtrise.

Pour résumer, nous pouvons dire que l'élaboration d'un projet de vie prend autant de temps que la vie elle-même puisqu'il est sans cesse renouvelé, réactualisé au gré des circonstances et de la souplesse de celui qui le conduit.

Le coaching personnel est au service de tous ceux qui ont besoin, tout au long de leur vie, et quelles qu'en soient les étapes, de démarrer, de comprendre ou de faire des points sur leur projet de vie.

Points de vigilance du coach

1. Liés à la pratique et à la posture

L'accompagnement d'un coaching nécessite de la part du coach une attention toute particulière à certains signes : ceux émanant de son client et ceux qui lui sont indiqués par son propre ressenti. Par exemple, en coaching personnel, les attentes du client sont souvent plus importantes qu'en situation de coaching prescrit, ce qui peut amener le coaché à mettre le coach sur un piédestal si celui-ci n'y prend pas garde : pour ce dernier, le risque est alors d'en tomber douloureusement et de ne plus être à même d'accompagner utilement son client déçu.

Le tableau ci-dessous permettra au coach, après chaque séance notamment, de prendre du recul sur la situation vécue avec son client afin d'en discerner les zones de risques et de trouver des attitudes pertinentes pour y remédier.

	Vigilance vis-à-vis du client	**Vigilance vis-à-vis du coach lui-même**
Position de Vie à privilégier (OK++)	Comment se présente-t-il à moi ? Quel degré d'estime exprime-t-il vis-à-vis de lui ? Vis-à-vis des autres ? Qu'est-ce que j'entends dans ce qu'il me dit sur sa confiance en lui ?	Qu'est ce que je fais de ce que j'entends ? Qu'est-ce que je pense de mon client, de ses capacités à trouver des solutions ? Est-ce que je me sens capable de l'accompagner ?
Les attitudes relationnelles (Porter)	Quelle attitude mon client me réclame-t-il le plus souvent ? (Attention aux demandes de soutien qui peuvent induire la dépendance.)	Quelles attitudes est-ce que je privilégie ? Est-ce que je lui offre une attitude d'ouverture et de compréhension à travers une écoute active et un questionnement exploratoire ? Est-ce que je n'ai pas parfois tendance à vouloir l'influencer par des conseils, interprétation ou soutien inappropriés ?
Respect du contrat	Mon client s'implique-t-il dans le travail ? Souhaite-t-il fréquemment connaître mon avis ?	Suis-je attentif à garder la position haute sur le processus et le cadre, la position basse sur le contenu et le fond ? Ai-je envie de lui donner des conseils ?
Autonomie face au problème	M'assurer en permanence que mon client est et reste ***client***	Suis-je plus client que le client ? Qu'est-ce que je *veux* pour lui ? Est-ce que j'entends ou ressens des jeux psychologiques ?
La demande	Qu'est-ce que mon client me dit « derrière » ce qu'il me dit ?	Qu'est-ce que j'entends derrière la demande annoncée ?
Vision du monde	Quelles sont ses croyances, ses valeurs… (son cadre de référence) ?	Suis-je dans le doute ou la critique vis-à-vis de ce qu'il me dit ? Suis-je au clair sur mon propre cadre de référence ? Ai-je envie de l'imposer à mon client ?
Besoins	Mon client s'autorise-t-il ou non à faire… à être… ?	Suis-je attentif à favoriser les 3 P (protéger, donner des permissions pour favoriser la puissance de mon client) ?

2. Liés aux références culturelles et multiculturelles

Alors que la mondialisation se généralise, permettant une plus grande facilité des échanges d'un bout à l'autre de la planète, à l'heure du virtuel, demeure fondamentalement la difficulté bien réelle de la diversité culturelle. C'est-à-dire la question de l'interculturalité : l'approche et la compréhension d'autres réalités que la sienne comme source de richesse.

Cette difficulté existe tant au niveau personnel que professionnel dans des situations vécues et fréquentes : accueil de nouveaux arrivants, mobilité à l'étranger, fusions et acquisitions internationales, transferts de savoir faire, situations courantes au sein de l'entreprise (management interculturel, communication, négociation entre partenaires étrangers, mise en place de processus de travail, prise de décision, etc).

Et pourtant, bien que problématique jusque dans les interactions les plus banales, cette difficulté, une fois surmontée, montre précisément que chaque culture propose des solutions originales qui n'entrent pas dans le cadre de référence des autres.

« La différence culturelle dans le coaching se manifeste dans trois situations : le coaching d'une personne de culture différente, celui d'un coaché ayant des relations avec des cultures différentes, ou enfin le coaching d'une équipe multiculturelle. Quoiqu'en apparence triviale, la seconde, de plus en plus fréquente, interpelle profondément la démarche du coaching. » (Michel Moral)[1]

Tout individu est issu d'un système culturel lié à son environnement politique, géographique, familial, professionnel, linguistique... Son identité est faite de codes culturels. D'où l'importance du coaching interculturel, notamment en entreprise, à l'occasion d'une prise de poste à l'étranger, d'une expatriation, d'une réorganisation d'entreprise dans un contexte international.

L'interculturel ne se borne pas au domaine de la communication, il ne se réduit pas à un problème de langue, il *se joue* aussi et surtout au niveau des modes de vie, des valeurs morales, des représentations familiales et sociétales.

Et ce sont précisément ces identités culturelles différentes qui influent sur les interactions.

---

1. Moral Michel et Angel Pierre, Coaching, outils et pratiques, Paris, Armand Colin 3e édition 2014, page 117

Il s'agit de la confrontation de deux ou plusieurs cultures, vécues plus ou moins violemment et/ou émotionnellement dans les interactions, d'autant qu'à la base des conflits *couvent* aussi bien souvent des fantasmes et peurs archaïques.

Le coaching interculturel n'a pas pour visée de permettre à la personne coachée d'apprendre la culture de l'autre. Il s'agit davantage ici d'initier la rencontre avec l'autre : aller d'un cadre de référence vers et avec celui de l'autre. Cette rencontre s'avère alors être d'une grande richesse dans la connaissance de l'autre (et de soi en termes de limites, limitations) et l'ouverture sur le monde.

Par ailleurs, avant chaque mission de coaching interculturel « chacun des contrats doit être reconsidéré en fonction de l'environnement culturel. Au niveau *formel*, des clauses comme celle de la confidentialité n'ont pas le même sens ici ou là ; au niveau *relationnel*, certaines cultures ne savent pas respecter un cadre temporel ; enfin, le contrat *inconscient* est bouleversé par l'altérité ». (Michel moral)

Quelques outils pertinents pour l'accompagnement

Le travail d'accompagnement s'élabore à partir d'entretiens en face-à-face au cours desquels un certain nombre d'exercices peuvent être utilisés. De même, le coach peut donner des tâches à son client entre deux séances pour l'aider à continuer le travail de « germination ».

Vous trouverez ci-après quelques outils que nous utilisons et qui nous semblent pertinents pour aider une personne à élaborer son projet de vie.

Il nous paraît essentiel de souligner que, comme pour tous les outils, tous sont utiles, sous réserve de respecter la personnalité, la sensibilité du coaché, de tenir compte du moment opportun pour les introduire et enfin de les réintégrer dans le dialogue.

Certains de ses outils ont été empruntés avec bonheur à des collègues coaches, que nous remercions pour cela, ou ont été inspirés par leurs travaux, d'autres enfin sont des créations personnelles.

La détermination d'objectif

Le coach travaillera sur la demande du client dans un premier temps pour l'éclaircir. Il pourra à cet effet utiliser la démarche d'objectifs ci-après, issue de la PNL :

Tableau 3.2 – La démarche d'objectifs

1/ SITUATION ACTUELLE APPORTÉE PAR LE COACHÉ (à faire préciser) **Quels sont les avantages de cette situation ?** **Qu'est-ce que vous voulez conserver de cette situation ?**
2/ SITUATION FUTURE SOUHAITÉE : **objectif formulé positivement, clair, précis, évaluable** Qu'est-ce que vous voulez ? (avantages espérés) Et au-delà, qu'est-ce que cela va vous apporter ? Comment saurez-vous que vous aurez réalisé votre objectif ? Que verrez-vous, entendrez-vous, sentirez-vous, très concrètement ? L'objectif est-il réalisable matériellement ? Se pourrait-il qu'il y ait un inconvénient à réaliser cet objectif (écologie) ? S'il y en avait un, ce serait quoi ? Pour vous ? Pour votre entourage ? Êtes-vous prêt à les accepter ? Si oui, comment ? Si non, que pouvez-vous faire pour réajuster votre objectif de façon à les éliminer ?
3/ CHEMIN POUR Y PARVENIR Est-ce que la réalisation de cet objectif ne dépend que de vous ? Quel est le contexte ? Quels obstacles pouvez-vous rencontrer en route ? Qu'est-ce qui vous a empêché de réaliser votre objectif jusqu'à maintenant ? Pouvez-vous contourner, éliminer ces obstacles ? Si oui, comment allez-vous vous y prendre ? Si non, comment réajuster votre objectif en en tenant compte ? Quelle est la durée de réalisation ? (quand ?) Comment est-ce que vous prévoyez la planification dans le temps de votre objectif ? (Vous commencez quand ?) De quoi avez-vous besoin pour le réaliser ? Quelles sont vos ressources actuelles ? Quelles sont celles qui vous manquent ? Comment pouvez-vous vous y prendre ?

Puis, une fois les objectifs un peu mieux cernés par son coaché, le coach le fait travailler sur leur concrétisation à partir de l'outil ci-dessous.

Dans tous les cas, le travail du client est commenté par lui-même en séance pour qu'il continue sa réflexion et repère les éventuelles difficultés de ce qu'il a élaboré.

Après avoir déterminé son objectif, le coaché poursuit le travail selon les modalités suivantes :

- lister les différentes actions possibles pour y parvenir ;
- lister les différentes actions à mener, à faire, pour réaliser cet objectif (« Que dois-je faire pour réaliser cet objectif ? »). Noter des verbes d'action ;
- trier les actions selon la chronologie logique dans le temps ;
- lister les ressources nécessaires pour réaliser l'objectif ;
- lister celles dont vous disposez immédiatement ;
- lister celles que vous devrez acquérir (et comment) ou trouver auprès d'une autre personne (qui ?) ;
- construire un tableau de suivi comportant les objectifs d'une part, et les actions à mener d'autre part ;
- s'imaginer dans le futur une fois l'objectif atteint et savourer la satisfaction de l'avoir réussi ;
- mettre en œuvre ce qui a été décidé en suivant le tableau ci-après au quotidien.

OBJECTIF : (à décrire)				
	À faire	**Échéance**	**Réalisé le**	**Remarques**
Action 1				
Action 2				
Action 3				

Remarque. Si une action ne se réalise pas (situation de blocage, d'impasse) :

- rechercher à quel niveau il y a blocage ;
- s'interroger sur les avantages à ne pas faire ;
- se demander : « Que se passera-t-il si je continue à ne rien faire demain ? Et à x mois ou années ? » ;
- revenir à l'objectif et vérifier qu'il est bien réalisable, qu'il ne dépend que de soi et est respectueux de soi et de son entourage ;
- revenir à la question : « De quoi ai-je besoin pour réaliser cet objectif ? » ;

- se demander : « Qu'est-ce que je pourrais faire d'autre pour le faire aboutir ? » ;
- vérifier la pertinence des idées proposées.

Les domaines de vie

Afin d'aider son coaché à construire une vie plus adaptée à ses aspirations, le coach va chercher à faire prendre conscience à son client de la façon dont il équilibre ou non ses domaines de vie. À la suite de quoi, ce dernier pourra retrouver des marges de manœuvre pour réajuster ce qui est primordial pour lui.

Tableau 3.3 – Grille de repérage des axes de satisfaction du coaché

SEMAINE DU........... AU...........			
ACTIVITÉS *Exemple :*	ÉMOTIONS associées, ressenties lors de ces activités	OBLIGATION/ PLAISIR (à définir)	Pointez celles qui vous apportent le plus de satisfaction et trouvez, en les notant ici, les moyens que vous allez mettre en œuvre pour augmenter leur fréquence au quotidien
Bavarder avec la voisine âgée de mon immeuble	*Joie de l'échange et du partage*	*Plaisir*	*Passer la voir au moins une fois par semaine*

Le coach demande à son client d'observer la façon dont il vit durant une semaine :

– en notant toutes ses activités et les émotions qui leur sont liées ;

– en repérant celles qui relèvent du devoir et celles qui apportent du plaisir.

Il invite alors le coaché à trouver dans quel domaine il a le plus de satisfaction.

Il le fait réfléchir aux façons de faire plus de place à ce qui est essentiel pour lui.

Il lui demande de mettre en œuvre des actions concrètes donnant plus de place au plaisir quotidien, comme autant de petits pas vers une vie plus harmonieuse.

Le recadrage des situations de vie qui obscurcissent l'élaboration ou entravent le projet

Pour élaborer un projet de vie, il convient souvent au préalable de reconsidérer sa vie, les réussites et les difficultés qui la parsèment, l'encombrent, puis d'un œil neuf, de voir les situations de vie autrement[1]. Le document (figure 3.3) ci-après, accompagné du questionnement, peut être utilisé à cet effet :

Comment considérer les situations vécues différemment pour les faire évoluer et construire son projet sur des bases positives ?

Le coach partage au préalable quelques notions avec son client pour l'aider à comprendre des concepts sur les éléments du fonctionnement humain partagés par tous, ce qui est important, car souvent, les clients pensent être soit complètement différents des autres, soit être « comme tout le monde ».

SITUATION	*perçue à travers des filtres :* – sensoriels – socioculturels – histoire personnelle	Je perçois
↓	↓	↓
ATTRIBUTION DE SENS	PENSÉE	J'interprète
↓	↓	↓
ÉTAT INTERNE RESSENTI	ÉMOTIONS	Je ressens
↓	↓	↓
COMPORTEMENT	ACTIONS	J'agis, je dis

Figure 3.3 – Éléments de compréhension du fonctionnement humain

Nous sommes responsables de notre comportement.

1. La conception de ce document s'inspire des techniques de recadrage de la PNL et de l'approche systémique.

Nous croyons que la situation qui se présente ou l'autre personne est responsable de nos problèmes.

Or la situation est juste le facteur déclenchant.

La source de nos problèmes vient souvent de nos émotions (état interne), lesquelles sont générées par notre pensée. D'une façon générale, on peut dire qu'émotions et pensées sont fortement mêlées.

Pour changer notre ressenti, il convient de donner une autre interprétation à ce que nous percevons de la situation.

Commencer par prendre du recul pour chercher un autre éclairage, un recadrage de la situation qui amène à trouver un autre sens.

Se poser les questions suivantes pour :

1. Reconsidérer la situation en elle-même
   - Les choses ne se passent-elles pas ainsi parfois ?
   - Se pourrait-il qu'il y ait des éléments que je n'ai pas remarqués ?

2. Reconsidérer l'interprétation que l'on a donnée de la situation
   - En quoi ceci prouve cela ?
   - Qu'est-ce que cela pourrait signifier d'autre ?
   - Y a-t-il d'autres causes possibles ?
   - Y a-t-il d'autres conséquences possibles ?

3. Reconsidérer le ressenti vis-à-vis de la situation
   - Que voudrais-je ressentir à la place ?
   - Que se passerait-il si je ressentais autre chose ?
   - Ai-je vécu des moments où j'ai ressenti autre chose dans la même situation ?
   - Qu'est-ce qui me permettrait de ressentir autre chose ?
   - Y a-t-il un avantage à ressentir ce que je ressens ?

4. Réviser son comportement
   - Que voudrais-je faire ou dire à la place ?
   - Que veux-je obtenir comme résultat ?
   - Qu'est-ce qui m'empêche de me comporter autrement ?
   - Que se passerait-il si je ne faisais ou ne disais pas ça ?
   - Quelle est la bonne intention de l'autre à mon égard ?
   - Y a-t-il une partie de moi qui ne veut pas changer de comportement ?

Remarque. Un comportement insatisfaisant vient d'un besoin non satisfait ; en identifiant ce besoin, on peut trouver à la place d'autres comportements plus satisfaisants. (Dire : « Je me sens… parce que j'ai besoin de… »)

Chaque coach peut s'inspirer de cette démarche pour travailler le recadrage des situations de vie vécues par son client.

Le rêve éveillé[1]

Cet outil, issu des techniques de l'hypnose, est d'une grande aide pour permettre au client de lâcher prise sur sa façon de réfléchir, de tenter de régler ses difficultés et de se projeter dans l'avenir.

Il permet par exemple de formuler un projet de vie à partir des valeurs et des domaines de vie les plus importants pour la personne en la projetant dans des aspects plus inconscients et profonds d'elle-même.

La méthode se fonde sur une relaxation profonde au cours de laquelle le coach invite le client à imaginer, par exemple, sa vie en bout de route pour en faire le bilan et à considérer positivement tout ce qui a été appris, la sagesse accumulée mais aussi les éventuels regrets de ce qui n'a pas été entrepris d'important pour la personne.

Puis, le coach demande à son client de reprendre pied dans « l'ici et maintenant », formule consacrée pour revenir à la réalité après le moment de déconnexion que représente le rêve éveillé.

Il l'invite ensuite à laisser agir la force du rêve ou à l'exploiter directement en séance selon ce qui lui paraît le plus opportun avec le contexte de l'accompagnement.

Le photolangage®[2]

Nous avons abordé plus avant l'intérêt de cet outil pour l'accompagnement en général dans le sens où il permet lui aussi de relâcher le réflexe de la réflexion purement cartésienne.

---

1. Vous trouverez d'excellents exercices de ce type dans le livre de François J. Paul-Cavallier, *La visualisation, des images pour agir,* Paris, InterEditions, 2003 ; et celui d'Éric Mortier, *Réussir sa carrière et sa vie*, Paris, InterEditions, 2006.
2. Site d'Alain Baptiste : www.photolangage.com

Dans l'accompagnement, nous pouvons l'utiliser à plusieurs reprises, par exemple pour concrétiser la phase de définition du projet de vie ou, à la fin du coaching, pour renforcer la motivation et pour ancrer solidement le travail accompli dans la mémoire du coaché.

Exemple d'un client en fin d'accompagnement (séance de bouclage du coaching) :
« Vous venez de terminer une phase de travail importante pour vous avec votre projet de vie en tête et ce qu'il va impliquer de force, de motivation et de satisfaction pour vous. En même temps, vous avez repéré que des obstacles se présenteront nécessairement sur votre chemin et que vous aurez besoin de toutes vos ressources pour les surmonter.
Je vous propose donc de conclure notre collaboration sur l'exercice suivant :
Parmi toutes les photos exposées sur cette table, vous allez en choisir une qui va symboliser votre projet de vie, une qui va représenter vos atouts pour le construire, le développer, le vivre harmonieusement et enfin une dernière photo qui représentera les risques, la zone d'ombre possible de votre projet, qui devra faire l'objet d'une vigilance toute particulière. »

Le coach aide ensuite son client, par son questionnement, à commenter le choix de chacune des photos :

- en quoi la première représente son projet ; la seconde, ses atouts ; et la dernière, ses risques. Ce qu'elles reflètent, ce qu'il y voit, ce qu'il imagine au-delà, ce qu'il éprouve, les liens qu'il fait avec le travail accompli ;
- en quoi chacune peut aussi porter les germes de son contraire en cas d'excès, ce que cela lui apprend et ce qu'il va en faire à l'avenir.

Le client demande souvent à repartir avec la photocopie des photos choisies, et il est utile d'y répondre favorablement, dans la mesure où la visualisation de ces trois photos peut à l'avenir lui servir de « madeleine de Proust ». C'est un élément fort et une grande aide, particulièrement pour les clients à dominante visuelle dans leur façon de mémoriser.

La recherche de valeurs

L'élaboration d'un projet de vie passe par plusieurs phases et, notamment, la recherche de valeurs, lesquelles sous-tendent une vision du monde propre à la personne.

Proposez au coaché le questionnement suivant :

Pour trouver les aspirations profondes, réalisations, rêves d'accomplissement et élans créateurs qui sont les guides, le carburant de votre vie, prenez le temps de répondre aux questions ci-dessous :

1. Pouvez-vous m'indiquer trois choses que vous aimez particulièrement ?

–

–

–

2. Pouvez-vous m'indiquer trois choses que vous détestez particulièrement ?

–

–

–

3. Quelle est pour vous la qualité la plus importante ?

–

4. Quel est le défaut que vous supportez le plus mal ?

–

5. Comment savez-vous que vous avez réussi quelque chose ? Citez deux expériences récentes.

–

–

6. Comment faites-vous pour vous décider ? Citez deux expériences récentes, dont une prise contre l'avis des personnes consultées.

–

–

7. Comment avez-vous réagi quand vous avez été confronté à une difficulté très sérieuse ? Citez deux expériences.

–

–

8. Comment avez-vous choisi votre dernier travail ?
Comment avez-vous choisi votre lieu de résidence ?
Comment avez-vous choisi votre dernière voiture (ou vêtement) ?
Comment avez-vous choisi vos dernières ou prochaines vacances ?
(Répondre à deux questions au choix.)
–
–

9. Évoquez deux livres et deux films qui vous ont fait vibrer et dites quelles dimensions des personnages ont particulièrement raisonné en vous.
–
–
–
–

10. Décrivez les qualités que vous appréciez particulièrement chez deux de vos amis et dites pourquoi.
–
–

11. Citez deux personnages que vous admirez (hommes politiques, acteurs, scientifique...) et dites pourquoi.
–
–

12. Si vous deviez quitter précipitamment votre maison, quels sont les deux objets que vous prendriez ? Pourquoi ce choix ?
–
–

13. Repensez à deux situations de votre vie qui vous ont heurté(e) : quelles valeurs ont été touchées ?
–
–

14. Que souhaitez-vous que l'on dise de vous après votre mort ?
–

15. Que feriez-vous si vous saviez n'avoir plus que six mois à vivre et dans l'hypothèse où tous les détails matériels relatifs à cette issue seraient déjà réglés ?
–

- Listez à partir de ce questionnaire, ou de ce que vous savez de vous[1] :
  - les valeurs qui sont importantes pour vous ;
  - en vis-à-vis, leurs contraires ou « antivaleurs » que vous voulez éviter. (Exemples de valeurs : amour, amitié, justice, curiosité, plaisir, générosité… ; d'antivaleurs : dépendance, monotonie, solitude, échec, injustice…)
- Une fois cette liste établie, cherchez ce que vous faites concrètement dans votre vie actuelle pour satisfaire cette valeur ou éviter cette antivaleur.

Tableau 3.4 – Exemple de tableau de recherche de valeurs et d'antivaleurs

Mes valeurs	Qu'est-ce que cette valeur signifie pour moi, qu'est-ce qu'elle m'apporte ?	Ce que je fais aujourd'hui dans ma vie pour satisfaire cette valeur	Ce que je peux faire d'autre, à partir de maintenant, pour satisfaire mes valeurs
Générosité	Donner aux autres.	Je fais des cadeaux. Je donne de mon temps.	Je peux cultiver la tolérance.

Antivaleurs	Ce que cela signifie pour moi	Ce que je fais aujourd'hui pour les éviter	Ce que je peux faire d'autre
Sclérose intellectuelle	Stagner, voire régresser au niveau intellectuel.	Je lis des livres sur des sujets variés. Je fais des voyages.	Je peux me former à des choses nouvelles.

- Hiérarchisez vos valeurs :
  - demandez-vous : « Dans toutes ces valeurs, qu'est-ce qui est le plus important pour moi ? » « Qu'est-ce que cela me donne de plus important dans ma vie si j'ai cette valeur ? »
  - comparez-les deux à deux et choisissez la plus importante à chaque fois jusqu'à obtenir une échelle de priorités.
- Recherchez l'adéquation entre vos valeurs et les éléments de votre vie :
  - Quelles sont celles qui sont respectées ?
  - Quelles sont celles qui ne le sont pas ?

---

1. Cet exercice est librement inspiré d'une formation de maître praticien en PNL suivie auprès de l'organisme de formation Institut français de programmation neuro-linguistique (21, rue Sébastien-Mercier, Paris XVe) : qu'ils en soient remerciés ici.

- Quelles sont les valeurs que vous voudriez mieux réaliser désormais ?
- Y a-t-il dans votre vie un problème répétitif qui pourrait être lié à la hiérarchie de vos valeurs ? Que serait-il bon de modifier selon vous ?
- Que pouvez-vous faire pour améliorer les choses dès aujourd'hui ?

• Recherche des croyances :
  - Les valeurs sont accompagnées de croyances parfois sources de limitations, c'est-à-dire des convictions qui nous empêchent de vivre de façon satisfaisante ; cela peut devenir gênant quand la croyance débouche sur une généralité et des règles de vie.
  - Pour chacune de vos valeurs, déterminez la croyance qui va avec, c'est-à-dire ce qui fait que vous croyez en cette valeur, que vous lui accordez cette importance dans votre vie (exemple de valeur : liberté/croyance qui y est liée : être libre, c'est pouvoir choisir) ;
  - puis, demandez-vous si cette croyance vous aide à mieux vivre, si elle respecte votre entourage ou si elle vous limite dans votre vie ;
  - quel coût avez-vous payé pour maintenir cette croyance (financier, affectif, santé, professionnel…) ?
  - ceux qui vous ont légué ces croyances sont-ils des modèles ?
  - trouvez des exemples pour lesquels ces croyances ne se justifient pas ;
  - imaginez-vous dans cinq ans si vous conservez ces croyances : quelles conséquences anticipez-vous ?
  - demandez-vous s'il y aurait un inconvénient à changer ou non de croyances ;
  - par quelles croyances qui vous aideraient pourriez-vous les remplacer ?
  - quels en seront les effets sur votre vie (décrivez une situation précise dans laquelle cette croyance vous servira) ?
  - décrivez toutes les conséquences positives ;
  - identifiez ce dont vous auriez besoin pour mieux vous approprier ces nouvelles croyances sources d'aide (modèles, lectures…).

Élaboration du projet de vie

Pour construire son projet de vie, le client travaille sur :

- ses valeurs, qui lui révèlent ses aspirations profondes, les réalisations vers lesquelles il tend pour être dans la plénitude (voir ci-dessus) ;
- ses croyances, qui lui permettent d'identifier les résistances qui empêchent l'épanouissement de son élan vital (voir ci-dessus) ;
- sa vision du monde pour avoir conscience de ses points de références.

Le coach fait travailler son client à partir du document ci-après qui sera ensuite commenté en séance.

Mode d'emploi pour rédiger sa carte personnelle

Le document que vous allez réaliser est la représentation écrite et imagée de votre projet de vie décliné en réalisations concrètes.
C'est un guide, un document de référence personnel auquel vous référer régulièrement et dans les moments de doute, de difficultés ou de choix de vie importants.

Vision du monde

C'est, le monde tel que l'on voudrait qu'il soit si on avait une baguette magique.
C'est une aspiration utopique et inatteignable, par définition, mais c'est un rêve qui continue à nous motiver depuis l'enfance, qui détermine nos valeurs et notre projet de vie.
Écrivez votre vision en la rédigeant en termes vagues et généraux, non quantifiables.
Exemple : « Ce que je vois, c'est un monde… » ou « Mon monde idéal serait… »

Projet de vie

Le projet de vie correspond :

- à ce que vous voulez faire de votre vie pour aller vers votre vision ;
- à ce qui donne du sens à votre vie, vos buts fondamentaux ;
- à ce que vous voulez faire et faites pour apporter votre contribution à votre vision ;
- au rôle que vous vous assignez, aux actions que vous entreprenez pour aller vers un monde plus conforme à vos idéaux.

Le projet de vie est réalisable : les buts et objectifs qui sont en accord avec ce projet sont puissamment motivants.
Lorsque les valeurs, la vision et le projet de vie sont congruents, cela vous donne une immense puissance personnelle pour réussir votre vie.

- Le projet de vie est rédigé à la première personne du singulier (dire « je »).

☞

- Il est rédigé de manière positive et affirmative. C'est ce que vous réalisez en fonction de ce que vous attendez de la vie pour aller dans le sens de votre vision (et non pas ce que vous ne voulez pas).
- Il est rédigé au présent.
- Il indique une action pour un résultat.
- Le projet est possible à vivre au quotidien et sur le long terme.
- Il est bref, clair, précis.
- Il contient ce qui est important pour vous et vous convient.
- Votre projet englobe vous-même et les autres : ce que vous êtes et faites concerne aussi votre environnement.
- Lorsque vous formulez (à haute voix) votre projet de vie, vous ressentez une forte émotion.

Exemple : « Mon monde idéal (ma vision) serait… alors, mon projet de vie pour y tendre serait de… » (Verbes d'action)

Les buts et objectifs

Les buts servent à réaliser le projet de vie, à le servir.

Ils découlent des valeurs.

Ils sont adaptables.

Ils se déclinent en verbes d'action

Exemple de but à partir de la valeur « liberté » : « Je veux choisir ma vie. »

Les objectifs permettent d'atteindre les buts.

Ils sont adaptables, spécifiques et quantifiables et peuvent être divisés en sous objectifs.

Ils doivent être déclinés en programme d'actions concrètes.

Il est utile de savoir à qui sert l'objectif et de pouvoir mesurer s'il est bien atteint.

Exemple d'objectif à partir du but « Je veux choisir ma vie » : « J'apprends à dire non. »

Exemple : « Mes buts et objectifs dans la vie sont : »

VALEURS	*BUTS :* *ce que je veux*	*OBJECTIFS :* *comment je vais m'y prendre*
		(ressources et moyens)
Ex. : Liberté	Je veux choisir, décider de ma vie	Savoir dire non Savoir dire oui Savoir trier

Code de conduite

C'est une courte liste d'adjectifs qualificatifs (quatre au maximum) pour répondre à la question : « Quelle personne est-ce que je veux être au quotidien ? »

Cela permet d'être vigilant pour continuer à aller vers ce que l'on veut vraiment sans s'écarter de sa route.

☞ *« Tous les jours, je suis :*

Premier adjectif qualificatif :.................................

Deuxième adjectif qualificatif :.............................

Etc. »

Rédaction finale « cadeau » :

Prenez une feuille de papier ou de carton format A3 et portez-y :

- votre vision ;
- votre projet de vie ;
- vos valeurs ;
- vos antivaleurs ;
- vos buts ;
- vos objectifs ;
- votre code de conduite.

Vous pouvez dessiner, mettre de la couleur, décorer, comme vous le souhaitez.

Faites en sorte que le résultat soit beau, attrayant et satisfaisant *pour vous*, car *vous le regarderez régulièrement.*

Commentaire pour le travail en coaching : à noter que ce travail sert de point de repère au coaché pour inscrire son projet dans une réalité qu'il peut visualiser, ce qui rend les choses plus réelles et, en cas de découragement, réactive la motivation de la personne.

De nouvelles approches pour un monde toujours en mouvement

Le métier évolue sans cesse, les approches et outils aussi.

La boîte à outils du coach s'enrichit au gré des différents mouvements et de leur créativité.

Le coaching a toujours été résolument centré sur la recherche et la stimulation des ressources des personnes accompagnées.

Le lecteur pourra trouver des pistes d'approches intéressantes dites de « nouvelles générations » dans les propositions ci-dessous. Cette liste n'étant pas exhaustive bien entendu.

Approche Systémique et Psychologie positive :

Lorsqu'une personne démarre un coaching, il est courant qu'elle mette l'accent sur les obstacles qui l'empêchent d'avancer. Il nous semble intéressant d'utiliser simultanément deux approches dont les paradigmes sont communs pour aider la personne rapidement. Avec l'approche systémique, le coach va rechercher toutes les exceptions aux différents problèmes exprimés par le client (courant de la systémique orientée solution : IOS) ; en s'inspirant du courant de la psychologie positive, il va l'aider à identifier les compétences psychologiques et relationnelles qui fonctionnent (pour que la personne puisse s'appuyer dessus). Il s'agit d'identifier puis d'intensifier les forces dites fondamentales du client (par exemple la gratitude, la coopération, la bienveillance...) pour développer bien-être et fonctionnement optimal.

ACT[1]

Une approche récente dans le vaste mouvement des techniques comportementales et cognitives, l'approche d'acceptation et d'engagement (ACT), s'appuie quant à elle sur la clarification avec le client de ce qui est vraiment important pour lui. Elle part du postulat que nous passons beaucoup trop de temps dans la lutte et/ou la fusion, ce qui nous épuise et nous éloigne de nos valeurs fondamentales. Le but est de redonner la priorité à ces valeurs qui, telle une boussole, nous permettent d'orienter notre vie au travers de choix conscients.

Elle se décline en 4 temps durant lesquelles le coach aide son client :

1. À se mettre en contact avec le moment présent.
2. À accepter ce qui vient (pensées, émotions).
3. À pratiquer la technique de « défusion cognitive » qui permet d'éviter de se laisser envahir par des pensées obsédantes et parasites.
4. Puis à identifier les valeurs qui comptent vraiment et qu'il a besoin de mettre au centre de sa vie.

Exemple d'utilisation

Une cliente expose sa difficulté à son coach : elle n'arrête pas de se dévaloriser dès qu'elle fait une erreur ou lorsqu'elle a besoin de se lancer dans un nouveau projet, ce qui la bloque et l'empêche d'avancer.
1. Le coach l'invite à se connecter à ce qu'elle ressent et pense, lorsqu'elle se remémore une situation où elle s'est sentie en échec par exemple.

1. Michaël Pichat *Manuel de coaching cognitif et comportemental*, Malakoff, InterEditions, 2016.

2. Il lui demande de verbaliser ce qui vient, pensées, émotions et à les laisser aller et venir sans chercher à agir dessus.
3. Puis il l'amène à regarder ses pensées et sentiments comme un état temporaire et non des vérités absolues («regardez-les comme si vous contempliez un tableau dans un musée, par exemple, que voyez-vous?»)
Il lui demande ensuite de prendre du recul et de chausser les lunettes d'une autre personne qui regarderait elle aussi ce tableau: «que verrait-elle? Que penserait-elle? Que ressentirait-elle?»
La cliente verbalise sa perception de la situation et distingue maintenant que c'est sa façon d'interpréter ce qui se passe qui la parasite et l'amène à se juger. Le coach l'invite alors à chercher d'autres façons de voir, d'interpréter les choses.
Le coach dit à sa cliente d'écrire les pensées et émotions associées dont elle ne veut plus sur des petits papiers: ensuite elle les déchire en conscience et les met à la poubelle.
4. Puis le coach reprend avec sa cliente les nouvelles pensées et la questionne sur les valeurs qui leur sont associées.
Une fois les valeurs identifiées, la personne est invitée à en faire une «constellation», c'est-à-dire qu'elle note chacune sur des post-it, et en fait un «tableau» qui lui plaît. Par exemple, elle peut les coller sur le mur ou au sol et leur donner la forme qu'elle veut en plaçant les valeurs dans un ordre qui lui parle (en forme de cœur, en spirale, en ligne etc.)
Puis le coach la questionne sur ce que raconte sa constellation et comment elle va inscrire cela dans son quotidien (actions concrètes à mener).

Cette façon de coacher permet un réel décentrage de ses clients de leurs pensées négatives et inscrit à la place de nouvelles pensées et émotions positives aidantes pour avancer vers leur objectif de vie.

Mindfullness

Les techniques de pleine conscience aident aussi les clients à se recentrer sur le moment présent, à accepter leurs états d'âme quels qu'ils soient, comme états temporaires et les amènent à être donc plus présents à leurs désirs, moins pollués par leurs ruminations. Il y a un double intérêt à se former/pratiquer ces techniques:

- Pour le coach, être pleinement présent lors des différents entretiens et pouvoir «s'utiliser soi» en tant qu'outil.
- Pour le client, désactiver le pilote automatique, se positionner dans un nouvel espace que l'on peut qualifier de «ressource» car qui souhaiterait se faire du mal dans le présent?

Les techniques de pleine présence apportent une qualité de présence, de bienveillance envers soi-même et créent un espace de travail propice pour développer un futur souhaité.

Comme le dit l'adage : « Hier est passé, demain est mystérieux, seul compte aujourd'hui c'est pourquoi on l'appelle Présent ».

Le lecteur curieux de découvrir ce qui nous « sort » du présent pourra consulter le livre de Richard Moss « Le mandala de l'être » dans lequel l'auteur définit 4 axes de réflexion (passé, futur, soi et les autres) qui permettent de sérier nos pensées « automatiques », celles-ci étant liées à des émotions.

Le coaching génératif

Cette approche centrée sur la créativité, est le fruit des travaux respectifs de Robert Dilts et Steven Gilligan, tous deux connus pour leurs grandes contributions à la diffusion de la PNL : elle donne une dimension élargie de l'accompagnement en postulant que chacun dispose d'une conscience créative capable de transformer les obstacles en ressources d'une part et de générer un résultat qui n'a jamais existé auparavant. Cette approche se distingue du coaching classique dans le sens où elle ne se préoccupe pas seulement de l'objectif visé et exprimé clairement par le client mais qu'elle est également source de nouveauté, d'inattendu.

Elle postule que la personne qui vient voir un coach a perdu son pouvoir sur sa vie, ce qui l'empêche d'avancer de façon satisfaisante sur son chemin, et qu'elle a besoin de le retrouver.

Le coach va générer une conversation « créative » avec son client, l'orienter vers l'intention qui le porte le plus, l'associer à ses ressources (intuition, cœur, tête, corps, champs relationnels) qui l'aideront à transformer les obstacles en opportunités. Ce type de coaching trouve toute sa puissance dans la pratique répétée du client qui développe au fil des séances la capacité à se mettre dans « l'état génératif » ressource.

La ligne du temps (outil issu de la PNL)

La ligne du temps est la représentation de notre temporalité dans l'espace. Si nous répondons aux questions suivantes : où se situerait le passé si nous devions le positionner autour de nous ? le présent ? l'avenir ? Nous pouvons alors tracer une ligne imaginaire du passé vers le présent puis le futur qui représente notre « ligne du temps ». Cet outil est très utile dans le cadre d'accompagnement de transition car il est projectif et très simple à utiliser. Il permet au client de s'imaginer dans son futur projet déjà réalisé et de placer sur cette ligne les différentes étapes pour y arriver. Le coach fait « voyager » son client sur sa ligne et l'amène spatialement à un point où il peut ressentir, voir et entendre son projet professionnel et/ou personnel. L'intention est de générer une motivation forte qui va permettre à la personne de vivre les étapes intermédiaires qui ne sont pas toujours simples et de lever des obstacles éventuels. Il n'est pas obligatoire d'être formé à la PNL pour accéder à l'outil.

Les pratiques narratives

Issues des travaux de Michaël White, David Epston et de David Denborough, thérapeutes australiens, les « pratiques narratives » considèrent que l'identité de l'individu s'est façonnée autour de ses relations et des histoires racontées à son propos. Cette approche propose une déconstruction des histoires limitantes (centrée sur les problèmes) dans lesquelles la personne s'est enfermée puis la reconstruction d'histoires alternatives positives dans lesquelles elle va pouvoir retrouver de la confiance et se connecter à ses rêves et aspirations. Un des grands points forts de l'approche narrative est de savoir guider l'individu dans la recherche et la reconnection avec ses ressources cachées.

Parmi les outils puissants de cette approche, deux d'entre eux sont particulièrement aidants en coaching.

Il s'agit de l'arbre de vie et du voyage de vie, initiés à l'origine par le psychologue pour enfants Ncazelo Ncube-Mlilo, puis développés par les personnes citées précédemment.

Les personnes qui viennent nous voir en coaching sont en demande de changement, parfois clairement identifié, parfois à clarifier. Mais cette envie de changement ne va pas sans crainte, sans doute dans sa capacité à réussir, dans sa confiance en l'avenir.

Ces outils font émerger les ressources des clients. En se centrant sur leurs talents revisités par leur histoire, le coach leur permet d'aborder les difficultés sous l'angle des forces. Comme le dit si joliment Dina Scherrer, coach spécialiste de l'Arbre de vie, une personne est quelqu'un de « plein » et il s'agit de l'aider à s'en souvenir lorsque les problèmes surviennent.

L'arbre de vie

La métaphore de l'Arbre de vie aide à trouver nos forces : tel un arbre dans la forêt qui peut pousser tranquillement parfois tout en étant aussi souvent confronté aux rudesses du climat, au danger des tempêtes, à la prédation des hommes. L'arbre à une histoire qui l'aide à tenir debout, à résister, plier quand il le faut, à s'ajuster à son environnement pour continuer à grandir.

Quand et comment l'utiliser avec un client ? Pour toute demande de changement accompagné de peurs. Il va permettre à la fois de clarifier la demande, les objectifs, de redonner de la confiance en soi à travers l'histoire revisitée, d'identifier sa singularité, de redonner du sens et de lever les obstacles de façon créative.

Exemple :

Un client vient en coaching avec le désir de changer de métier. Il sent qu'il est arrivé au bout du cycle professionnel dans lequel il était et qu'il doit maintenant avancer vers autre chose. Sa difficulté est qu'il n'arrive pas à savoir vers quoi s'orienter. Tout est flou dans sa tête, les idées sont tantôt pléthoriques lorsque l'excitation est aux commandes, tantôt inexistantes lorsque la peur de l'inconnu associée au manque de confiance en soi prend le pas.

Le coach explique la démarche au client pour le mettre en confiance, puis il lui demande de dessiner son arbre. Les consignes sont précises mais le client a toute liberté pour dessiner l'arbre de son choix.

Il va tour à tour dessiner sur une feuille de paperboard :

- Les racines qui nourrissent l'arbre et parlent du passé
- Le sol dans lequel il est planté et qui parle du présent et de ce dont la personne a besoin pour faire grandir son arbre
- Le tronc qui relie la personne à ses compétences et talents
- Les branches qui permettent à la personne de se projeter dans l'avenir et d'identifier ce qu'elle veut de plus important
- Les feuilles qui représentent le « club de soutien » de la personne, c'est-à-dire toutes les personnes qui comptent pour elle et l'empêche de se sentir isolée.

Les fruits sont une métaphore pour tous les cadeaux que la vie lui a offert.

Après le dessin, vient le moment du débriefing du coach qui va questionner le client, lui faire raconter une belle histoire, la sienne, pour la rendre désirable.
Le client nourrit son arbre au fur et à mesure, en l'annotant de mots, phrases, dessins, collages : en une image, il dispose d'une grande quantité d'informations positives sur sa vie et sur les potentialités qu'elle recèle. Il s'éclaire en prenant conscience de sa richesse, de sa force, il se donne des autorisations pour oser rêver, créer, tester, avancer. Il est touché dans sa tête et dans son cœur par la « majesté » de son arbre.
En une à deux séances, l'arbre est élaboré et il va irriguer la suite du coaching pour le développement de l'objectif et des différentes étapes de mise en œuvre. Le client le photographie, l'emporte chez lui, l'affiche et le regarde tous les jours comme source d'inspiration sur le chemin de son évolution.

La force de la métaphore continue souvent à diffuser longtemps après la fin de l'accompagnement, comme nous le disent bon nombre de clients qui, longtemps après la fin de leur coaching, se manifestent auprès de leur coach pour donner des nouvelles de leur nouveau chemin de vie.

Le voyage de vie agit selon la même logique métaphorique.

Il est le « moyen d'aborder la vie comme un voyage. Et comme pour tous les voyages, il y a des chemins parcourus et des chemins encore à parcourir » (Dina Scherrer)[1].

Comme pour l'arbre de vie, le client est invité à dessiner. Cette fois, il s'agit à travers son parcours, de regarder les obstacles surmontés et d'ancrer les expériences fortes. Puis il est invité à imaginer la suite du chemin, à anticiper les difficultés, à s'entourer de bons compagnons de route, à réfléchir aux valeurs qui nous seront sa boussole et enfin à remplir sa mallette de survie pour sécuriser le voyage. Le voyage se conclut en invitant le client à prendre de la hauteur et à se projeter dans le voyage réalisé, à ce qu'il a appris de ce voyage et à ce qu'il pourrait lui-même transmettre comme message à une autre personne dans sa situation. Le langage métaphorique aide à la projection libre, la créativité du client peut se déployer en toute confiance. Souvent, ce voyage comme tout voyage réel, favorise la découverte de soi et le renforcement de la confiance en soi. C'est donc là aussi un outil très puissant pour accompagner un client dans son coaching de vie.

1. *Accompagner avec l'Arbre de vie* de Dina Scherrer InterEditions 2018.

L'approche gestaltiste

La Gestalt apporte aux coachs une posture fondée sur une conviction profonde : ce ne sont pas les outils qui permettent la croissance de nos clients mais le contact. La question est la suivante : comment le client organise-t-il sa manière d'être en contact avec le monde dans l'ici et maintenant ? Comment se mobilise-t-il ? En Gestalt, seul le moment présent est important dans l'ici et maintenant de la séance entre le coaché et le coach. Pas besoin d'explorer l'histoire du client, de lui faire raconter tout ce qui se passe dans sa situation professionnelle : tout est là dans ce qui se « joue » entre le coach et lui. La posture gestaltiste est exigeante, elle vise à laisser de côté tous les présupposés et rejoindre la personne là où elle est vraiment. En Gestalt, l'être humain est un tout, il est pris en compte dans sa globalité : dimensions corporelles, émotionnelles et mentales. Cette prise en compte permet d'aller rapidement au cœur de sa problématique, de contourner les mentalisations qui sont souvent des impasses à une transformation en profondeur des personnes et des équipes.[1]

Exemple d'utilisation avec une cliente :

Ines est une jeune femme qui après plusieurs expériences professionnelles insatisfaisantes, se cherche. Elle n'a pas d'envie et souffre d'un manque d'estime de soi très fort. Elle souhaite que le coaching l'aide à dépasser ces difficultés afin de pouvoir se projeter dans un projet professionnel qui aura du sens pour elle.

Lors d'une séance en coaching, le coach explore ce côté « petite fille » qui se sent insuffisante, pas à la hauteur. Le travail en Gestalt consiste à « déplier » cette première représentation d'elle-même puis à en explorer d'autres polarités.

1. La personne choisit un endroit dans la pièce qui représente cette perception d'elle-même petite et insuffisante. Elle choisit également une posture physique associée. Dans ce cas précis, Ines choisit d'être assise par terre sous le bureau.
2. On explore dans cette position toutes les sensations, ressentis, imaginaires présents chez la cliente. On observe comment elle perçoit le monde de cette place. Le coach partage ce qu'il voit lui-même quand la coachée est à cette place.

---

1. Emmanuelle Mailliart Bien dans son travail, mieux communiquer, trouver sa place, gagner en impact, Paris, Vuibert, 2018

3. On propose ensuite à la cliente de choisir la représentation inverse à celle qu'elle a choisie au départ et de choisir un autre endroit dans la pièce qui la caractérise avec une posture physique associée. Ines choisit « Ines affirmée » et prend une autre position dans la pièce debout près de la lumière. Le coach procède au même travail d'exploration des sensations, émotions, imaginaires, puis partage ses propres ressentis.
4. On fait naviguer la cliente ensuite d'une posture à l'autre pour explorer peu à peu tous les mini mouvements différents. Cela lui permet de faire évoluer sa représentation d'elle-même en s'appuyant sur les sensations, les émotions et l'imaginaire, ce qui amène de la profondeur. La cliente élargit sa palette. Bien sûr Ines n'a pas changé complètement sa perception d'elle-même en une séance mais elle a bougé et elle met plus de conscience dans le quotidien. La suite du coaching l'amènera encore à faire grandir ses perceptions et à évoluer vers une plus grande autonomie de choix.

Points clés du chapitre
Sens et mode d'accompagnement du coaching de vie

Les finalités du coaching de vie

- Aider une personne à redonner du sens à sa vie à travers l'élaboration d'un projet qui inclut tous les domaines de sa vie (personnel, familial, social, professionnel).

Les grands repères pour accompagner un projet de vie

- Définir ensemble la nature du travail (demande initiale et durée d'investissement du client en temps) et les modalités pratiques.
- Écouter, entendre, observer et comprendre la demande et le client en instaurant la confiance.
- Faire de la demande un matériau de travail en cherchant le sens du projet de vie avec le client (phase de coconstruction).
- Contribuer à faire progresser le client en l'amenant à discerner les contours de son projet de vie et sa déclinaison en objectifs, puis actions concrètes au quotidien (en veillant à maintenir le climat de confiance pour stimuler ses ressources).
- Conclure le coaching personnel sur la clarification du projet et l'autonomie retrouvée du client pour élaborer concrètement la conduite de son projet de vie.

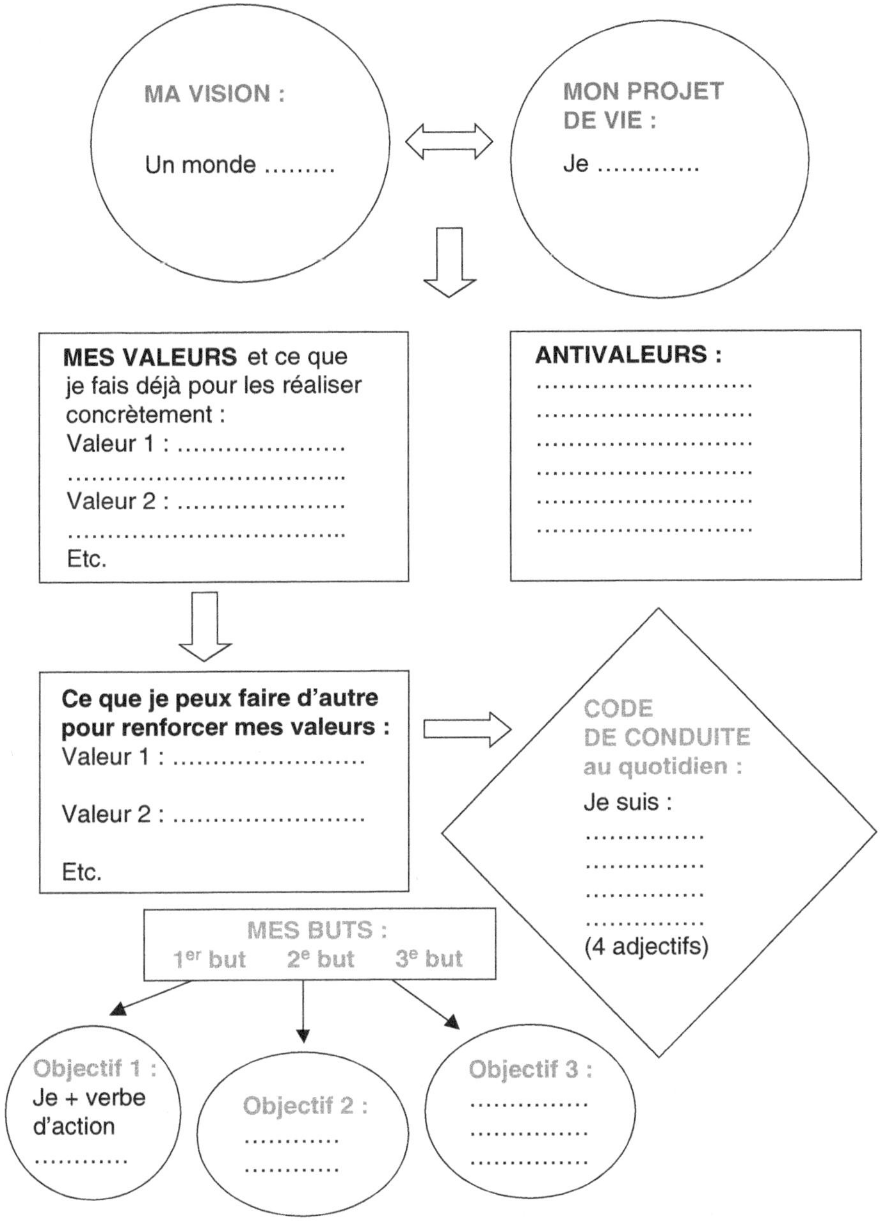

Figure 3.4 – Exemple de carte personnelle de projet de vie

4

POURQUOI NOS CLIENTS VIENNENT-ILS NOUS VOIR PLUTÔT QU'UN AUTRE PROFESSIONNEL DE LA RELATION D'AIDE ?

Il s'agit là d'une question fondamentale que le coach lui-même devrait se poser et proposer à son client. Chaque métier de la relation d'aide a des spécificités, des objectifs et des finalités. Il est important d'aider le coaché à distinguer ces différences afin de le conforter dans son choix du coaching ou de l'orienter vers un autre spécialiste.

COACHING PERSONNEL ET PSYCHOTHÉRAPIE

La finalité d'une action de coaching personnel est l'exploration, la mise en œuvre et la validation d'un projet de vie. De fait, cet accompagnement encourage le développement du potentiel du coaché aussi bien du point de vue personnel que professionnel, car un individu, en tant que système vivant, ne saurait être réduit à un seul aspect de lui-même. « Le coaching personnel, en tant qu'accompagnement au changement, résolument orienté vers le futur, ancré dans le présent, recouvre […] un ensemble de besoins, prend en compte l'individu à la fois dans sa globalité et dans sa complexité et englobe tous les domaines de sa vie[1]. »

1. Colnot Francis, chapitre « Coaching de vie », in Angel Pierre (dir.), Amar Patrick, Devienne Émilie et Tencé Jacques, *Dictionnaire des coachings. Concepts, pratiques, outils, perspectives*, Paris, Dunod, 2007, p. 26.

> Le cadre de l'intervention, les modalités de l'action, la posture et le positionnement du coach diffèrent de ceux qu'adoptent, chacun dans son champ professionnel, un conseiller, un formateur, un entraîneur, un psychothérapeute, un manager, etc.

Comme nous l'avons vu précédemment, « le coach personnel est un professionnel au service de la personne coachée, dans l'acceptation de ses choix, de sa réalité, de ses objectifs et évidemment de sa demande. Dans ce cadre, la personne coachée fait figure d'unique chef de projet de sa vie, seule responsable de l'aménagement ou du réaménagement souhaité, libre de se donner le droit à l'erreur, de décider elle-même de nouvelles options, orientations, et de trouver les moyens appropriés de mener à bien son chantier[1] ». Il n'est pas rare d'entendre de la bouche des professionnels du coaching, comme de celle des coachés du reste, que cet accompagnement-là concerne uniquement des clients « globalement bien portants », c'est-à-dire « plutôt à l'aise dans leurs baskets » par opposition évidente aux patients des psychothérapeutes, psychanalystes, psychiatres qui, eux, « mal dans leur peau et leur vie » nécessitent *de facto* une forme bien plus thérapeutique d'action. Comme si – qui fera semblant d'y croire ? – aucun coaché n'avait éventuellement suivi une psychothérapie ou une analyse à un autre moment de son existence... voire n'en suivait une en même temps que sa pratique du coaching.

Il est fréquent en effet que nos clients soient aussi en parallèle les patients d'un thérapeute pour une demande différente, les deux accompagnements pouvant se révéler souvent très complémentaires, et se renforçant l'un l'autre.

Reconnaissons en effet que les expressions « se porter bien » ou « aller bien » renvoient à des représentations extrêmement variables d'un individu à un autre et qu'il arrive assez souvent qu'une personne « à l'aise dans ses baskets » puisse en arriver aussi parfois à « battre la campagne ». Il n'est pas rare que la fin d'un coaching marque le début d'un travail de

1. Colnot Francis, *ibid.*, p. 27.

psychothérapie pour la personne. Il s'agit alors pour l'individu de passer à autre type de travail.

La question du cadre

« Puisque le coaching a aussi des effets thérapeutiques et que, somme toute, les deux pratiques sont assez semblables, en quoi se différencient-elles vraiment ? », (se) demandent régulièrement à différents niveaux non seulement les apprentis coaches mais aussi les professionnels du coaching, les clients et finalement le public en général. À la perplexité ou l'incrédulité des uns – c'est selon – correspond pour les autres une réelle interrogation sur le cadre et les limites de leur propre pratique, qu'elle soit psychothérapeutique ou de coaching. Il s'agit aussi de s'interroger sur les dangers potentiels de dérapage de l'une vers l'autre, de confusion chez le praticien, et – plus important pour la personne accompagnée –, sur la nécessité, *via* un (des) code(s) déontologique(s) reconnu(s) par tous, de distinguer clairement les frontières séparant les deux champs. Pour certains, cette limite ne serait pas loin de devoir ressembler à un mur en béton armé infranchissable sous peine de haute trahison, pour d'autres il s'agirait davantage d'une frontière naturelle avec ça et là quelques ouvertures douanières tolérées sous certaines conditions et sous réserve par ailleurs d'une surveillance sévère de la contrebande. Pour d'autres encore, il serait question d'une lisière plus ou moins ténue, voire acceptablement perméable, en fonction du niveau d'expérience, de compétence, d'apprentissage du professionnel. D'autres enfin, se fondant sur l'expérience d'une longue pratique, estiment que ce cadre et ses limites n'existent qu'« à l'intérieur » du professionnel, lui-même premier instrument de son art. Lui seul serait capable de sentir, percevoir « instinctivement » dans sa relation à l'autre jusqu'où il peut aller sans aller trop loin. En conscience, dans le respect indiscutable de sa déontologie et de la personne accompagnée, il porterait en lui le cadre et par conséquent les limites de sa pratique.

Concernant la nature de l'intervention, selon la demande du patient ou du client, il est question soit d'une relation thérapeutique, soit d'une relation de coaching. Dans le premier cas, il s'agit de soigner, de réparer quelque chose de l'ordre de la souffrance chez le patient, c'est-à-dire un empêchement majeur, ce qui n'est pas du tout l'objet ni la finalité de l'action dans le deuxième cas, étant entendu que la personne coachée va plutôt bien, mais rencontre à un moment donné une forme de gêne dans sa vie professionnelle ou/et personnelle.

Lorsqu'un individu est confronté à un obstacle infranchissable, répétitif, qui le place dans un nœud émotionnel terrible, dans un brouillard épais, le travail du psychothérapeute est précisément de le dissiper et de comprendre comment cette personne construit une telle situation répétitive qui l'empêche d'avancer. « Pour qu'un acte psychothérapeutique s'avère nécessaire et approprié, il faut qu'il y ait une symptomatologie relevant de la psychopathologie : des phobies, une insomnie rebelle, un état dépressif, des conduites addictives, etc. Il y a une souffrance connue et reconnue, typiquement décrite comme empêchant de vivre[1]. » Le métier de psychothérapeute, c'est d'accueillir l'autre qui répète sa souffrance un certain nombre de fois jusqu'à ce que cette répétition se dénoue à travers le travail accompli. Tout à coup s'ouvre quelque chose d'autre qui est de l'ordre du changement pour le patient et dès qu'il y a changement, ici, il y a réparation ; cela se produit petit à petit, comme une musique répétitive avec, soudainement, à la clef, comme un mouvement, un éveil de conscience.

« Ressasser le passé, réécrire l'histoire de sa vie n'est pas de l'ordre du coaching[2]. »

Dans le coaching de vie spécifiquement, la plainte ne porte pas sur une souffrance invalidante, relevant de la psychothérapie. Elle désigne une gêne, une interrogation quant à la mise en œuvre d'un projet, un besoin effectif de changement d'ordre personnel avec, la plupart du

1. Commission Life Coaching, ICFF, 2004.
2. Turner Jane et Hevin Bernard, *Manuel du coaching*, 2e éd., Paris, Dunod, 2007, p. 254.

temps, une porte d'accès depuis le domaine professionnel. Par expérience, nous pouvons faire l'hypothèse que les individus savent – sauf exceptions qui confirment la règle – à quelle porte frapper, lorsqu'il s'agit pour eux de rencontrer un coach ou un psychothérapeute. Dans la majorité des cas, ils savent quel praticien, du thérapeute ou du coach, saura répondre à leur demande. Il est clair que « le coach ne cherche pas à guérir les blessures de l'enfance, mais à aider son client à mieux comprendre ses faiblesses et ses forces, à identifier ses limites et ses possibilités, à gérer au mieux ses émotions et à conforter son assise identitaire, afin de lui ouvrir davantage de champ des possibles[1] ». Pour la psychiatre et psychothérapeute Irène Bouaziz, « d'un point de vue social, il y a actuellement des champs bien délimités entre psychothérapie et coaching de vie, mais le développement de cette nouvelle pratique représente au fond une alternative à la psychothérapie, qui en était une, elle-même, à la psychiatrie ou à la psychologie, avec un côté plus soft, parce que les gens ont légitimement peur d'être qualifiés de malades[2] ». Pour Irène Bouaziz, « les personnes qui vont voir un coach de vie, c'est-à-dire un praticien qui n'est pas dans le traitement de la maladie, quittent ainsi le statut de malades[3] ». Et elle ajoute : « Heureusement que, dans la réalité sociale, certains malades échappent à l'étiquette qu'on leur a collé en se faisant aider par des non-thérapeutes. Ainsi, ils ne sont plus bloqués dans leur statut[4]. »

Cette remarque nous renvoie à une notion centrale du coaching personnel selon nous : la façon dont nous percevons nos clients.

À entendre les professionnels, la question du diagnostic, de l'indication… et plus largement de l'accompagnement ou du soin approprié se pose de fait. Pour Samir Tiliketé, psychiatre et psychothérapeute, il y a deux variables à prendre en compte quant à la question très importante de l'indication. « La première, loin d'être innocente, est celle de l'oreille du praticien qui entend la demande. Un psychanalyste ne va pas entendre la même demande, formulée avec les mêmes mots par la

1. Lenhardt Vincent, *FAQ coaching. Tout ce que vous voulez savoir sur le coaching. Réponses d'un spécialiste,* Paris, Dunod, 2006, p. 25
2. Bouaziz Irène, Entretiens avec Francis Colnot, Paris, mars 2007.
3. Bouaziz Irène, *ibid.*
4. Bouaziz Irène, *ibid.*

même personne qu'un thérapeute cognitivo-comportementaliste ou un coach. La deuxième variable est en lien avec les notions de maladie et de souffrance, souligne-t-il. La souffrance n'est pas toujours synonyme de maladie.» Mettre une étiquette sur quelqu'un, celle de malade, en l'occurrence, n'est-ce pas le définir, le réduire à des caractéristiques générales et déprécier ses particularités individuelles ? N'est-ce pas le priver de sa liberté et le rendre impuissant, l'obliger à accepter de ne pas avoir le contrôle sur sa propre vie puisqu'il est limité aux caractéristiques prévues par l'étiquette ? Étiqueter quelqu'un, n'est-ce pas prendre du pouvoir sur lui de manière unilatérale en ne lui laissant que la possibilité de valider ce label ?

Le point de vue systémique prend en compte l'environnement, mais considère qu'un regard posé sur le monde n'est jamais qu'une façon comme une autre de le voir. Nous partageons ce point de vue.

La question des frontières

S'il apparaît que le coaching, au même titre d'ailleurs que la pratique sportive ou la peinture à l'huile, peut avoir des effets thérapeutiques, la visée première de ce métier n'est pas de soigner. S'il est vrai que, l'expérience et le développement de ses compétences aidant, le coach parvient à percevoir en lui-même les limites de son propre cadre d'intervention, sa souplesse et non pas sa rigidité, la liberté, la créativité et la vigilance que ce cadre lui permet, il importe que le coach ne se trompe ni de rôle ni de mission dans l'exercice de sa pratique. *« Qui suis-je face à l'autre dans ce contexte précis, face à la demande qui m'est faite et dans les limites de mes compétences ? »*, c'est à cette question, dès le premier entretien avec son client, que le coach doit pouvoir répondre et, dans le doute, en parler rapidement avec son superviseur. Se tromper – se mentir – reviendrait à abuser l'autre, c'est-à-dire à lui nuire.

> Il est indispensable que le coach de vie ne perde jamais de vue non seulement le cadre de sa pratique, et par conséquent ses limites, mais aussi celui d'une déontologie professionnelle, intégrée, assumée, revendiquée, afin de ne pas tomber dans une posture thérapeutique.

La question du cadre et de ses frontières devrait amener l'intervenant à s'interroger sur son positionnement (sa posture) dans la relation qu'il crée avec son client dès le premier entretien et qu'il conduira tout au long de l'accompagnement. Toute confusion de rôle, consciemment ou inconsciemment instaurée et maintenue, pourrait entraîner des conséquences dangereuses pour l'un comme pour l'autre. « Ce ne sont pas tant les connaissances théoriques, ni le maniement de techniques d'écoute qui fondent la compétence du coach, c'est sa maturité, tant professionnelle qu'affective et émotionnelle qui sert sa fondation[1].» À ce sujet, les apprentis coaches que nous avons formés nous interpellent très souvent sur les hésitations, les doutes, les inquiétudes auxquelles ils sont confrontés dans leur pratique débutante. Ils disent se sentir un peu « raides » face à leur client, comme si, par souci de « bien faire », ils ne s'autorisaient pas à prendre un peu de champ avec la technique. Leurs craintes d'apprentis dans la relation d'aide sont légitimes, mais peu à peu ils découvrent qu'au-delà du geste technique, c'est la qualité de la relation créée avec l'autre et l'expérience de la pratique qui leur permettent de gagner en liberté et en créativité. Comme bien souvent, à l'issue d'un nouvel d'apprentissage, les premières mises en pratique sont les plus hésitantes, les moins satisfaisantes. À la longue, avec un peu de détente et de confiance en soi, une fois la technique bien intégrée, les choses s'arrangent. Le métier finit par entrer.

Les émotions… à la frontière

Une des grandes difficultés que nous disent rencontrer aussi les apprentis coaches tient à l'accueil ou/et à la prise en compte des émotions exprimées par la personne coachée au cours d'une séance. Là encore se pose pour eux, très légitimement à leurs débuts, la question des frontières entre coaching et psychothérapie. « Ce n'est pas surprenant […] qu'il arrive aux coaches d'être dérangés par les émotions de leurs coachés. Lorsque cela arrive, certains coaches vont, au nom d'une soi-disant règle de méthodologie (et dans ces cas extrêmes "déontologiques"), faire en sorte de s'en préserver par des moyens comme la fuite ou la confronta-

1. Turner Jane, Hevin Bernard, *op. cit.*, p. 261.

tion inappropriée. La raison la plus souvent invoquée par les coaches qui agissent de cette façon est le risque qu'ils croient courir d'entrer avec le coaché dans le champ de la psychothérapie, comme si l'expression des émotions était un domaine réservé à la psychothérapie, comme si les émotions ne pouvaient s'exprimer que dans ce cadre-là, ce qui, à notre avis serait fort dommage[1].» Pour notre part, nous partageons cet avis, d'autant qu'il nous paraît essentiel, comme nous l'avons déjà souligné, qu'un coach ait suffisamment exploré en lui ses zones d'ombre, de lumière au cours d'un travail approfondi avant de pratiquer son métier. Il aura suivi une psychothérapie, par exemple.

Le coaching de vie, tel que nous le pratiquons et l'enseignons, est une démarche personnelle d'accompagnement, financée par l'individu lui-même, ayant pour objectif son propre développement tant personnel que professionnel, en tant que projet de vie.

Pour François Caroli, psychiatre, chef de service à l'hôpital Sainte-Anne, «le psychiatre est fait pour soigner et soulager, le psychothérapeute pour aider et accompagner, le psychanalyste pour éclairer, le coach pour amener la personne à partir d'un point donné vers un autre point, performant[2]». En ce qui nous concerne, nous savons et enseignons que si l'intervenant, coach, ne peut pas aider l'autre, car il sait ne pas en avoir la compétence dans un cas précis, il doit passer la main. «Exactement de la même façon que j'envoie chez quelqu'un d'autre une personne qui se présente à moi avec une intrication de problèmes somatiques et psychologiques nécessitant une intervention somatique. Ce n'est pas mon registre. Ce n'est pas une question de principe ni de cadre, cela renvoie aux limites de l'aide que l'on sait pouvoir apporter ou non à quelqu'un», souligne Irène Bouaziz[3]. C'est en effet à l'intervenant, le coach de vie en

1. Turner Jane, Hevin Bernard, *op. cit.*, p. 256.
2. Caroli François, psychiatre, chef de service à l'hôpital Sainte-Anne à Paris, Entretiens avec F. Colnot, Paris, 2007.
3. Bouaziz Irène, Entretiens avec F. Colnot, Paris, mars 2007.

l'occurrence, en fonction de la juste appréciation qu'il a de ses limites et de ses limitations, de se positionner au mieux dans sa relation à l'autre. « La position juste est de non-pouvoir, de non-vouloir et de non-savoir », précise Irène Bouaziz. Et elle ajoute : « Dans mon expérience de psychiatre, après beaucoup d'années de travail, j'ai acquis une position extrêmement haute de pouvoir avec des outils très puissants, tels que les médicaments, les électrochocs ou les internements. J'ai appris que moins on a de pouvoir, plus on laisse de possibilités aux autres de vivre, de s'exprimer, de se développer. »

« Les abords » de la structure psychique

Au cours de ses interventions sur « la place de la déontologie dans le processus de coaching » à Paris-VIII, Monique Sellès, ex-présidente du comité d'agrément et de déontologie de la Société française de coaching, précisait que « le coaching ne touche pas à la structure psychique. [En tant que coaches], nous sommes là pour identifier des ressources qui vont produire les comportements nécessaires à la performance. Nous ne nions pas le lien qui existe entre la structure psychique et la situation présente à faire évoluer, tout au contraire. Mais nous nous centrons surtout sur le "comment" et le "pour quoi" des comportements à mettre en place et sur leurs finalités professionnelles[1]. »

Au fil de l'accompagnement, dont le tracé n'est au demeurant jamais connu d'avance, il n'est pas question pour nous d'obliger l'autre à nous ouvrir « pour son bien » des portes secrètes.

En revanche, il arrive que notre client lui-même – et cela n'est pas propre au coaching de vie –, nous ouvre brusquement en grand des placards sombrement remplis, des jardins intimes. Ce serait absurde et insultant de faire semblant de ne pas les voir, mais nous ne les explorons pas. Ceci n'est pas de notre ressort. Ce dévoilement soudain nous amène plutôt à nous interroger sur la place qu'il occupe à ce moment précis de l'échange et que l'autre souhaite consciemment ou inconsciemment lui donner. Que veut-il dire, nous signifier tout à coup ? Quels sont les liens

1. Conférence de Sellès Monique, *La place de la déontologie dans le processus de coaching*, DESU coaching personnel, Paris-VIII, 2005.

possibles entre cette confidence présente et d'autres situations déjà évoquées peut-être ? Que comprenons-nous, ressentons-nous, analysons-nous de ce qui est dit par l'autre à ce moment-là ? Peut-être, selon le cas, nous déclarerons-nous incompétents et passerons-nous la main à un thérapeute.

Un coach personnel est amené au cours des séances à « bousculer » son client à certains moments, à le confronter par exemple à sa manière de construire son projet, à ses envies, à ses désirs. Inévitablement, il touche à quelque chose de la structure psychique de la personne. « En fait, la structure psychique, c'est la manière dont l'individu donne un sens aux informations qu'il reçoit de lui-même et de son environnement, c'est la façon qu'il a de les structurer pour se construire un monde, une vie en somme avec tous les affects en lien », précise Teresa Garcia[1]. On peut dire que, dans ce sens, même l'école républicaine touche à la structure des enfants dès lors que, dans sa mission éducative, elle les amène à construire leurs connaissances d'une certaine manière qui est différente de celle d'un enfant japonais ou africain, par exemple.

Le rôle d'un coach n'est pas d'intervenir sur la structure psychique pour la changer. L'une des finalités de son intervention en revanche sera de permettre plus de souplesse à l'individu, de manière à ce qu'il puisse précisément prendre contact avec ses ressources, trouver ses propres solutions dans la mise à jour de son projet.

Si quelqu'un fait la démarche de rencontrer un coach pour construire un projet, qu'il soit professionnel ou personnel, c'est que « certaines choses » dans sa vision du monde – des croyances qui en limitent la représentation, par exemple – ne lui permettent pas cette construction pour l'instant. Tel qu'il conçoit son projet, s'y voit, ou plutôt ne s'y voit pas bien, « ça ne tient pas la route ». Quelque chose bloque, coince, grippe, empêche... Et si cet obstacle, apparemment infranchissable en l'état, tenait « simplement » au système de croyances de l'individu ou à

1. Garcia Teresa, Entretiens avec Francis Colnot, Paris, mars 2007.

une question de valeur qui « poserait problème » tout à coup ? Et pour reprendre l'exemple de l'école républicaine, un instituteur qui souhaite ouvrir à ses élèves de nouvelles perspectives sur le monde, afin de leur permettre de donner un sens à leur vie, n'est-il pas lui aussi en train de toucher à des structures psychiques, mais de manière très positive, de façon à les aider ? Au fond, il crée plus de connaissances, de curiosité et d'ouverture, espérons-le.

Les « contours » de la relation

Le cadre et les limites de l'action de coaching, notamment de coaching de vie, posent la question de la gestion de la relation duelle coach-coaché. Dans cette relation d'accompagnement, il est fondamental que le coach sache être présent à l'autre dans l'objectif d'autonomie et de changement de la personne en demande. Il lui faut comprendre quelles sont les frontières entre créer une dépendance, amener l'autre là où le coach pense qu'il (le client) doit aller, et poser au coaché les bonnes questions aux bons moments pour lui permettre de commencer à élaborer ses bonnes réponses. La plupart des gens ne savent pas précisément où ils veulent aller et, souvent, ils ne savent déjà pas où ils en sont quand ils décident de commencer un coaching de vie. Ils ont à la rigueur une vague idée de ce qu'ils ne veulent plus – et encore ! – et de ce qu'ils veulent. Encore une fois, ce n'est pas au coach d'amener son client dans une direction, vers un objectif qu'il croit (de quel droit ?) bon pour lui.

Pour le professionnel, garant du cadre, gérer la relation, c'est savoir utiliser la communication à bon escient, c'est-à-dire proposer à l'autre une qualité et une quantité de présence ou d'absence suffisantes, de frustration provoquée et de réassurance pour qu'il puisse ouvrir des portes et voir où il veut aller vraiment.

Ce qui est grave, dans la relation, c'est de ne pas avoir la moindre notion du niveau d'influence que nous avons avec certaines de nos questions. Toute interrogation a un contenu, aucune question n'est anodine et nous avons d'autant plus d'influence que l'autre attend beaucoup de nous. N'attend-il pas souvent que nous le sauvions ? Ne nous demande-t-il pas de lui botter les fesses, de le mater, de lui faire entendre raison et même, sans rire, de faire des tours de magie, quelques miracles à l'occasion ? Oui, il est important que nous sachions ce que nous faisons dans l'accompagnement, à quel moment nous disons ceci ou cela, pourquoi nous le disons et dans quel but, afin de permettre à l'autre de gagner en autonomie. Si, au fond de nous-mêmes, nous ne ressentons pas ce que l'autre ressent, nous ne pouvons ni le toucher ni lui ouvrir de portes. Et en même temps, ce que nous faisons s'appuie sur une théorie et une méthodologie qui nous permettent de placer des bornes et des limites. Si nous ne les mettions pas, comment l'autre saurait-il qu'elles existent ? Nous sommes convaincus de l'importance fondamentale du cadre dans la relation en tant que lieu protégé : les règles du jeu, loin d'enfermer le terrain de la relation, l'ouvrent au contraire sur tous les possibles, tous les échanges créatifs et puissants. Si nous n'en étions pas les gardiens vigilants, comment l'autre pourrait-il s'y sentir libre ?

« [...] Fondamentalement, le coaching se démarque de la psychothérapie en termes de "profondeur de champ", d'objectif et de cadre d'intervention. Lorsque l'on parle de thérapie, il s'agit le plus souvent d'un travail qui se place du côté de la réparation d'un passé, de l'exploration de l'histoire familiale, de l'inconscient, des émotions, de la dimension somatique, voire médicale de la personne. Alors que le coaching relève d'une approche qui prend en considération son avenir et ses projets professionnels et personnels[1] », indique Vincent Lenhardt. S'agissant plus précisément du coaching en entreprise, dont nous avons vu en quoi le cadre de ce type de mission diffère de celui du coaching de vie, il ajoute : « Au final, un coaching qui réussit produit toujours des bénéfices que l'on peut aussi atteindre avec une psychothérapie, mais ceux-ci sont en général considérés comme secondaires par rapport aux buts globaux recherchés par une thérapie[2]. » Pour lui, un individu qui n'a pas fait de démarche de développement personnel ou de psychothérapie ne peut

1. Lenhardt Vincent, *FAQ coaching. Tout ce que vous voulez savoir sur le coaching. Réponses d'un spécialiste,* Paris, Dunod, 2007 p. 24.
2. Arrivé Jean-Yves, *Le coaching en 60 questions*, Paris, Éditions Retz, 2006, p. 88.

pas être coach, mais il précise: «Un coach n'a pas à être un thérapeute et les thérapeutes ne peuvent pas être de bons coaches, parce que, schématiquement, ils sont eux-mêmes dans le symptôme de leur patient. Un excellent thérapeute a la capacité d'être dans l'empathie de la souffrance de son patient et d'avoir une patience immense. C'est un profil très différent de celui d'un coach qui, accompagnant des gens, est dans une incertitude totale[1].»

Points clés du chapitre
Coaching personnel et psychothérapie

Le coaching personnel

- Le coach personnel a suivi une solide formation professionnelle et a fait un travail de développement personnel (thérapie ou autre).
- Il bénéficie d'un lieu de supervision et est engagé dans un processus d'apprentissage permanent. De plus, il respecte une stricte déontologie.
- Il accompagne et encourage le développement d'un individu, son client, du point de vue personnel et professionnel. Il prend en compte l'ensemble des domaines de vie, toutes les facettes de l'identité de la personne.
- Dans un coaching personnel, le client prend lui-même en charge le paiement de l'accompagnement.
- Le coaching personnel est résolument ancré dans le présent (ici et maintenant), orienté vers l'avenir en direction du projet de vie de la personne coachée. Il repose sur un contrat, une définition d'objectifs et une durée limitée.
- La mission d'un coach personnel n'est ni de soigner une souffrance (empêchement majeur) ni de réparer le passé de la personne, mais de l'amener à trouver en elle les ressources nécessaires (options, choix, moyens, réponses) à la réalisation de son projet. Le coaching personnel est orienté vers l'action.
- Le coaching personnel peut s'avérer être une porte d'entrée vers un travail de psychothérapie.
- Le coach personnel doit être au fait du cadre et des limites spécifiques de sa pratique et de ses compétences: il sait diriger son client vers un thérapeute chaque fois que nécessaire.
- Les outils et techniques propres aux interventions systémiques sont particulièrement appropriés au coaching personnel.

La psychothérapie

- Le thérapeute a suivi une solide formation professionnelle et a fait lui-même un travail de thérapie.

☞

1. Grosjean Daniel, Entretiens avec Francis Colnot, Paris, mars 2007.

☞
- Il bénéficie d'un lieu de supervision et est engagé dans un processus d'apprentissage permanent. Par ailleurs, il respecte une stricte déontologie.
- La finalité de la psychothérapie est de soigner et/ou de réparer une souffrance, un mal-être, une angoisse du patient. Elle répond à la souffrance ou aux questions existentielles du sujet. Elle explore le passé de la personne. Elle donne un sens au passé psychique du sujet pour lui permettre de se réconcilier avec lui-même.
- Le psychothérapeute utilise le transfert et le contre-transfert.
- La psychothérapie ne repose pas sur une durée limitée, hormis les T.C.C.

COACHING DE VIE ET DÉVELOPPEMENT PERSONNEL

Dans la plupart des définitions du coaching que donnent les organismes officiels et les associations liées à ce métier, reviennent conjointement ou individuellement les objectifs de développement personnel et de développement professionnel. L'un irait-il sans l'autre ? La question mérite sérieusement réflexion, selon nous. En effet, que penser par exemple d'un coaching en entreprise, dont l'objectif viserait à juste titre au renforcement des compétences (managériales, communicationnelles, etc.) du coaché et qui amènerait le coach, au cours de séances, à mettre systématiquement de côté les interrogations du coaché sur des domaines plus personnels de sa vie ? Comme si cela ne pouvait se faire d'entendre, pis encore de communiquer, d'échanger sur des thématiques, voire des problématiques, moins liées au contexte de l'entreprise mais néanmoins soulevées par le coaché. Comment imaginer qu'un professionnel du coaching, respectueux à la fois de la demande de l'entreprise cliente et du futur coaché, s'interdise d'établir des liens entre différents éléments apparemment disparates évoqués par la personne coachée ? Au nom de quoi le coach ne proposerait-il pas à ce dernier de les voir lui aussi et d'en comprendre le sens, s'il le pense très utile à l'atteinte des objectifs définis par contrat ? Est-il pensable qu'à l'issue d'un coaching en entreprise, un individu soit parvenu à améliorer ses comportements professionnels, à développer des compétences nécessaires à l'exercice de son métier, sans que ces changements profonds et pérennes n'aient eu la moindre influence sur sa façon d'être et de faire hors de son lieu de travail ? Entendons par là que le coaché demeurerait strictement le même, inchangé, dans tous les autres contextes de sa vie, une fois franchies les grilles de son entreprise.

Parmi les offres de formations que proposent aujourd'hui bon nombre d'organisations à leurs collaborateurs figurent de plus en plus couramment des stages de développement personnel. Sans doute, dans le contexte actuel souvent difficile, stressant, du travail en entreprise, les dirigeants ont-ils compris depuis longtemps la nécessité pour leurs collaborateurs d'optimiser leurs savoir-faire par le biais de formations spécifiques, mais aussi de développer des comportements appropriés, en termes de savoir-être. Dans le cadre de sa fonction, le manager n'est-il pas celui qui « fait faire », le leader qui montre la voie ? Encore doit-il savoir s'y prendre pour y parvenir. Ce n'est donc pas un hasard s'il se voit proposer en l'occurrence de suivre des stages en management situationnel notamment, agrémentés de diverses formations en communication. De nos jours, les petits chefs d'hier n'ont plus la cote auprès des générations montantes. Celles-ci attendent de leur supérieur hiérarchique qu'il ne soit pas seulement un éventuel technicien chevronné dans son domaine, mais aussi et peut-être surtout qu'il sache créer avec chacun une relation interpersonnelle de qualité. Cela s'apprend au contact des autres, et le plus souvent en formation, à condition d'appliquer ensuite les apprentissages sur le terrain. Au cours de différents stages inter ou intra-entreprise(s), le manager aura entendu parler – n'en doutons pas – de la très « explorée » pyramide de Maslow[1] et des besoins psychologiques y afférant : les besoins de base et de développement. Combien de formateurs précisent le rôle majeur tenu par Abraham Maslow dans la genèse du développement personnel et dans le champ de la psychologie humaniste, née dans les années 1960, à Esalen, en Californie ? L'information n'est peut-être pas capitale durant le stage pour la compréhension de la théorie de la personnalité élaborée par Maslow, mais elle mérite sans doute d'être mentionnée ici. Car si la satisfaction de ses « besoins psychologiques de base » procure à l'individu un véritable sentiment d'appartenance, de reconnaissance, d'estime, d'amour ou encore de protection, la satisfaction de ses « besoins psychologiques de développement » – tout en haut de la pyramide – se traduit pour lui par une aspiration à l'accomplissement de soi. «Alors que la satisfaction des

1. Maslow Abraham (1908-1970), psychologue américain.

besoins psychologiques de base suppose, dans la majorité des cas, la présence d'autrui (on ne peut être aimé, respecté, estimé, reconnu que par les autres), les besoins de développement ou métamotivations dépendent des ressources de l'individu[1].» Le monde de l'entreprise n'a pas manqué de s'intéresser aux outils ou aux moyens de mobiliser ces ressources par le biais notamment de formations visant à la gestion du stress, des émotions, à l'affirmation de soi ou encore à une meilleure communication. Ne s'agit-il pas de développement personnel ? Et le coaching, lui aussi, aide précisément à l'émergence de ces ressources. Il n'est donc pas rare, voire fréquent au contraire, que les demandes de coaching en entreprise aient pour objet le développement de compétences liées au savoir-être des managers. «Aux yeux des managers, les démarches d'affirmation de soi préparent les hommes au combat économique, en accroissant leur énergie. Elles leur apprennent à être d'habiles communicateurs dans une économie qui repose sur les relations humaines et l'information[2].»

Bien souvent aussi, des dirigeants, isolés dans leur fonction, confrontés à des situations complexes, à des prises de décisions difficiles, engageant l'avenir de leur entreprise et celui de leurs salariés, font appel à des coaches. Non pas pour qu'ils décident à leur place ni les conseillent sur la « bonne » stratégie à mettre en œuvre, mais pour les aider à mobiliser en eux les ressources dont ils ont besoin. En tout état de cause, quelle que soit la mission en entreprise, il ne peut s'agir de thérapie. Comme le soulignent Bernard Hévin et Jane Turner : « Si le coaching et le développement personnel se rejoignent dans leur finalité, à savoir le développement du potentiel de la personne, de son autonomie, de son équilibre et de son épanouissement, les moyens diffèrent dans ce qui aide à apporter des distinctions et des clarifications aux deux champs, car pour nous, le coaching relève des démarches de développement de la personne, pas de la psychothérapie[3].»

1. Lacroix Michel, *Le développement personnel, du potentiel humain à la pensée positive*, Paris, Flammarion, 2004, p. 33.

2. Lacroix Michel, *ibid.*, p. 41.

3. Hevin Bernard et Turner Jane, *op. cit.*, p. 264.

Points clés du chapitre
Coaching personnel et développement personnel

Les deux approches ont la même finalité : le développement de l'équilibre, du potentiel et l'épanouissement de la personne.
Les divergences portent sur les moyens utilisés.

Le développement personnel :
- peut se traduire en accompagnement personnel ou de groupe ;
- utilise souvent des techniques issues de la thérapie pour faire un travail sur soi.

Le coaching personnel :
- s'intéresse aux projets de vie des individus, n'est pas de l'ordre de la psychologie clinique ;

est tourné vers l'avenir, prend en compte les objectifs des personnes plutôt que leurs problèmes ;
- s'occupe de « réalisation de soi », « d'épanouissement de la personne », « d'accomplissement », éléments essentiels pour la conduite de vie.

COACHING PERSONNEL ET MÉTIER DU CONSEIL

Autant jadis chacun pensait que tout problème de vie n'avait pas forcément de solution et qu'il convenait d'accepter son sort de son mieux, autant aujourd'hui chacun pense avoir un droit légitime au bonheur et met toute son énergie pour y arriver.

Construire une vie réussie fait partie de la quête de l'homme et celui-ci va donc chercher à se donner les moyens de la construire.

Mais comment y parvenir, à quels professionnels s'adresser ? Les personnes qui viennent voir un coach personnel essaient précisément de trouver des réponses.

Nous avons cherché dans ce chapitre à savoir comment s'effectuait la démarche, ce qui amenait nos clients chez nous plutôt que chez un autre professionnel de la relation d'aide ou du conseil. Pour ce faire, nous avons tenté de trouver des informations chiffrées et comparatives sur le recours au métier du conseil ou à celui du coaching personnel.

Peu d'informations sont disponibles concernant le coaching personnel mais l'étude de la SF Coach en 2010 donne quand même quelques éléments intéressants.

78 % des clients des coachs personnel en 2010 sont venus dans le cadre d'une transition de carrière, ce qui est énorme et 60 % des clients venaient pour des changements personnels.

Ces pourcentages expliquent la montée en puissance du coaching personnel ces dernières années : beaucoup de personnes cherchent à se repositionner, à faire émerger un nouveau projet professionnel ou projet de vie. Mais les systèmes d'accompagnement actuels prennent surtout en compte le résultat (leur permettre de retrouver du travail rapidement) plutôt que les aspirations profondes des individus et l'adéquation de ces aspirations avec leur projet professionnel. Le coaching personnel apparaît comme une alternative aux différents organismes qui proposent des réflexions.

Ces chiffres posent aussi la question de la limite entre le conseil et le coaching. Ces clients veulent-ils trouver leur voie ou recevoir des conseils ? Le premier entretien permettra de poser les différences afin d'orienter la personne vers le dispositif le plus adapté à sa demande. D'où l'importance d'être au clair avec ce qui est apporté dans le conseil et/ou dans le coaching, ce que nous allons voir dans les lignes qui suivent.

De quel expert a-t-on besoin ?

D'une façon générale, une personne confrontée à une difficulté dans sa vie va d'abord tenter de s'en sortir seule. Mais si elle n'y parvient pas, alors elle va chercher le professionnel qui sera le plus à même de l'aider.

Exception faite des psychothérapeutes et autres soignants dûment repérés comme tels, il existe une offre foisonnante dans le domaine de la relation d'aide, une grande quantité de professions, la plupart spécialisées :

- le conseiller conjugal ;
- le conseil matrimonial ;
- l'avocat ;
- le médiateur ;
- le conseiller en image ;

– l'assistante sociale ;
– les consultants des cabinets d'outplacement ;
– les conseillers de Pôle emploi et autres maisons de l'emploi ;
– le conseiller en création d'entreprise ;
– le coach de la voix.

Chacun de ces métiers répond à des demandes ou à des besoins précis, tels que, par exemple :

– trouver un moyen pour régler une difficulté vécue par le ménage : le conseiller conjugal ;
– trouver l'âme sœur : le conseiller conjugal ou les agences matrimoniales ;
– divorcer : l'avocat ;
– solutionner des problèmes de voisinage : le médiateur ;
– améliorer sa façon de s'habiller pour se valoriser : le conseiller en image ;
– solder des difficultés financières (endettement…) : l'assistante sociale ;
– se reconvertir après licenciement : les consultants des cabinets d'outplacement ;
– trouver un poste plus intéressant et à responsabilités : un cabinet de chasseur de têtes ;
– faire aboutir une recherche d'emploi : les conseillers de Pôle emploi et autres maisons de l'emploi ;
– créer son entreprise : comptable ou conseil en création d'entre-prise ;
– améliorer ses compétences vocales : le coach de la voix.

Deux aspects importent dans le choix d'un conseil ou d'un coach personnel.

Si la personne imagine son problème ou sa difficulté comme relevant de circonstances, de *causes extérieures à elle,* elle va, par exemple, estimer manquer de connaissances en rapport avec son problème, et rechercher l'expertise pour pouvoir appliquer des méthodes éprouvées et donc efficaces. Alors elle choisira un conseiller, un expert qui va l'écouter, puis analyser et faire un diagnostic de la situation, et enfin fera des préconisations qu'elle aura intérêt à suivre pour régler sa difficulté.

La société actuelle valorise beaucoup le rôle de l'expert que l'on retrouve désormais dans tous les domaines. Ce qui laisse penser que tout problème a son expert.

Les difficultés de la vie sont souvent traitées selon cette logique et bon nombre de personnes s'adressent à des conseillers pour qu'ils les aident à mieux vivre comme d'autres s'adressent à une agence matrimoniale pour trouver l'âme sœur.

D'une façon générale, un individu désorienté peut penser ne pas posséder les compétences pour prendre sa vie en main et souhaiter se sentir guidé, soutenu, conseillé.

Il va donc assez naturellement faire confiance à une personne qui lui prodiguera des conseils dits « avisés » sur la conduite à tenir pour mener sa vie de façon satisfaisante.

C'est d'ailleurs une des idées les plus répandues que de penser que certains sont plus performants naturellement que d'autres pour réussir leur vie.

Ce raccourci fait l'impasse sur ce qui a permis à ces personnes de construire leur vie telle qu'elle apparaît, sur leurs critères de réussite, ou ceux apparents pour les autres et surtout sur leur capacité à transférer leur savoir-faire à leurs clients.

Cette vision des choses laisse penser que la recette de la réussite doit être parfaitement digérée par le consultant pour pouvoir la transmettre.

Mais le lien entre la réussite apparente d'une personne, qu'il soit expert ou coach, et son aptitude à transmettre ladite capacité est loin d'être démontré.

Le client peut aussi parfois avoir envie d'être pris en charge, soit par fatigue, découragement (il dit souvent avoir déjà « tout » essayé), soit parce qu'il pense que d'autres personnes ont une meilleure expertise que lui-même sur ce qui crée la réussite d'une vie.

Il appréciera par conséquent que ce spécialiste soit directif, précis, qu'il donne des méthodes, son avis, juge, évalue. Bref, l'interventionnisme sera le bienvenu puisqu'il correspond au besoin du client.

Si la personne imagine en revanche son problème comme étant complexe et lié à sa personnalité, à sa façon de vivre, donc comme intérieur à elle, elle cherchera plutôt un coach personnel. Elle appréciera un interlocuteur qui l'aide à prendre du recul pour reconsidérer sa vie, la percevoir d'un autre regard, puis pour chercher et trouver en elle-même ses propres solutions.

Elle viendra le voir parce que, par exemple :

- sa vie ne lui convient pas ;
- elle souhaite aller de l'avant sans y parvenir ;
- elle a déjà essayé d'autres pistes, y compris parfois la thérapie ;
- elle connaît le coaching en entreprise pour l'avoir expérimenté ou par relation ;
- elle veut se sentir écoutée, comprise ;
- elle veut pouvoir évoluer, faire avancer son projet, sa vie ;
- elle ne croit – pas ou plus – aux recettes miracles ;
- elle ne supporte plus de tourner en rond, de pleurer sur le passé ;
- elle a compris que les solutions doivent venir d'elle et elle est prête à s'aider elle-même pour cela.

Elle ressentira un besoin de réflexion, d'action aussi pour modifier sa vie mais sentira confusément la plupart du temps qu'il n'existe pas de recettes toutes faites pour y parvenir. Si elle a recours aux services d'un conseiller, très vite les limites de son intervention lui apparaîtront : comment répondre aux questions existentielles d'une personne à sa place ? Trouver ses points d'appui intérieurs ne relève pas de l'expertise technique.

Une personne qui a une demande orientée sur un projet de vie va généralement commencer par la formuler à travers un domaine de vie : professionnel, affectif... : elle a un rêve et veut passer du rêve à la réalité par la porte qui lui paraît prioritaire. Elle rejette les projets « standardisés », elle veut du « sur mesure » et sent qu'elle seule détient les clés de la qualité. En revanche, la construction de la démarche est floue et requiert les compétences d'un professionnel : c'est là que la recherche d'un coach intervient.

Autant le conseil est adapté, pertinent dans un domaine technique précis, car à une difficulté donnée il apporte une solution éprouvée, autant il s'avère sans effet, voire contre-productif, dans l'accompagnement d'un projet de vie.

Nous venons d'évoquer le fait que le seul expert de sa vie est la personne elle-même, par conséquent, nul ne peut mieux qu'elle savoir ce qui lui conviendra. L'accompagnant doit en revanche savoir comment faire pour l'aider à travailler sur les changements nécessaires et à trouver ses propres solutions ; c'est cela qui fait sa valeur ajoutée.

Le client est le seul expert de son projet de vie

Quelles sont donc plus précisément les différences de posture, d'approche entre les professionnels du conseil et les coaches personnels ?

Actuellement de nombreuses personnes tentent de s'installer sur le créneau du coaching personnel, le mot – qui n'appartient à aucune profession en particulier – ayant mis le métier à la mode, alors qu'elles vendent des prestations de conseils de vie. Ceux-ci relèvent souvent du bon sens que l'on peut trouver avec bonheur auprès d'un ami sûr, d'un conjoint ou en famille mais sans les aspects affectifs généralement présents dans ces environnements personnels proches.

Pour autant, le bon sens n'est pas labellisé et le vendeur ne peut donc se prévaloir de la garantie que ce qu'il propose aura aussi l'impact souhaité par son client. C'est une des limites du conseil.

Une autre vient de ce qu'un conseil est fait pour être suivi... ou non... ou que le client passe beaucoup de temps à hésiter. C'est du oui ou non : je prends ou je laisse. Cela me va ou non. Que fait le consultant dans ce cas-là ? Sur quelle expertise s'appuyer pour légitimer son conseil ?

Si son avis est retenu, il va devoir aussi être validé, c'est-à-dire qu'il faudra vérifier l'impact positif sur la vie du client, ce qui n'est pas toujours le cas, car il en va des conseils comme des outils que l'on prête, on ne sait jamais comment ils vont être utilisés, surtout par un « débutant » – le consultant étant lui l'expert.

Et si celui-ci est rejeté, devra-t-il proposer sans cesse autre chose, avec le risque de ne jamais satisfaire son client, ou de se retrouver sans autre conseil en stock ?

On le voit, le risque est grand de vendre des illusions, même avec d'excellentes intentions. Cela étant, l'intention ne crée pas la compétence. Le consultant-conseiller en projet de vie n'existe pas, même « déguisé » sous l'appellation de coach.

S'il paraît tentant pour une personne bienveillante, ou au contraire dominatrice (il faut de tout pour faire un monde), de se lancer dans la relation d'aide avec l'idée de donner les meilleurs conseils à un client pour construire son projet de vie, il ne lui suffira pas de disposer d'une boîte à outils bien fournie. De la même façon que l'on ne répare pas une personne « qui n'est pas cassée », on ne peut pas plus lui donner la recette d'un projet de vie satisfaisant. Elle seule peut l'imaginer, et l'épreuve de la vie lui dira si c'est le cas.

La légitimité du consultant en entreprise vient de sa connaissance fine du contexte professionnel, des mécanismes techniques en jeu, de son expertise longuement éprouvée dans de nombreux contextes plus ou moins approchants.

Mais un conseiller en projet de vie, ça n'existe pas.

Le métier de conseiller, s'il est performant dans les domaines dits techniques, l'expérience en démontrant le bien-fondé, s'avère cependant vite limité dans la conduite d'un projet de vie : comment se déclarer expert dans ce domaine sans preuve ? De quelle expertise se prévaloir ?

Comment être certain que les certitudes des uns fassent réellement le bonheur des autres ?

S'il existe de plus en plus un consensus sur le métier de coach en entreprise avec une définition assez précise[1] de l'accompagnement qui est proposé, rien de tel n'existe dans le domaine du coaching personnel[2] souvent confondu avec la thérapie.

Or le coaching personnel n'est pas une forme abâtardie de la relation d'aide mais un accompagnement à part entière.

L'une des raisons pour lesquelles conseil et coaching sont aussi souvent assimilés, confondus dans l'esprit du grand public, est issue du modèle américain. Certes le coaching nous vient d'outre-Atlantique à l'origine,

1. Définition du coaching en entreprise par la SF Coach : « L'accompagnement de personnes ou d'équipes pour le développement de leurs potentiels et de leurs savoir-faire dans le cadre d'objectifs professionnels. »

2. Définition du coaching personnel de l'ICF : « Le coaching personnel est l'accompagnement professionnalisé d'une personne dans l'élaboration, la mise en œuvre et l'évaluation de son projet de vie. Il tient compte de l'individu dans sa globalité et couvre tous les domaines de sa vie. »

mais comme pour beaucoup de créations, celle-ci a été transformée à la « sauce » française pour mieux s'adapter à notre culture, faite de besoins de réflexion, de recherche de sens et d'identité.

Aux USA, les valeurs d'action et de recherche de pragmatisme dominent ; ce qui amène les coachés à demander – assez naïvement et aussi avec une grande prise de risques de notre point de vue – des recettes, des conseils de vie pratiques. Le métier de coach s'inscrit dans des prémisses bien différentes, avec des méthodes plus directives.

En France, il est entendu par les professionnels que le coach en entreprise comme le coach personnel ne donne pas de conseils, domaine réservé aux consultants. Pourtant nombreux sont les consultants qui débutent ce qu'ils pensent être une activité de coaching en se basant sur ce qu'ils font déjà, c'est-à-dire sur une écoute attentive suivie de conseils. C'est d'ailleurs une difficulté pour ceux qui changent de métier que de savoir distinguer conseil et coaching. Car la frontière peut être vite franchie, notamment lorsque le client sollicite naïvement – ou pas – l'avis de son coach. Nous entendons les demandes de nos clients avec nos filtres personnels et il n'est pas simple de repérer ce que nous sommes en train de faire.

Le coach peut, selon les circonstances, émettre un point de vue sur une situation ou un propos de son client dans la mesure où cela vient « éclairer » ce dernier mais pas dans le but de l'influencer.

« Le coach peut émettre des avis, opinions, apporter un éclairage tout en laissant le soin au coaché de choisir, décider, formaliser son plan d'action[1]. »

Il aura toujours en tête que le seul « expert » de son projet de vie reste le client. Dans ce cas, expert[2] signifie celui qui a les ressources et saura les mettre en œuvre de la façon la plus pertinente pour faire aboutir son projet, enfin celui qui saura évaluer leur impact et réajuster les choses.

Alors dans ce cas, pourquoi avoir recours à un coach personnel si le client a déjà l'expertise ?

---

1. Arrivé Jean-Jacques, *Le coaching en 60 questions*, Paris, Éditions Retz, 2006, p. 107.

2. Le dictionnaire encyclopédique donne la définition du mot expert : spécialiste qui a acquis une grande habileté par la pratique et qui agit en engageant sa responsabilité.

La difficulté reste que posséder des ressources ne signifie pas toujours savoir les trouver et s'en servir. L'individu utilise assez peu son potentiel naturellement, lequel est souvent entravé par une histoire de vie pleine de péripéties : des formatages de l'enfance aboutissant à des scénarios de vie aux généralisations tirées des expériences de vie ultérieures.

Comme le coach professionnel en entreprise, le coach de vie va centrer son action sur la qualité des questions posées à son client. De la pertinence de ces questions émergeront des réponses qui auront du sens pour le client et l'amèneront d'abord à remanier sa façon de considérer les choses puis à commencer à agir autrement qu'auparavant.

Le coach travaille ensuite sur le développement des ressources de son client pour qu'il trouve et adapte des comportements et attitudes plus appropriés à l'atteinte de ses objectifs ou développe des compétences qui l'aideront à construire son projet de vie.

Le coach de vie propose des questions, des réflexions qui peuvent bousculer les certitudes de son client.

Cependant, en dernier lieu, c'est toujours celui-ci qui décidera de ce qu'il choisit de faire ou pas, de changer ou pas en fonction des conclusions auxquelles il sera parvenu.

Le consultant qui travaille sur la base du conseil part de sa propre expertise après avoir évalué la situation exposée, le contexte. Il pose ensuite un diagnostic et propose plusieurs options à son client comme autant de solutions les plus adaptées, de son point de vue, pour régler le problème amené.

Si les deux métiers peuvent partager les mêmes outils, le cadre d'intervention est différent.

Le conseiller reste centré sur ses propres ressources et sa compétence à poser le bon diagnostic pour proposer les meilleures solutions – de son point de vue – à son client.

Pour cette raison, son questionnement est plutôt orienté vers la recherche de sa propre compréhension du problème, du contexte. Il privilégie son éclairage personnel pour pouvoir aider son client en lui proposant de bonnes solutions.

Dans le coaching personnel, le coach ne cherche pas très longtemps des éléments pour sa propre compréhension mais s'applique plutôt à éclairer celle du coaché afin que ce dernier trouve lui-même la meilleure option pour construire son projet de vie.

Tableau 4.1 – Cadre de contrastes (d'après F. Delivré[1])

Le conseiller	Le coach
Écoute orientée vers son domaine d'expertise.	Écoute et reste ouvert.
Analyse la situation.	Fait en sorte de rendre la demande compréhensible et susceptible d'être une base de travail.
Pose un diagnostic des besoins de son client.	Partage avec le client ce qui lui semble émerger de sa demande (reformulation).
Propose une ou des solutions au client pour régler les problèmes.	Aide le client à faire émerger sa solution à partir du contexte dans lequel il évolue et de sa personnalité.
Propose un plan d'action pour construire son projet de vie. Est directif et précis dans ses préconisations. Donne des conseils.	Accompagne le client dans une démarche de coconstruction. Métacommunique. Propose des tâches.
Travaille avec son cadre de référence : cherche à comprendre, à avoir plus d'informations pour nourrir son diagnostic.	Se centre sur le cadre de référence du client pour l'aider à y voir clair mais effectue aussi des allers-retours vers son propre cadre.
Exerce son autorité due à sa compétence prétendue sur le contenu (savoir mieux que son client ce qu'il convient de faire dans ce contexte précis).	A une autorité due à sa compétence sur le processus (savoir, entre autres, poser les bonnes questions) et sur sa capacité à révéler les talents. N'a pas de compétences sur le contenu : le client est le seul détenteur de savoirs et compétences sur son projet de vie ; la compétence du coach va être de l'aider à les révéler et à les mettre en œuvre.
Principales qualités : intelligence technique ; sens de l'analyse et de la synthèse ; maîtrise des savoirs non maîtrisés par son client.	*Principales qualités :* intelligence relationnelle ; vision de la personne dans sa globalité et sa complexité ; maîtrise la conduite de la relation.

On le voit, le travail de conseil consiste à se mettre à la place de l'autre, et à tenter, à partir de ses propres ressources de consultant, de comprendre

1. Comme l'écrit François Delivré dans son excellent livre, *Le métier de coach* (voir chapitre 18 « Coaching de manager », p. 314), à propos des managers, le consultant ne fait qu'apporter une solution qui tient compte des contraintes techniques, alors que le coach va, lui, s'efforcer de la faire émerger chez son client en tenant compte de la personnalité de celui-ci.

la situation, le problème, l'objectif, pour trouver « ce qu'il y a de mieux » pour l'autre.

Très clairement, cette orientation part de ce que l'on appelle la « position haute » de l'expert – celui qui dispose du savoir –, le client étant en « position basse », donc inférieure, puisqu'il ne sait pas[1].

Cette démarche se différencie fortement de l'approche du coaching qui part du postulat que le client a toutes les ressources nécessaires en lui pour orienter sa vie. Dans cette optique, le coach comme le client sont en position d'égalité en tant qu'êtres humains disposant chacun de leurs talents propres. Le talent du coach repose sur ses compétences en maïeutique[2] et celui du coaché, sur sa volonté de progression dans l'exploration de son fonctionnement.

Il peut sembler plus tentant et plus rapide de prime abord de vendre du conseil sous couvert de coaching, surtout pour un consultant reconverti dans le coaching sans formation ni travail personnel, mais cela s'avère très vite un piège. Tout d'abord pour le coaché, qui ne peut plus se passer de son coach pour tous les domaines de sa vie, ce qui crée de la dépendance (on en voit des dérives actuellement aux États-Unis), ensuite pour le coach, qui peut être assez facilement mis en difficulté par un client plus « rebelle » ou déçu par l'inefficacité des conseils prodigués.

Pour résumer, le coaching se présente plus comme une philosophie de vie, avec ses attitudes spécifiques et ses comportements propres, que comme une expertise pure.

On peut imaginer que le client averti, c'est-à-dire celui qui est conscient que son projet de vie ne peut se construire sans sa propre recherche, réflexion, ses tâtonnements et enfin sa validation, s'adressera plutôt à un coach de vie qu'à un spécialiste expert de la relation d'aide.

1. Les positions de vie : lire le *Manuel d'analyse transactionnelle*, de Ian Stewart et Vann Joines, Paris, InterEditions, 2000, p. 147.
2. La maïeutique est une méthode dialectique utilisée par le philosophe Socrate pour amener ses interlocuteurs à découvrir les vérités qu'ils portaient en eux sans le savoir.

Points clés du chapitre
Coaching personnel et conseil

Le consultant
- Il analyse le problème, la situation pour comprendre, diagnostiquer, proposer un conseil adapté.
- Ses questions sont orientées autour du « Pourquoi ? ».
- Il apporte des connaissances avérées dans le domaine professionnel mais plus rarement dans le domaine personnel.
- Il est interventionniste.

Le coach
- Il traite de la complexité en tenant compte des interactions entre un individu et son environnement.
- Il est à l'écoute du problème exprimé par le client.
- Ses questions sont orientées autour du « Comment cela fonctionne-t-il actuellement ? » et « Comment cela pourrait-il fonctionner autrement et mieux ? » (c'est-à-dire sans le problème) pour faire émerger des pistes de solutions.
- Il favorise la réflexion et l'ouverture de son client à d'autres éclairages sur la façon de bien vivre sa vie.
- Il coconstruit le projet de vie avec son client.
- Il est un catalyseur du développement de l'intelligence de son client.
- Une de ses qualités : ouverture.

COACHING PERSONNEL ET FORMATION

Les interrogations les plus fréquentes que soulèvent les élèves coaches en tout début de cursus concernent, on l'aura compris, la spécificité du cadre de l'intervention de coaching. S'il ne s'agit ni de psychothérapie ni de conseil, alors, pensent-ils, « c'est quelque chose qui ressemble un peu à de la formation, quand même ». Comment imaginer, en effet, que cet accompagnement-là, visant à l'atteinte d'un objectif – un projet de vie en l'occurrence –, puisse se passer d'un tant soit peu de pédagogie, ou d'un transfert minimum de connaissances ? Le coach n'est-il pas un expert, après tout ? N'est-il pas censé savoir comment s'y prendre pour que « ça marche » ? Mieux (pis) encore, n'est-il pas tenu de fournir le mode d'emploi à son client ? Et voilà, dans la plus grande confusion, le coach investi d'un rôle et d'une mission qu'il ne peut pas endosser. D'autant moins qu'au cours de sa propre formation, il a appris, expérimenté, intégré quelque chose qui est de l'ordre du « non-savoir ». En d'autres termes, le coach se positionne d'emblée dans le rôle de celui qui ne sait pas à la place de son client ce qui est bon pour lui. « Le coach [...] ne sait pas pour l'autre ni n'agit à la place de l'autre, tout comme l'entraîneur ne joue pas ou ne concourt pas à la place du champion[1] », précise Vincent Lenhardt. L'une des finalités de l'accompagnement, sinon la principale, n'est-elle pas de permettre au coaché de trouver lui-même ses propres réponses ? Au coach de poser les bonnes questions, pas de donner les solutions. En quoi d'ailleurs celles-ci, les siennes, conviendraient-elles à l'autre, le client ? On comprend bien ici que le coaching n'a pas pour visée de transmettre des connaissances et qu'en conséquence, toute demande d'une ou de plusieurs personnes ayant pour objet l'apprentissage de techniques ou savoir-faire n'entre pas dans le cadre de ce métier. Il n'est cependant pas rare que des coaches exercent par ailleurs une autre activité professionnelle de conseil ou de formateur, mais en sachant chaque fois, dans l'un ou l'autre versant où ils se trouvent, de quel cadre il s'agit. De cette manière, les limites des rôles et des missions sont respectées.

Niveaux d'apprentissage et changements

Typiquement, une personne choisit de commencer un coaching parce qu'elle a rencontré des obstacles internes, disons une ou plusieurs difficultés, dans sa vie personnelle et/ou professionnelle, qui l'amènent à vouloir prendre du recul, à réfléchir pour y voir plus clair. Le coach, en miroir, saura l'amener à explorer pas à pas l'obstacle en question, à comprendre différemment peut-être la situation problématique, de manière à y apporter une réponse appropriée. La formation, quant à elle, répond davantage à une demande d'apprentissages nouveaux ou au renforcement d'acquis peu ou mal intégrés. En fait, l'apprenant a identifié un manque et, contrairement au coach, le formateur est ici en mesure de lui répondre : « Je sais ce qu'il est bon que vous sachiez. » En cela, il est en position haute sur le contenu : il détient le savoir et les réponses. Il lui

1. Lenhardt Vincent, *FAQ coaching. Tout ce que vous voulez savoir sur le coaching. Réponses d'un spécialiste*, Paris, Dunod, 2006, p. 89.

revient de les transmettre de manière directive, c'est-à-dire sous forme de consignes, de règles formelles et d'exercices à répéter, en quelque sorte. En cela, il est également en position haute sur le processus d'apprentissage, qui est aussi un processus de changement. Le coach, lui, nous l'avons vu, est en position basse sur le contenu, mais en position haute sur le processus de changement qu'est le coaching. Il en est en effet le garant. «Le coach doit rester maître du processus dans lequel prend place le coaching, et c'est dans ce processus que s'installe le contenu du travail. Et ce contenu est bien plus déterminé par le client que par le consultant[1].»

Dans une action de formation, le contenu, c'est-à-dire la théorie, le savoir d'une manière générale, est établi une fois pour toutes, le consultant est réputé expert de son sujet. La plupart du temps, son rôle est de transmettre ses connaissances à un groupe, en entreprise notamment. On a l'habitude d'entendre que les objectifs d'une formation sont triples: transmettre le savoir (apport de connaissances), le savoir-faire (apport de techniques) et le savoir-être, en référence à la mise en œuvre des savoirs et savoir-faire dans des contextes définis. Pour Vincent Lenhardt, «certains responsables en entreprise, en particulier dans les PME, peinent encore à distinguer le coaching d'une mission de conseil ou de formation [...] Une action de formation peut inclure une dimension de coaching, lorsque le formateur vit son travail avec un regard de coach, qu'il aménage des temps d'écoute et d'accompagnement. Mais en général, quand on parle de formation, on se situe sur le versant de la transmission de savoirs et de savoir-faire, des processus d'acquisition de compétences[2].» En tout état de cause, il s'agit toujours de quelqu'un qui transmet à un autre qui apprend en vue de combler une lacune ou de parfaire des connaissances. Ce processus d'apprentissage vise à un changement. «Tout changement résulte soit de l'acquisition de connaissances nouvelles soit d'une reconstruction de la réalité: cet apprentissage peut être conscient ou inconscient, de nature cognitive, technique ou comportementale[3]», précise Françoise

1. Malarewicz Jacques-Antoine, *Réussir un coaching grâce à l'approche systémique*, Paris, Village Mondial, 2003, p. 34.

2. Lenhardt Vincent, *FAQ coaching. Tout ce que vous voulez savoir sur le coaching. Réponses d'un spécialiste*, Paris, Dunod, 2006, p. 88.

3. Kourilsky Françoise, *Du désir au plaisir de changer*, Paris, Dunod ,1995, p. 13.

Kourilsky. Or, dans un coaching comme dans une action de formation, il est question d'apprentissage. Dans le premier cas, celui-ci est de nature endogène (le coaché apprend de lui-même, le coach n'enseigne rien) ; dans le deuxième cas, de nature exogène (le formateur est pédagogue, il transmet les connaissances). De plus, nous pouvons considérer que les niveaux de changement varient la plupart du temps selon qu'il s'agit de coaching ou de formation. Sans doute le changement est-il moins profondément ancré, disons plus superficiel, à l'issue d'une formation, qui voit là ses limites, car le lien n'est pas toujours évident entre ce qu'une personne y apprend et ce qu'elle fait véritablement en entreprise. Pour Gregory Bateson[1], il existe différents niveaux d'apprentissage, du niveau 0 au niveau 3, le troisième donnant accès au changement le plus profond et durable. « L'apprentissage 3 relève du domaine de la psychothérapie, du développement personnel et de la conduite du changement en entreprise [...] [Il] s'accompagne nécessairement d'une redéfinition de soi-même et, en conséquence, de ceux impliqués dans la situation interactionnelle problématique. Le niveau 3 résulte d'une nouvelle construction de la réalité[2]. » C'est notamment par la technique du recadrage que le coach, agent de changement, va amener l'autre à réinterpréter la situation problématique ou bloquée à laquelle il se heurte. C'est en déplaçant dans un autre cadre son point de vue sur *le problème* que la personne coachée va le percevoir autrement et ainsi le réinterpréter. La signification de la situation s'en trouve de fait modifiée. Il s'agit ici typiquement d'un apprentissage de niveau 3 qui, donnant accès à une nouvelle « construction de la réalité », génère des changements profonds et des comportements différents. Dans le cas d'une mission de formation, le consultant quant à lui, est animateur et expert. Si certaines de ses interventions ont elles aussi un effet recadrant pour ses stagiaires, il importe surtout qu'il leur explique comment faire ou penser autrement pour intégrer de nouveaux apprentissages. Ses conseils et concepts théoriques doivent être étayés d'exercices, de jeux de rôle, de mise en situation, de répétitions pour être compris. Lui-même montre l'exemple, démontre ainsi le

1. Anthropologue, psychologue, à l'origine du groupe de Palo Alto.
2. Kourilsky Françoise, *op. cit.*, p. 15.

bien-fondé de ce qu'il avance. Il joue bien entendu le rôle d'entraîneur dans l'équipe qu'il a pour mission de former, alternant les moments théoriques et pratiques. Il respecte la bonne application du cahier des charges et met en œuvre tous les moyens qui permettront l'atteinte des objectifs pédagogiques. En quelques jours, parfois un seul, sa mission est clairement de transmettre des savoirs et savoir-faire, tels que le client, l'entreprise par exemple, le lui a demandé. Le plus souvent, il s'agit d'apprentissages de niveau 2. Ici, « le sujet apprend à apprendre : il est capable de transposer ce qu'il a appris. L'apprentissage de type 2 s'apparente au processus classique de généralisation que nous utilisons tous lorsque nous unifions des contextes apparemment différents : par exemple, si j'ai appris à conduire une voiture, je peux par la suite conduire n'importe laquelle[1] ». Ce niveau d'apprentissage va permettre à la personne formée de valider ensuite « sur le terrain » les nouveaux acquis. Ainsi, selon les contextes, les individus rencontrés en situation, elle continuera à apprendre. Peu à peu, à force d'expérimentations et de mise en pratique, elle adoptera ou non d'ailleurs les apprentissages reçus.

Notre expérience de formateurs et de coaches en entreprise, de coaches personnels hors entreprise et aussi de formateurs de coaches nous amène nécessairement à nous poser la question de notre rôle et de notre positionnement dans chacun de ces cadres professionnels et relationnels. Avant tout, nous croyons qu'il est essentiel de ne mélanger ni les contextes ni les fonctions sous peine de créer de la confusion, de l'incompréhension de part et d'autre. En formation, le participant attend à juste titre du formateur qu'il lui transmette un savoir. Son attitude est donc légitimement passive dans un premier temps. En revanche, le client est actif dans un coaching : c'est en lui qu'il recherche le savoir, les réponses. Un coach n'est donc pas un formateur et *vice-versa*. Cependant, le premier peut enrichir le second de ses compétences et capacités d'écoute par exemple, qui permettront dans le cadre de la formation des interactions plus riches entre le formateur et les stagiaires et entre les stagiaires eux-mêmes. « La formation s'inscrit dans toutes sortes de modalités, dans des approches individuelles, des stages, des programmes à long terme, etc.

1. Kourilsky Françoise, *op. cit.*, p. 14.

Elle permet parfois des formes d'apprentissage, et l'accompagnement donné par le formateur peut procéder d'une démarche proche du coaching. Mais, fondamentalement, la formation consiste en un processus de transmission de savoirs ou d'expérience, dans le but d'accroître le capital de connaissances des personnes formées, ou leur permettre d'acquérir de nouvelles compétences ou savoir-faire. Alors que le coaching n'a pas vocation première le transfert de savoirs[1] », précise Vincent Lenhardt, coach et formateur lui-même. Par ailleurs, ayons bien à l'esprit que le formateur, pas plus que le coach, n'a vocation à réaliser des miracles, qu'il n'est pas magicien non plus. Une personne susceptible d'être formée à de nouveaux apprentissages ne le sera qu'à condition qu'elle s'implique dans le processus. Cela paraît évident, mais ne l'est pas toujours dans le cadre de la formation notamment, où il n'est pas rare de rencontrer des stagiaires réfractaires, contraints ou « de passage ». À la suite d'une formation, les changements visant à une transformation des comportements ne seront pertinents que si la personne formée applique dans la durée les savoirs et savoir-faire qui lui ont été transmis. Reconnaissons-le, ce n'est pas toujours le cas : dès la fin de la formation, il arrive que les supports pédagogiques échouent une fois pour toutes dans les tiroirs du stagiaire ou qu'il en oublie immédiatement le contenu, perpétuant ainsi le problème à cause duquel il était précisément venu se former.

Training

Les formations individuelles, dites de « *training* », ont dans la majorité des cas pour objectif de permettre l'acquisition de comportements réflexes grâce à des exercices courts et répétitifs. Il s'agit de formations relativement brèves et intensives ayant pour visée l'apprentissage « ciblé » de techniques précises. Le *mediatraining*, la prise de parole en public ou, plus spécifiquement le *training* de la voix, s'adressent couramment à des dirigeants ou des cadres d'entreprise soucieux d'intégrer un savoir-faire, parfois dans l'urgence. Le consultant choisi est à la fois un entraîneur, un expert incontesté et un modèle d'excellence. Ici, la préparation proprement dite est très comparable à celle que suivent des sportifs, car il s'agit bien pour l'apprenant en formation, comme pour l'athlète dans le

1. Lenhardt Vincent, *op. cit.*, p. 22.

stade, de réaliser au final une performance en passant immédiatement à l'action. Il est d'ailleurs intéressant de noter qu'en l'occurrence le formateur est dénommé sous le vocable anglais de «*coach*» (*coach* de la voix, par exemple) dans le cadre d'un *training* de ce type, alors que la traduction du mot anglais «*trainer*» donne «entraîneur» en français. Le coach sportif, du reste, est bien un entraîneur, alors que – paradoxe, contradiction ou méli-mélo sémantique – le coach en entreprise ou personnel n'en est pas un. «Le mot n'est pas la chose» nous rappelle à point nommé le père de la sémantique générale, Alfred Korzibsky.

À l'issue d'un *training*, le changement obtenu est parfois immédiat et spectaculaire. Le processus d'apprentissage(s) n'est pas sans rappeler la classification définie par Edward Hall[1] : apprentissages informels, formels et techniques. Les premiers, acquis par imitation inconsciente sont devenus des automatismes, les deuxièmes nous sont transmis par des modèles sous forme d'injonctions (l'entraîneur, le maître, l'autorité), les troisièmes renvoient aux savoir-faire, c'est-à-dire à des apprentissages reçus, décrits puis intégrés après expérimentation. «Toutefois, apprentissages formels, techniques et informels s'interpénètrent, se confondent et sont peu dissociables en réalité. Tous trois coexistent et interagissent dans un processus circulaire complexe ; ils forment un tout qui génère l'évolution de l'individu [...] un vrai changement sera l'aboutissement de l'apprentissage inconscient de nouveaux gestes mentaux et comportementaux.» Au cours du *training* ou plus tard en situation, dans le contexte de mise en pratique, à force d'exercices répétés «comme en vrai», d'encouragements et d'efforts soutenus, de techniques éprouvées de modélisation, les nouveaux comportements prennent peu à peu leur place, jusqu'à s'ancrer physiquement et mentalement chez l'apprenti. Tout à coup, le changement se produit sans que l'on sache comment. Jean-Jacques Wittezaele, psychothérapeute et directeur de l'Institut Gregory Bateson de Liège, en Belgique, en référence à François Jullien[2] à propos de l'apprentissage d'un instrument de musique, en rappelle un très bel exemple : «Nous peinons longtemps à faire nos gammes et puis un jour, sans que l'on se

1. Edward Hall : anthropologue américain. Membre du groupe de Palo Alto, il étudia les systèmes de communication non verbaux.

2. Philosophe sinologue, professeur à l'université Paris-VII, directeur de l'Institut de la pensée contemporaine.

rende compte comment, le doigté s'est assoupli, notre jeu a perdu sa maladresse, cela "commence à venir" [...] Il y a fallu tout notre effort, continu et patient, mais nous avons finalement l'impression que le progrès s'est accompli à notre insu, en fonction d'une efficacité propre, qui se dégagerait du procès lui-même. Car l'aisance soudain acquise ne nous apparaît pas dans la suite directe de cet entraînement intérieur, nous la sentons venir d'ailleurs – hors de notre contrôle [...], de cette ressource que constitue, par rapport à notre intention comme à notre effort, la logique inhérente au processus engagé. Comme si l'on était porté par son déroulement[1].» Il n'est pas rare non plus que ce changement soudain, comme allant de soi «sans prévenir», se produise – et tant mieux! – à l'issue d'une formation plus classique, moins intensive. Dans le cas d'un *training*, le rythme plus soutenu de l'entraînement proprement dit, la motivation forte de la personne entraînée du fait de l'enjeu, la technique mise en œuvre concourent ensemble à une sorte de catalyse du changement. Nous sommes bien ici dans la performance strictement technique, dans une forme de coaching thématique.

Le Codéveloppement

Le codéveloppement est un dispositif d'accompagnement du changement et du développement individuel au sein d'un groupe. Ce n'est pas du coaching d'équipe, pas plus que le professionnel en charge de ce type d'accompagnement ne doit être spécifiquement formé au coaching. Cependant, le déroulement d'une séance de codéveloppement implique, de la part du facilitateur, le rigoureux respect d'un processus structuré en plusieurs étapes très précises.

Ce groupe se compose de quatre à huit personnes qui se réunissent chaque fois de trois à six heures, selon un rythme de deux à cinq semaines, sur une période variant de six mois à un an. À l'extérieur du groupe, comme en position méta et garantissant ainsi une objectivité nécessaire aux participants, un facilitateur sérieusement formé

1. Wittezaele Jean-Jacques, *L'homme relationnel*, Paris, Le Seuil, 2003, p. 63, en référence à Jullien François, *Le détour et l'accès*, Paris, Grasset, 1995 ; rééd. Paris, LGDF, coll. «Le livre de poche-Biblio», 1997, p. 238-239.

à ce type d'accompagnement, veille au cadre et à la progression de l'accompagnement.

Chaque rencontre est principalement structurée en deux parties essentielles : la consultation proprement dite d'une part et d'autres étapes complémentaires par ailleurs, mais la consultation est au cœur du processus. L'un après l'autre, les participants occupent la position de ***client***, présentent un aspect de leur pratique professionnelle qu'ils souhaitent améliorer, expriment les difficultés rencontrées dans l'avancée de leur projet. Quant aux autres, ils occupent le rôle de ***consultants*** pour aider leur *client* à comprendre différemment (penser, voir, ressentir) ses difficultés et à passer à l'action.

*« Le groupe de codéveloppement professionnel est une approche de développement pour des personnes qui croient pouvoir apprendre les unes des autres afin d'améliorer leur pratique. La réflexion effectuée, individuellement et en groupe, est favorisée par un exercice structuré de consultation qui porte sur des problématiques vécues actuellement par les participants… » (*Adrien Payette et Claude Champagne)

C'est en s'appuyant sur l'intelligence collective que chaque participant trouve des issues nouvelles à ses difficultés (effet de recadrage), enrichit ses compétences en apprenant des autres. En outre, l'attrait et la puissance de ce dispositif (l'intelligence collective au service de l'individu) résident dans le fait qu'il s'apparente à de la formation, moins le côté didactique qui rebute certains. Ici les participants apprennent à apprendre : la bienveillance, le questionnement aidant, la co-responsabilité, la prise de recul, l'efficacité et la confiance en soi.

Lors des séances de codéveloppement, les participants découvrent, parfois pour la première fois et avec soulagement, que leurs difficultés sont souvent partagées par leurs pairs, qu'ils peuvent nos seulement être aidés par eux, mais les aider aussi. Ils peuvent ainsi améliorer leur pratique professionnelle (fonction d'apprentissage) et permettre l'amélioration de celle des autres (fonction pédagogique).

Ce dispositif d'accompagnement et de développement professionnel permet aux participants de poser un regard nouveau sur leurs problématiques managériales notamment, de trouver des solutions originales adaptées à chaque situation et à chaque environnement, de s'appuyer sur le collectif, c'est-à-dire finalement ici sur chacun.

Points clés du chapitre
Coaching personnel, formation et codéveloppement

La formation/Training
– Elle permet l'acquisition/transmission de savoirs, savoir-faire, savoir-être.
– Elle repose sur des thèmes prédéfinis et des programmes prédéterminés (cahier des charges, évaluations).
– Elle permet l'actualisation de compétences (techniques, comportementales, relationnelles) avec mise à jour régulière des connaissances.
– Le formateur est en position haute sur le contenu et le processus d'apprentissage. C'est lui qui détient le savoir et le délivre.

Le coaching personnel
– Le client est confronté à des obstacles internes ; il a besoin de prise de recul, de réflexion pour agir de façon plus pertinente.
– Le coach est en position basse sur le contenu de la demande : il ne sait pas à la place de son client.
– Il est en position haute sur le processus : il guide le client dans la redéfinition de ses problèmes, de son cadre de références, ce qui permet à celui-ci d'interpréter et d'agir différemment sur les situations.
– Le client recherche les savoirs et les solutions en lui-même.

Le Codéveloppement
– Il s'agit d'un dispositif d'accompagnement de groupes de managers (4 à 8) au service de l'intelligence collective.
– Il aide à la prise de recul, aux réflexes de coopération et d'entraide.
– Le facilitateur n'est pas nécessairement coach, mais strictement formé à ce type d'accompagnement.

COACHING PERSONNEL ET COACHING EN ENTREPRISE

62 % des clients en coaching personnel financent eux-mêmes leur coaching alors qu'ils sont en poste en entreprise : ils ne veulent pas demander un coaching à leur entreprise selon l'étude de la SF Coach de 2010.

Qu'est-ce qui pousse une personne à s'engager dans une démarche personnelle alors qu'elle pourrait éventuellement la faire financer par l'entreprise ?

Deux raisons majeures génèrent la demande de coaching personnel plutôt que de coaching en entreprise :

– d'une part, nos clients ne veulent pas que leur démarche soit officialisée ;
– d'autre part, ils considèrent qu'il s'agit d'une démarche de changement

personnel et de développement et ne se considèrent donc pas en position légitime de solliciter un financement à l'entreprise ou à l'organisation à laquelle ils appartiennent.

La troisième raison complémentaire pour laquelle nos clients viennent dans nos cabinets, c'est la solitude face à la prise de décision : ils font appel au coaching quand ils se sentent confrontés à une décision capitale pour eux et qui engage leur avenir. La solitude se fait sentir dans ces moments-là et une des alternatives à la réflexion solitaire peut être le coaching personnel. Le coach ne décide pas à leur place mais l'accompagnement les aide à valider une décision déjà prise ou à se positionner par rapport à une décision à prendre.

Une démarche personnelle

« Je ne veux pas que cela se sache ! »

Il s'agit là assez souvent de la réponse que nous obtenons quand nous interrogeons le nouveau venu lors du premier entretien, voire à l'occasion du premier contact téléphonique.

La plupart du temps, le client ne veut pas que son entreprise/organisation apprenne sa démarche. À la question « pourquoi ? », les réponses divergent mais s'articulent autour de quatre axes qui viennent compléter nos propos concernant les spécificités du coaching personnel (chapitre 2) :

- « Je veux la confidentialité totale de ce que je dis, être sûr(e) que je ne serai pas trahi(e), avoir un coach pour moi tout(e) seul(e). »
- « Je ne veux pas que les enjeux de l'organisation prennent le pas sur les miens. »
- « Je veux avoir la liberté d'arrêter ou de faire des pauses si le travail de coaching ne me convient pas. »
- « Je veux prendre le temps de poser les choses, de faire le tri. En fait, je ne sais pas ce que je veux précisément, alors je ne peux pas réellement l'évoquer en entreprise. »

La confidentialité absolue

La base de la relation de coaching repose sur la confiance mutuelle : confiance du coaché dans les capacités techniques et relationnelles du coach à l'accompagner; confiance du coach dans les ressources du coaché pour atteindre son objectif auquel s'ajoute le respect de cette règle absolue du métier: la confidentialité. Celle-ci implique que les propos tenus par le coaché ne seront divulgués à quiconque. Tout ce qui se dit dans le bureau du coach ne doit pas être transmis, à qui que soit, à l'exception du superviseur éventuellement. La confidentialité, c'est aussi le fait que la personne coachée ne peut être identifiée par des tiers lorsque le coach témoigne de ses activités en groupe de pairs, supervisions, formations ou lorsqu'il présente des exemples relevant de sa pratique.

Si le coach doit exposer des situations professionnelles problématiques en guise d'exemples, il s'agit pour lui de ne pas donner le nom du client concerné, ses caractéristiques physiques, son lieu d'habitation, son activité professionnelle si elle est très spécifique... rien qui pourrait permettre de l'identifier de façon certaine. Cette notion n'est pas évidente à faire exister dans la réalité : quand nous échangeons en groupe de pairs, la probabilité que nos confrères connaissent ou croisent ensuite la personne est très faible et nous pouvons dès lors être tentés de déroger à cette règle inconsciemment. Par ailleurs, quand nous citons des exemples (dans ce livre, par exemple, bien que nous modifions beaucoup de paramètres), les personnes qui ont vécu les situations évoquées peuvent se sentir trahies... même si aucun élément ne permet de les identifier !

La confidentialité, c'est aussi faire en sorte qu'il soit impossible que des clients se croisent entre deux rendez-vous et que « l'environnement extérieur » (les voisins du coach par exemple) puisse identifier la personne coachée. L'idéal est un bureau, si possible, dans un immeuble ou dans un lieu de passage public, avec des rideaux aux fenêtres en cas de vis-à-vis... La confidentialité est l'une des pierres angulaires de la déontologie du coach, qu'il exerce sa pratique en entreprise ou dans le cadre d'un coaching personnel.

Or il s'agit là d'une des difficultés du coach en entreprise, surtout s'il intervient dans les locaux de celle-ci. Comment résister à la question impromptue du DRH dans les couloirs : « Tout se passe bien avec M. X coaché depuis trois mois ? » Quelle que soit la réponse, la confidentialité n'est-elle pas, d'une certaine façon, violée ? En effet, si la réponse est verbale, elle donne une information au client prescripteur, si elle ne l'est pas, elle le laissera libre de toute interprétation.

La métacommunication – qui consiste à expliquer le processus de communication qui se joue – reste alors la meilleure solution : «Vous savez bien que je suis tenu(e) à la règle de confidentialité. Je vous remercie de l'intérêt que vous portez à votre collaborateur, mais je ne vous répondrai pas, car je vous rappelle le principe de confidentialité que vous avez accepté en entretien tripartite.»

C'est pourquoi la confidentialité dans l'esprit du client est bien plus assurée quand l'entreprise n'entre pas en jeu.

Au-delà de cette difficulté de maintenir la confidentialité dans l'entreprise, ce qui augmente la méfiance des clients, ce sont les pratiques dont ils ont pu entendre parler ou qu'ils « fantasment ».

- Les entretiens tripartites en entreprise et les objectifs définis pour le coaching mettent parfois mal à l'aise les clients coachés : ils peuvent se sentir jugés, ce qui n'est pas l'objectif bien entendu. Ils le font alors savoir autour d'eux, le plus souvent dans leur environnement au sens large (famille, amis…) : « Ils m'ont "collé" un coach, il paraît que je ne sais pas gérer correctement mes équipes ! »
- Lors du coaching, ils peuvent avoir l'impression que le coach a des informations dont ils ne disposent pas ou qu'un thème évoqué avec le coach est ensuite « repris » par la hiérarchie. « Comment expliquez-vous que j'aborde lors d'une séance de coaching le sujet de l'insatisfaction de mes collaborateurs qui sont sous-payés, et que le DRH nous démontre, à la réunion suivante, que nous sommes dans les prix du marché ? »
- Par ailleurs, à l'issue de coaching en entreprise, des décisions sont quelquefois prises par la hiérarchie ; décisions qui pourraient découler de propos qui auraient dû rester confidentiels. «J'évoque que cette promotion n'était pas vraiment ce que j'attendais en coaching et elle est suspendue pour des raisons de réorganisation ! Est-ce une coïncidence ? »

Tous ces éléments ne se réalisent pas toujours dans les faits, mais dans l'esprit des personnes venant faire une demande de coaching personnel, ils constituent une menace qui les inquiète et les amène à décider de garder cette démarche totalement confidentielle, tout simplement en la finançant eux-mêmes !

Dans la pratique du coaching personnel, il n'y a pas d'entretien tripartite, ni au début ni à la fin, et pour cause, il n'y a normalement pas de tiers prescripteur.

La confidentialité, même en l'absence de tiers, doit rester une préoccupation dans l'esprit du coach. En effet, il peut arriver – heureusement très exceptionnellement – qu'un proche demande des nouvelles du coaching en cours ou fasse passer des messages par des moyens directs (téléphone) ou indirects (par personne interposée). Il est donc essentiel de garder confidentielles les informations données par le client et de ne pas parler de lui autour de soi (encore plus si le coach exerce dans la commune où il habite !). La confidentialité est une règle absolue qui est attendue et doit être respectée dans notre métier si nous voulons conserver notre crédibilité et la confiance témoignée par nos clients.

La confiance s'établit dès que le client se sent en sécurité, et la confidentialité est un élément capital du processus de coaching. L'autre élément complémentaire de la confidentialité est l'attitude de non-jugement qui va permettre à la personne d'évoquer les thèmes qui lui tiennent à cœur, de rêver à voix haute, de dire ce qu'elle n'a jamais évoqué... sans redouter la désapprobation du coach.

La personne au centre du processus

Dans un coaching personnel, le client est au centre du processus de changement : la personne dans sa globalité (pensée, émotion, action) est considérée dans ses interactions avec son environnement. Les clients en coaching personnel ont des enjeux importants pour eux ; ils savent qu'ils veulent changer quelque chose : travail, mode de vie, conjoint, présence à l'autre ou à la famille, présence à soi... En revanche, ils ne savent pas comment changer, sinon ils ne viendraient pas nous voir.

Quand il s'agit de changement d'activité professionnelle, dans leur esprit, la réflexion ne peut pas avoir lieu dans l'entreprise, car ils peuvent la quitter – en démissionnant par exemple : il ne serait donc pas raisonnable de se faire financer cette démarche (même s'il peut arriver que nous ayons très exceptionnellement des demandes dans ce sens, ce qui nous paraît non déontologique).

Dans un coaching en entreprise, les enjeux de l'organisation côtoient les enjeux professionnels de la personne coachée : au mieux, les deux se rejoignent ; au pire, ce sont ceux de l'organisation qui priment. Les clients en coaching personnel le savent et préfèrent privilégier leurs propres enjeux afin qu'il n'y ait pas de confusion.

En entreprise, le coaching est en réalité une démarche sous contrainte, comme nous l'avons vu précédemment au chapitre 2 (section « La contrainte dans le coaching en entreprise »). La contrainte est celle de l'organisation, qui veut des résultats par rapport à un objectif défini à l'avance (le plus souvent comportemental), ce qui est tout à fait justifié au regard de la « raison sociale » de l'entreprise et de la notion de retour sur investissement. L'organisation a besoin de produire, de se rentabiliser, et donc souhaite investir avec, en retour, des résultats mesurables et tangibles. L'objectif à atteindre représente une contrainte pour le salarié et ne lui laisse parfois que peu de marge de manœuvre en ce qui concerne son propre développement personnel. Le coaché a peu de choix sinon de « se soumettre » à ce qui lui est demandé. Le positionnement de la personne coachée en entreprise se fait par rapport à la contrainte et non pas par rapport à son désir, son rêve. La réalité (économique notamment) prend le pas sur le rêve. Pour pouvoir rêver son projet professionnel et son projet de vie, le confronter à la réalité dans un lieu « neutre de toute influence professionnelle et/ou familiale » puis le mettre en œuvre, le client va le plus souvent penser au coaching personnel.

Celui-ci est selon lui l'endroit le plus éloigné et le plus protégé des influences de son environnement qu'il ressent profondément, l'endroit où il va être au centre de ses réflexions, de ses préoccupations… un endroit réellement pour lui/elle.

Le coach est totalement extérieur à son champ professionnel habituel. Dans l'idéal, il n'a pas de lien avec l'organisation et est totalement disponible à la relation avec son client coaché, sans interférence extérieure. Cela garantit une certaine sécurité au coaché qui va pouvoir évoquer l'ensemble des thèmes souhaités et les enjeux de cette période de sa vie.

La liberté d'être soi

Lorsqu'un client vient nous voir pour la première fois, il ne sait pas vraiment si le coaching va lui convenir. En réalité, il n'existe pas de mode d'emploi d'un coaché type. Il pense, ressent que le coaching peut être un bon moyen d'arriver à atteindre ses objectifs ; objectifs qu'il a beaucoup de difficultés à définir lors de premières séances ! L'aspect personnel le rassure : il finance lui-même, donc il a le pouvoir de continuer, de s'octroyer des pauses ou d'arrêter quand il le souhaite.

Cette liberté ne lui apparaît pas garantie si l'action est mise en œuvre en entreprise :

- d'une part, s'il souhaite arrêter, il va devoir expliquer pourquoi l'action dure moins longtemps et pourquoi il veut arrêter lors de l'entretien tripartite qui clôture l'action – et risquer éventuel-lement une sanction ;
- d'autre part, l'action est assez souvent délimitée dans le temps : un nombre de séances est généralement défini préalablement.

Le développement du coaching personnel bénéficie de cet espace de liberté que les personnes s'accordent actuellement. Il est important de laisser au client le choix de les conserver tout en gardant des règles de fonctionnement précises concernant la durée prévisionnelle et la possibilité d'arrêter plus tôt avec un entretien de bouclage.

Cela nous renvoie au contrat de coaching : devons-nous passer un contrat sur un objectif précisé au début de coaching, un nombre de séances ou laisser le coaché définir son besoin au fil des séances et arrêter quand il le souhaite, c'est-à-dire quand il a trouvé ce qu'il venait chercher ?

Le propre du coaching personnel est de pouvoir pratiquer du « sur mesure » et d'adapter la façon de définir le contrat à chaque client. Toutefois, il semble préférable de travailler sur un cadre précis, comme nous l'avons évoqué au chapitre 2 (section « La cocréation du cadre »), de ne pas laisser le cadre complètement ouvert au risque de créer une confusion avec les pratiques des thérapeutes.

Prendre son temps

Pourquoi travailler « sur mesure » ? Parce que chacun est unique et a un rapport au temps différent : dans sa perception, ses effets et sa capacité à s'y projeter. Certains ont besoin de beaucoup de temps pour évoluer, atteindre leurs objectifs, pour d'autres c'est au contraire rapide. Encore faut-il s'entendre sur ce que chacun de nous nomme rapide ou lent ! Ce qui est indéfinissable dans l'absolu !

Cette notion de temps est complexe pour le coaché et le coach : les clients en coaching personnel viennent consulter en pensant que la démarche va être « rapide ». Ils veulent un changement « imminent » : changer d'activité, de travail, de structure, de conjoint, prendre des décisions très vite, aller mieux incessamment…

Or, le temps psychologique est différent d'un individu à l'autre. Le changement, même minime, nécessite une maturation psychologique qui prend du temps. Nous nous retrouvons donc de fait dans une démarche paradoxale : allez vite en prenant son temps !

Par ailleurs, la notion de temps ne peut s'apprécier que par rapport aux critères de la personne coachée. Il va donc être intéressant de lui poser la question : « Combien de temps vous donnez-vous pour réaliser vos objectifs ? » Sa réponse l'aidera à définir ce qu'elle entend par « rapide » et, par ailleurs, la question la confronte à sa demande.

En refusant que l'organisation sache qu'il effectue une démarche de ce type, le client se donne du temps pour réfléchir, pour investir sur son avenir. Mais il souhaite aussi des résultats rapides. Au début d'un coaching personnel, il est assez courant que le coaché se conduise vis-à-vis de lui-même comme l'organisation vis-à-vis de ses salariés : le résultat avant tout. En effet, il fixe un objectif précis et exige de lui-même un plan d'action ayant des effets immédiats : « J'ai décidé de changer de poste, je veux des entretiens, des propositions immédiates… » Ce qui a pour effet de l'amener à se focaliser sur des actions quantifiables dans lesquelles il va s'investir pour atteindre des résultats, au détriment parfois de la réflexion sur les besoins qu'il cherche à satisfaire avec cet objectif.

C'est avec le temps, au fur et à mesure des séances, qu'il se rend compte de la possibilité de prendre de la distance par rapport à des résultats immédiats. Il peut prendre son temps. Suivant la période de sa vie, son âge, sa réalité économique, le cycle de changement dans lequel il est, le contexte familial, ses désirs personnels, le temps qu'il va consacrer à son changement sera différent.

Ainsi, à 20 ans, le changement est généralement rapide, c'est une période d'expérimentation, le coach accompagne le jeune dans ses « essais » d'activités professionnelles, dans sa recherche de l'âme sœur, de positionnement par rapport à sa famille… Les cycles de changement sont courts, les enjeux sont personnels, les changements engagent la personne elle-même. À cet âge, dix séances, c'est long.

À 50 ans, il s'agit de prendre son temps différemment, de revoir son style de vie s'il ne convient plus, de préparer la dernière ligne droite avant la retraite qui sera un nouveau recommencement, de privilégier la qualité de vie et de relation. Les changements sont mûris, quelquefois imposés (dans le cas de licenciement). Le coaching est l'occasion de poser les bases des dix années suivantes. Les enjeux sont importants et n'engagent pas que la personne mais souvent une famille aussi. À cet âge, dix séances peuvent sembler trop courtes.

Le temps joue par ailleurs un rôle dans la mise au jour des demandes et des besoins. En effet, nos clients arrivent avec des besoins flous et une demande implicite. Il va falloir du temps pour qu'ils « s'avouent » leurs propres besoins, leurs propres désirs, leurs propres rêves et qu'ils les distinguent des besoins, des désirs, des rêves… de leur environnement.

Quand ils viennent la première fois, leurs demandes sont généralement axées sur la performance. Pourquoi ce type de demande ? D'une part, parce qu'il n'est pas « acceptable » de ne pas savoir ce que l'on veut dans notre société ; d'autre part, parce qu'il leur est difficile d'avouer que la situation professionnelle parfois enviable dont ils bénéficient ne leur convient plus.

Pour un coach débutant, aider son client à établir un plan d'action immédiat dès l'énoncé de la demande sans l'accompagner dans une recherche plus approfondie l'expose à s'apercevoir après quelques séances que celle-ci ne se situait pas à ce niveau. Il a peut-être fait plaisir au client en l'aidant à aller vite au départ mais n'obtient pas les résultats escomptés au final !

Aider l'autre à y voir clair, à s'entendre réellement répondre à ses propres questions, à se sentir connecté à son projet prend du temps. Néanmoins, nous ne pouvons accompagner nos clients que jusqu'au point où ils ont décidé d'aller ! Si le client a décidé auparavant des moyens à mettre en œuvre pour atteindre ses objectifs, il aura peut-être des difficultés à accepter la confrontation du coach qui aurait pour objet de mettre en lien ces objectifs et leurs finalités.

Si la demande affirmée et réaffirmée par le client est d'aller vite, le coach prendra le temps de le confronter à ses désirs de rapidité. L'objectif du coaching personnel est d'aider le client à se connecter à ses besoins profonds pour ensuite les décliner en actions. Le client « veut des choses pour lui-même», le coach, lui, est un facilitateur. Le temps devient un allié à partir du moment où il est pris en compte comme l'un des paramètres incontournables du changement. Sans considération de temps, point de changement!

Un outil de développement personnel

Au-delà des raisons de confidentialité, des enjeux, de la liberté et du temps, nos clients en coaching personnel ont vraiment des réticences à faire financer l'action, car ils la considèrent comme un investissement personnel, ils veulent pouvoir évoquer l'ensemble des domaines de leur vie et enfin explorer tranquillement leurs besoins et leurs objectifs.

Le coaching personnel : parce que je le vaux bien !

Pour reprendre l'esprit de ce fameux slogan publicitaire cher à L'Oréal, le coaching personnel peut sembler un luxe pour beaucoup de personnes. Quand il est financé personnellement, il représente un réel budget. Le tarif est fixé par les professionnels eux-mêmes, et représente un coût approximatif de 1 000 à 1 500 euros pour dix séances, le double pour vingt. Tout le monde ne peut donc pas se payer ce «luxe», même s'il représente un investissement à moyen et long terme! Cela renvoie donc à la notion de luxe, et plus spécifiquement à la valeur que le client se reconnaît. Le coût est garant de la motivation généralement, mais dans la mesure où il s'agit d'un acte marchand, le risque réside dans le fait que le coaché attende tout du coach: «Je paye donc vous faites (le travail) à ma place!» Autre risque: le client peut être amené à considérer le coaching comme un «service de consommation» courant: «Je prends un coach pour faire bien.» Dans notre pratique, nous rencontrons peu de clients de ce type. Le premier entretien a souvent pour effet de les faire «fuir», car ils ne souhaitent pas s'exposer en parlant réellement d'eux. Dans un coaching personnel, les personnes investissent sur elles-mêmes: elles souhaitent se développer, se positionner au centre de leur démarche: elles définissent leurs objectifs, leurs échéances et les actions à mener pour atteindre les objectifs fixés.

«Le coaching parce que je le vaux bien» est une formule qui correspond à cet investissement que les clients font pour prendre soin d'eux-mêmes et de leur avenir. Néanmoins le prix à payer n'est pas seulement financier: c'est du temps et de l'implication personnelle en termes d'énergie.

L'équilibre des « domaines de vie » en coaching personnel

Ce thème est majeur dans notre accompagnement. En effet, comment concevoir un individu segmenté ?

Une personne existe à la fois dans des rôles professionnels, familiaux, personnels, sociaux, amicaux… L'identité de la personne se manifeste dans ses différents rôles, lesquels sont exercés à des moments particuliers et sont en lien avec l'environnement. «Je suis avec ma fille : je suis maman.» «Je suis au travail, je suis une professionnelle.» Les divers univers, professionnels, amicaux, sociaux et parfois familiaux se croisent et se « nourrissent » les uns des autres.

Nous distinguons quatre domaines de vie différents dans lesquels des projets distincts peuvent être construits :

– familial et sentimental ;
– social et amical ;
– personnel ;
– professionnel[1].

Généralement, nos clients veulent obtenir un futur satisfaisant dans l'ensemble de ces domaines de vie, même si la demande n'est pas souvent formulée dans ce sens à la première séance. Or, en entreprise, très peu de clients coachés s'octroient réellement du temps pour les explorer en dehors de l'axe professionnel. Ces thèmes ne sont pas totalement occultés par les coaches, mais il est fréquent que les clients se limitent d'eux-mêmes et changent de sujet si le thème personnel est trop longtemps abordé. Il leur paraît adéquat de parler de l'impact d'une mutation professionnelle sur la vie de famille dans un coaching d'entreprise. Mais quel est le rapport entre « faire de nouveau du sport » ou « sortir visiter les expositions », et la demande de l'entreprise qui pourrait être « d'améliorer les performances relationnelles » dudit collaborateur ? Dans le contexte de l'entreprise, cer-

1. Se reporter au chapitre 2, section « L'exploration des domaines de vie ».

tains clients comprendront ce lien, d'autres non. L'attitude du coach peut aussi être dissuasive pour le client coaché à qui il fait comprendre que les seuls sujets à aborder sont ceux de la sphère professionnelle.

En coaching personnel, la question ne se pose pas. Le client peut aborder l'ensemble de ses domaines de vie puisqu'il vient pour lui-même ! L'expérience nous démontre d'ailleurs que la demande d'origine est très souvent d'ordre professionnel et qu'après un temps consacré à ce thème, le client se met tout naturellement à aborder les autres centres d'intérêt de sa vie :

– le domaine personnel : manque de temps dans celui-ci, « effectivement, je n'ai plus de temps pour moi » ;
– le domaine familial, qu'il a négligé, « mais qui peut m'en vouloir, c'était pour la bonne cause » ;
– le domaine social et amical, qui est, bien sûr, source de plaisirs, « mais a-t-on le droit de prendre du plaisir quand le travail n'est pas terminé ? ».

L'intérêt du coaching personnel réside justement dans l'exploration de l'ensemble des domaines de vie : une personne venant nous consulter pour le domaine professionnel se verra questionner sur l'impact de sa vie professionnelle sur les autres domaines.

Un client, un homme de 45 ans, s'interrogeait sur son avenir professionnel et sur le risque de licenciement qu'il courrait du fait de la politique de « jeunisme » de son entreprise. Afin d'éviter cette situation, il continuait à travailler énormément, tout en cherchant un autre poste, et avait décidé de s'offrir un coaching comme un soutien dans ce moment qu'il considérait difficile. Questionné sur les conséquences de ses heures de travail sur ses autres domaines de vie, il a pris conscience qu'il n'avait plus de temps à consacrer à ce qui lui tenait à cœur : sa famille, mais aussi son propre développement : il aimait apprendre et réfléchir à des théories complexes. Or, il avait abandonné ces activités depuis des années. Cette prise de conscience l'a aidé à lever en partie la pression qu'il s'imposait, à prendre du recul et à décider de nouvelles priorités pour lui. Peut-être était-il plus détendu au travail : toujours est-il qu'il est encore en poste !

Le domaine personnel est celui qui nous semble le plus flexible et susceptible d'évoluer rapidement. Nous l'avons dit précédemment, les demandes initiales sont régulièrement axées sur le professionnel. Or les personnes accompagnées ont assez souvent des «contraintes familiales» qui les empêchent de totalement changer de situation professionnelle. Il est risqué de changer de poste, de créer une entreprise : le risque étant de voir diminuer ses ressources par exemple. Leur demande de changement peut plus facilement trouver satisfaction dans le domaine personnel. Quand elles arrivent à changer quelque chose pour elles, c'est le début d'un changement de leur situation dans leur esprit. Venir en coaching est déjà un premier pas vers un avenir meilleur. Reprendre une activité qui leur tient à cœur : musique, sport, chant ou sorties de type conférences, musées... est une réelle modification : «Je prends enfin soin de moi, de mes désirs, de mes aspirations !»

Changez un élément du système et l'ensemble du système change ! Ce processus a un effet vertueux. La personne qui prend soin d'elle envisage alors la possibilité de changement à d'autres niveaux. «Si je peux engager une modification dans le domaine personnel, alors pourquoi pas dans le domaine familial ou social ?» Les premiers changements constatés encouragent les suivants.

Les personnes arrivent avec des demandes concernant le domaine professionnel, domaine qu'elles maîtrisent généralement. Elles ont beaucoup réfléchi à leur situation, en ont discuté avec leur entourage et ont essayé de l'améliorer. Les résultats n'étant pas satisfaisants, elles décident d'engager un coaching. Aller dans leur sens, c'est-à-dire les aider à trouver de nouvelles solutions à leur problème, risque d'engendrer «plus de la même chose et donner plus du même résultat» ! Ce qui peut signifier amplifier le problème dans certains cas. Les aider à réfléchir à leurs autres domaines de vie leur permet de découvrir d'autres souhaits, d'autres envies, de prendre du recul dans le domaine professionnel. Elles décident alors d'investir ailleurs pour satisfaire leurs valeurs, leurs désirs, leurs aspirations profondes.

Évoquer tranquillement ses contradictions

Chacun d'entre nous est complexe et capable de contradictions, voire de paradoxes.

Les demandes de nos clients sont remplies de contradictions : «Je veux la sécurité et la liberté», «Je veux l'amour et l'autonomie», «Je veux le plaisir sans les contraintes...».

La force du coaching personnel est d'aider la personne à trouver un nouvel équilibre. La difficulté pour le coach est de l'aider à trier ! Cela ne signifie pas choisir à sa place ! L'accompagnement se fait donc sur le « processus » : qu'est-ce qui est important pour le client ? Qu'est-ce qui ne l'est pas ?

Le coach va devoir accompagner le client à trier parmi ses demandes, ses problèmes à résoudre, ceux qui ne seront jamais résolus (d'après le client), ses objectifs de vie, ses objectifs opérationnels, ses convictions qui ne sont pas modifiables et celles qui ne demandent qu'à s'assouplir… Autant de difficultés pour le coach qui aura besoin d'un minimum de formation et de bases théoriques pour pouvoir classer les informations apportées par le client et l'aider à effectuer une synthèse de ses différentes priorités dans ses divers projets.

Ce travail apporte un éclairage différent au client : il peut ainsi distinguer les domaines dans lesquels il engagera des changements ou pas.

Un client peut penser que globalement il peut vivre mieux, mais que le domaine professionnel n'est pas modifiable, contrairement au domaine social et amical par exemple.

Pour conclure, nous constatons que le client choisit un accompagnement en coaching personnel pour l'ensemble des points évoqués ci-dessus, que nous pouvons résumer en trois axes :

- pouvoir être lui-même dans l'ensemble de ses domaines de vie ;
- avoir l'opportunité de travailler ses contradictions et ses enjeux personnels ;
- et cela, en ayant la certitude que tout restera confidentiel.

Être responsable de sa vie

Nous vivons dans une société de communication à outrance : informations en continu 24 heures sur 24, circulation mondiale de l'information en temps réel, publications sur un nombre inouï de thèmes, développement de l'Internet et des communications sans frontières. Et pourtant nous n'avons jamais été aussi seul(e)s pour effectuer des choix de vie devant la multiplicité des possibilités offertes. À qui en parler ? la famille, le conjoint, les collègues, les amis ? Cette variété ne facilite pas le choix, bien au contraire… Plus nous avons d'avis (souvent divergents), plus il nous est difficile de prendre une décision ! De plus, toutes les personnes qui nous entourent « veulent généralement notre bien », mais comment distinguer quel « bien » nous convient ? Les clients viennent alors nous « consulter ». Consulter est le bon terme, en effet !

Ce qui est assez étonnant en coaching personnel, c'est qu'il s'agit pour le coaché de réfléchir à ce qu'il veut faire de sa vie – ce dont il n'a pas toujours conscience au départ – et qu'une proportion non négligeable d'entre les coachés viennent en sollicitant notre propre avis ! Il va être indispensable de « résister » à ces demandes en refusant de donner des conseils ou des avis, même pertinents. Cela aura pour effet d'aider la personne à prendre conscience de sa demande et à prendre du recul par rapport à ses peurs, et notamment par rapport à la peur de prendre de mauvaises décisions.

Il n'existe pas de bonnes ou de mauvaises décisions en soi : *a posteriori* nous les qualifions de « bonnes » ou de « mauvaises ». En effet, avec le temps, nous constatons leurs conséquences, et ainsi, nous nous réjouissons, ou pas, de les avoir prises. Le temps est un élément primordial pour en évaluer l'impact.

Décider d'un nouveau choix de vie, c'est engager les années à venir et un certain nombre « d'investissements » à faire (en termes d'énergie, de temps et de finances), de choses à lâcher, d'éléments à réorganiser... alors ne pas décider à la légère semble approprié !

Pour le coach, ne pas conseiller fait partie de sa déontologie : il s'engage à laisser le coaché libre de ses choix.

La solitude est un fait : même accompagnée, la personne coachée est en réalité seule à prendre les décisions qui engagent son avenir.

Parfois des clients viennent nous voir en pensant ne pas avoir choisi, alors qu'en réalité ils souhaitent trouver l'espace de réflexion et de « permission » qui les amènera à s'autoriser à mettre en œuvre leur décision.

Une femme de 35 ans, ayant une activité professionnelle, souhaitait s'arrêter pour garder ses enfants. Le coaching lui a permis d'envisager ses priorités, de faire le lien entre ce projet et un objectif de réorientation professionnelle à moyen terme, de mesurer les conséquences de ce choix. Au fil du temps, elle s'est positionnée clairement par rapport à sa décision – prise initialement – qu'elle avait du mal à assumer.

Le coaching permet donc de ne pas se sentir seul(e) au cours de la réflexion préalable ou de la mise en œuvre d'une décision. En évoquant les conséquences des différentes solutions possibles, le client arrive à se représenter un résultat, plus aisément qu'en réfléchissant seul.

Une des portes d'entrées en coaching : le professionnel

Nous constatons auprès de nos clients que les choix de vie semblent conditionnés par des choix professionnels. En « temps plein », nous passons généralement cinq jours par semaine, sept heures par jour à travailler, soit 30 % d'une journée. 30 % étant consacré en moyenne au sommeil, il nous reste donc 40 % du temps pour l'intendance de nos vies (se nourrir, les soins d'hygiène, les courses, se déplacer) et, dans ces 40 %, peu de temps pour soi et sa famille !

Il paraît alors naturel que, lorsque nous voulons changer, nous commencions par l'activité qui nous paraît plus propice au changement : il est difficile de diminuer le temps des courses, du ménage, des déplacements… Nos clients commencent donc par évoquer leur vie professionnelle et ses insatisfactions avant d'aborder les conséquences de ces difficultés sur leur vie familiale : elle – la cliente – « ne voit pas suffisamment ses enfants et se sent coupable », il – le coaché – « ne connaît plus sa famille qui vit maintenant sans lui et lorsqu'il propose une sortie, il a l'impression d'être en décalage »…

Du projet professionnel au projet de vie

Le projet professionnel amène chacun à évoquer ses valeurs (ce qui est important), ses besoins et à prendre conscience que ceux-ci peuvent également être satisfaits dans d'autres domaines de la vie : vie familiale ou sociale, temps personnel ou collectif.

Le projet professionnel amène donc la personne coachée à définir un projet de vie plus global : projet dans le domaine personnel, projet dans le domaine familial, du couple, projet social et amical.

Un jeune cadre dynamique exerçant en marketing-vente veut changer de poste et vient nous voir. Il considère qu'il est peu payé par rapport à ses compétences et au temps passé au travail. Il décide de commencer un coaching pour être aidé à mener sa recherche d'emploi, car il se demande s'il va continuer dans son métier, changer d'activité ou créer une société de conseil.

L'exploration de sa demande l'a rapidement amené à prendre conscience que le point de blocage résidait dans la rémunération essentiellement : il aimait son métier, n'en avait pas encore « fait le tour » et l'exerçait avec conviction. Pourquoi donc gagner plus ? Parce qu'il voulait acheter un logement avec sa conjointe, souhaitait avoir des enfants... En prenant conscience de ces liens, il a préparé un entretien de négociation de salaire pour demander à sa hiérarchie de l'augmenter rapidement tout en continuant ses recherches d'emploi par ailleurs. La négociation de salaire a abouti favorablement et il est finalement resté dans l'entreprise.

Idyllique ? Sans doute, ces situations existent : pour nos clients, il s'agit déjà d'affirmer ce qu'ils souhaitent pour avoir une chance de l'obtenir. Dans le cas cité, les liens effectués entre les différents domaines de vie ont largement participé à augmenter la motivation du coaché pour obtenir ce qu'il méritait.

Voici un autre exemple qui illustre tout aussi bien l'interconnexion entre les différents projets de la personne :

Un homme de 40 ans décide de changer de poste. Son entreprise professe des valeurs auxquelles il ne croit pas (son entreprise met la valeur rentabilité financière au-dessus de toutes les autres), son métier est intéressant mais il n'apprend plus rien... Il se pose des questions sur la nature de son activité et son entreprise. Le coaching l'amène à définir :

– ce qu'il ne veut plus : répondre à toutes les demandes d'aide, se laisser déborder par des impératifs et un mode de fonctionnement interne fondé sur le court terme ;

– ce qu'il veut au niveau professionnel : organiser son temps différemment, réorganiser ses priorités afin de respecter ses propres valeurs et plus spécifiquement celle de la qualité du travail.

En parallèle, il rencontre des confrères, des fournisseurs, des patrons de PME, se renseigne et discute du fonctionnement des autres entreprises du même secteur, des impératifs de la profession... et arrive à la conclusion que la situation est la même ailleurs ! Il tente alors de réformer son entreprise de l'intérieur et part en croisade contre la culture du résultat ! Sans succès. Pendant cette période, il prend du recul et s'accorde plus de temps pour s'interroger sur ce qui lui tient à cœur, sur les moyens de se satisfaire autrement et prend des décisions dans sa vie familiale : s'engager dans sa relation de couple en étant plus présent et en effectuant des activités à deux, en rentrant plus tôt le soir, en ne travaillant plus le week-end, en prenant du temps pour faire de nouveau du sport... Autant de décisions qui lui permettent de décider de rester à son poste. Après tout il est bien payé, ce qui l'autorise à envisager l'avenir avec sérénité.

Et si le coaching personnel englobait/rejoignait le coaching en entreprise ?

- De notre point de vue, le coaching personnel est un coaching global traitant aussi bien du domaine professionnel que personnel. L'absence de tiers crée des conditions d'intervention différentes : le cadre est plus souple, plus adaptable à la personne, permet réellement son développement. Les changements effectués par le client sont facilités par la moindre contrainte et pérennes dans le temps, dans la mesure où la personne les a décidés elle-même.
- Du point de vue du coaché, le coaching personnel englobe la démarche du coaching professionnel tout en l'aidant à aller plus loin puisque l'intégrant dans un projet de vie global.

Points clés du chapitre
Attente des clients qui choisissent un coach personnel plutôt qu'un coach en entreprise

– La confidentialité totale.
– Un lieu qui leur est totalement réservé, sans « interférences extérieures ».
– Pouvoir évoquer leurs contradictions, leurs questionnements sans être jugé.
– Sortir de la solitude que génère la prise de décision.

Conclusion

Pont vers le futur

Au fil des différents chapitres de ce livre, nous avons tenté, au regard de notre expérience et des enseignements reçus, de définir notre conception du métier de coach personnel, d'en exposer la pratique, le cadre et les limites dans le nécessaire respect d'une stricte déontologie professionnelle. Nous ne prétendons surtout pas détenir l'exclusivité des clés (si tant est qu'elles existent) de ce métier que nous exerçons avec humilité et passion, conscients que nous sommes de devoir toujours apprendre davantage pour enrichir notre pratique, tant sur le plan technique que relationnel. En permanence, nous nous tenons réceptifs à de nouveaux apports et points de vue, nous nous formons à différents modèles, nous nous exerçons à des approches diverses. Curieux et prudents, nous pensons qu'il est de notre rôle à la fois professionnel et personnel de progresser par l'échange.

Pour nous, il ne fait aucun doute que le coaching personnel existe, en tant que relation d'aide, dès lors qu'un individu, en son nom propre, s'engage dans une démarche d'accompagnement en vue de la réalisation de son projet. Nous observons d'ailleurs qu'en entreprise aussi, nombre de dirigeants s'impliquent dans une telle démarche, parce que le plus souvent leur fonction – disons, la charge du pouvoir liée à leur fonction – les isole terriblement. Il n'est plus question ici, pas plus que pour bien d'autres personnes à différents niveaux dans l'entreprise, de coaching professionnel, au sens restrictif du terme, c'est-à-dire d'un accompagnement qui exclurait toute autre problématique que professionnelle. Il est clair pour nous que le coaching personnel, en tant qu'accompagnement d'un individu dans tous ses domaines de vie, englobe tous les types de coaching, quelle que soit leur porte d'entrée.

Nous croyons que le coaching a un bel avenir devant lui, non seulement en entreprise, mais aussi dans le cadre de projets de vie, dans bon nombre de domaines différents et pour des publics divers. La question de la légitimité du métier de coach ne se pose plus aujourd'hui. Grâce aux efforts conjoints des associations, fédérations, écoles, universités et coachs, le métier existe, se diffuse, fait peu à peu partie du quotidien. Il va continuer à évoluer, se transformer pour s'ajuster aux différents changements de ce monde.

Notre intention, à travers cet écrit, était de donner à voir et à comprendre le coaching sous un angle différent de celui communément admis aujourd'hui. Notre espoir est que cet ouvrage, qui reste le premier du genre en France, permette à nos confrères, aux apprentis coaches, mais aussi au grand public de se faire une idée plus claire de la pratique du coaching personnel. Puisse ce livre nourrir également de prochaines et fructueuses rencontres sur les évolutions de ce métier de coach personnel.

Bibliographie

Amar Patrick et Angel Pierre, *Le coaching*, Paris, PUF, coll. « Que sais-je ? », nouvelle édition 2015.

Angel Pierre et Moral Michel, *Coaching, outils et pratiques*, Malakoff, Armand Colin, 3e édition 2014.

Arrivé Jean-Yves, *Le coaching en 60 questions*, Paris, Éditions Retz, 2006.

Buratti Laurent et Lenhardt Vincent, *Découvrir le coaching*, Malakoff, InterEditions, 2e édition 2013.

Chupin Jean-Pierre, *Du contrat à l'alliance*, mémoire du DESU de coaching personnel, université Paris-VIII, 2007.

Colnot Francis, « Le coaching personnel », in Angel Pierre (dir.), Amar Patrick, Devienne Émilie et Tencé Jacques, *Dictionnaire des coachings, Concepts, pratiques, outils, perspectives,* Malakoff, Dunod, 2007.

Delivré François, « Légitimité du coach, légitimité du coaching », in SF Coach, *Le coaching, phénomène de société. De l'ère des pionniers à l'ère des professionnels*, Textes ateliers, Paris, Le Manuscrit-Université, 2005.

Delivré François, *Le métier de coach*, Paris, Éditions d'Organisation, 2002.

Devienne Émilie (sous la direction de), *Les fiches outils du coaching*, Paris, Eyrolles, 2015.

Fourrès Éléna, *Petit traité des abus ordinaires*, Paris, Éditions d'Organisation, 2004.

Gori Roland et Le Coz Pierre, *L'empire des coachs*, Paris, Albin Michel, 2006.

Grosjean Daniel et Sauzède Jean-Paul, *Trouver la force d'oser*, Malakoff, InterEditions, réédition 2013.

Heider John, *The Tao of leadership Interpretation*, Atlanta, Humanics, 1985.

Higy-Lang Chantal et Gellman Charles, *Le coaching*, Éditions d'Organisation, 2002.

Jacquemart Jean-Lucien, « L'accompagnement aujourd'hui... », *Réél*, Lyon, avril 2007.

Jung Carl Gustav, *Collected Works*, vol. 13 : *Alchemical studies*, New York, Pantheon, 1953.

Kourilsky Françoise, *Du désir au plaisir de changer*, Malakoff, Dunod, 5e édition 2014.

Kübler-Ross Élisabeth, *Les derniers instants de la vie*, Paris, Éditions Labor et Fides, 1996.

Lenhardt Vincent, *FAQ coaching. Tout ce que vous voulez savoir sur le coaching. Réponses d'un spécialiste*, Malakoff, Dunod, 2006.

Mailliart Emmanuelle, *Bien dans son travail, mieux communiquer, trouver sa place, gagner en impact*, Paris, Vuibert, 2018.

Malarewicz Jacques-Antoine, *Réussir un coaching grâce à l'approche systémique*, Paris, Village Mondial, 3e édition 2011.

Mortier Éric, *Réussir sa carrière et sa vie*, Malakoff, InterEditions, 2006.

Paul Maleva, *L'accompagnement : une posture spécifique*, Paris, L'Harmattan, 2004.

Paul-Cavallier François J., *Visualisation, des images pour agir*, Malakoff, InterEditions, 2003.

Pichat Michaël, *Manuel de coaching cognitif et comportemental*, Malakoff, InterEditions, 2016.

Rogers Carl R., *Le développement de la personne*, Malakoff, Dunod, 2005.

Saint-Paul Josiane (de), *L'esprit de la magie*, 2e éd., Malakoff, Inter-Editions, 2e édition 2013.

Scherrer Dina, *Accompagner avec l'Arbre de vie*, Malakoff, InterEditions, 2018.

Schutz Will, *L'élément humain. Comprendre le lien entre estime de soi, confiance et performance*, Malakoff, InterEditions, 2006.

Stewart Ian et Joines Vann, *Manuel d'analyse transactionnelle*, Malakoff, InterEditions, 2014.

Turner Jane et Hévin Bernard, *Manuel de coaching. Champ d'action et pratique*, 2e éd., Malakoff, InterEditions, 2007.

Turner Jane et Hévin Bernard, *Pratique du coaching*, Malakoff, InterEditions, 2006.

Watzlawick Paul, *La réalité de la réalité*, Paris, Le Seuil, 1984.

Watzlawick Paul, *Le langage du changement*, Paris, Le Seuil, 1980.

Watzlawick Paul, *Une logique de la communication*, Paris, Le Seuil, 1972.

Wittezaele Jean-Jacques, *L'homme relationnel*, Paris, Le Seuil, 2003.

Annexe 1

ASSOCIATIONS ET FORMATIONS

ASSOCIATIONS DE COACHES

EMCC : Association européenne de coaching (www.emccfrance.org)
ICFF : International Coach Federation France (www.coachfederation.org)
SFCoach : Société française de coaching (www.sfcoach.org)
FFCPRO : Fédération francophone de coachs professionnels (www.ffcpro.org)

FORMATIONS DIPLÔMANTES SPÉCIFIQUES AU COACHING À L'UNIVERSITÉ

- Coaching en entreprise :
– Université Cergy-Pontoise, Executive coaching (www.u-cergy.fr)
– Université Dauphine Praticien du coaching d'équipe www.diplome-coaching-equipe.dauphine.fr/
– Université Toulouse : (www.formations.univ-toulouse.fr)
– Université Catholique de l'Ouest (www.uco.fr)
- Coaching sportif :
– Université de Bourgogne (www.u-bourgogne.fr)

- Coaching professionnel et personnel :
- Université de Paris-II (www.cfp.u-paris2.fr)
- Université de Paris-VIII : pratiques du coaching (www.fp.univ-paris8.fr)
- Université de Paris-Nanterre : coach des transitions professionnelles (www.parisnanterre.fr/offre-de-formation)

FORMATIONS DANS LES GRANDES ÉCOLES

- HEC (www.hec.fr)
- INSEAD : Consulting for change (www.insead.edu)

Annexe 2

COMMENT DÉMARRER UN COACHING ?

Le premier entretien

1re phase

L'objectif du coach est de comprendre ce qui a poussé la personne à venir le voir. Il utilise pour cela les techniques d'écoute actives : silence, reformulation.

Le coach demande au coaché : « Qu'est-ce qui vous amène ? »

Le coach laisse du temps au client potentiel pour répondre.

2e phase

L'objectif du coach est de repérer ce que le client sait sur le coaching et si ce qu'il attend correspond à ce qu'il peut lui proposer.

Le coach demande à la personne :

« Qu'est-ce qui vous fait penser que le coaching pourrait vous être utile ? »

ou
« En quoi le coaching peut-il vous aider ? »
Réponse du coaché.

3e phase

L'objectif du coach est de permettre à la personne de réfléchir au-delà de sa première demande.

Le coach ajoute : « Et encore ? »

Et il attend la réponse du client.

4e phase

L'objectif du coach est d'amener la personne à s'impliquer vraiment et à descendre plus profondément dans les motifs de sa demande ou à s'autoriser à dire ce qu'elle n'a pas osé faire de prime abord (La première demande est souvent « politiquement correcte »)

Le coach de nouveau : « Quoi d'autre ? »

Et il laisse à nouveau du temps à la personne pour réfléchir plus profondément et répondre.

Le coach reformule ensuite ce qu'il a compris de la demande de la personne et ce qu'elle attend du coaching.

Annexe 3

PASSER UN CONTRAT DE COACHING

Rôle du premier entretien

Le premier entretien permet *au coach* :

- d'explorer la situation exposée :
- de décider ou non d'accepter d'accompagner la personne ;
- d'établir le contrat ;
- de poser les règles de fonctionnement.
- Le premier entretien permet *au coaché* :
- de découvrir le coaching en le vivant réellement ;
- de choisir son coach ;
- de définir le contrat avec le coach ;
- d'accepter les règles de fonctionnement.

Questions que le coach doit se poser

Après avoir écouté la demande, *et avant* de décider d'accompagner ou non la personne :

- Quelle est la demande ? Que la personne attend-elle ?
- Est-ce que le coaching est la meilleure réponse à cette demande ?

- Suis-je la bonne personne pour accompagner ce client ? C'est-à-dire :
  - Ai-je les compétences pour y répondre ?
  - Ai-je envie de travailler avec cette personne ?

Passer le contrat

Reformuler la demande de la personne et le ou les objectifs qu'elle veut atteindre et sur lesquels portera le contrat.

Les faire valider par le client.

Expliquer ensuite les modalités pratiques du coaching :

- le nombre de séances ;
- la durée de chaque séance ;
- le coût de chaque séance ou horaire ;
- la périodicité des rencontres ;
- la durée globale de l'accompagnement (pour évaluer la durée du coaching, cherchez le type de repères dont la personne a besoin : s'il s'agit d'une simple adaptation à une situation, la durée peut être courte ; s'il s'agit de repères existentiels, axés sur des changements de valeur, la durée sera plus importante, vingt séances sur un an par exemple) ;
- le lieu de rencontre ;
- la déontologie (confidentialité, respect des jours et des horaires de rendez-vous) ;
- les règles de report ou d'annulation des séances et de paiement.

Annexe 4

ÉVALUATION QUALITATIVE DE L'ENTRETIEN PAR LE COACHÉ

Nom/Prénom du coaché :..........................

Évaluez l'entretien qui vient d'avoir lieu pour chacun des critères proposés.
Entourez le chiffre qui correspond à votre appréciation
(0 = pas d'accord du tout, 5 = tout à fait d'accord[1]).

Je me suis senti compris(e).

1————2————3————4————5

Mes points de vue ont été acceptés.

1————2————3————4————5

J'ai été écouté(e).

1————2————3————4————5

J'ai pu exprimer ce que je souhaitais.

1————2————3————4————5

Le langage de mon interlocuteur était compréhensible.

1————2————3————4————5

Nous avons travaillé sur mes objectifs (ou des objectifs importants pour moi).

1————2————3————4————5

Cet entretien a été intéressant pour moi.

1————2————3————4————5

---

1. Tous nos remerciements au Dr François Balta pour cette grille de mesure de la qualité de la relation que nous utilisons avec son accord dans nos accompagnements en coaching.© 1999/2004 Dr F. Balta francois.balta@wanadoo.fr

Je suis en accord avec ce que nous avons fait et décidé de faire.

1————2————3————4————5

Cet entretien m'a apporté une aide.

1————2————3————4————5

Je pense pouvoir atteindre mes objectifs.

1————2————3————4————5

Annexe 5

CODES DES PRINCIPALES ASSOCIATIONS DE COACHS EN FRANCE

CHARTE DÉONTOLOGIQUE DE L'EMCC : CONSEIL EUROPÉEN DU MENTORAT ET DU COACHING

Adresse EMCC :
21, rue Lamartine, 75009 Paris
www.emccfrance.org

Introduction et Objet

Toutes les organisations (« *les organisations* ») signataires du présent code de déontologie (« *le code* »), dont la liste figure au chapitre 5, adoptent la déclaration suivante :

> *En tant qu'organisations professionnelles,* ***nous nous engageons à promouvoir et appliquer l'excellence des pratiques du coaching et du mentorat****, mais aussi de la supervision, un domaine dont la professionnalisation va croissant.*

Tout au long de leur adhésion, nos membres acceptent de se conformer aux dispositions et principes du présent code de déontologie dans le cadre de leurs fonctions de coachs, mentors, superviseurs, formateurs et/ou apprenants.

Le présent code est avant tout un guide, et non un document juridiquement contraignant qui détaillerait ce qu'un membre est autorisé ou non à faire. Il spécifie les exigences de bonnes pratiques du coaching, du mentorat et de la supervision, afin de renforcer l'excellence de la profession.
Il a pour objet :
- de définir des directives adaptées et des standards d'exercice professionnel responsable, **applicables par tous nos membres** ;
- de spécifier les comportements et agissements attendus de nos membres dans le cadre de leur relation avec des clients ;
- sur la base de nos référentiels de compétence respectifs, de **guider le développement et la progression professionnelle de nos membres ;** d'orienter l'action des personnes qui ne se présentent pas comme coach ou mentor professionnel, mais qui mettent toutefois en œuvre des compétences relevant du coaching ou du mentorat dans leurs activités ;
- de constituer le texte de référence pour traiter tout recours ou entreprendre toute action disciplinaire, dans les conditions prévues par les procédures respectives de nos organisations.

Chaque signataire du code est en droit de décider que son organisation a besoin d'autres principes déontologiques et/ou d'un code de bonnes pratiques pour compléter le présent code, en raison de spécificités de contexte, d'activités, de critères d'adhésion, de structure de l'organisation, etc. Dans ce cas, l'organisation signataire définit un cadre de déontologie particulier applicable à ses seuls membres.

De tels compléments ne doivent pas aller à l'encontre des principes fondamentaux du code, ni imposer aux cosignataires d'y adhérer. Ces compléments peuvent être communiqués aux cosignataires à l'occasion des échanges réguliers entre organisations professionnelles.

Le code de déontologie

Le code de déontologie définit les attentes générales de nos organisations en matière de **conduite et de comportement professionnel.** Il comprend cinq chapitres :
- Terminologie.
- Relations avec les clients.
- Conduite professionnelle.
- Excellence de la pratique.
- Organisations signataires du code de déontologie global.

Terminologie

A. Par souci de concision, les termes suivants sont utilisés dans ce code.

B. Les signataires du code reconnaissent que les termes «profession» et «professionnel» sont employés pour désigner des activités non réglementées, mais dont le degré de professionnalisation et d'autorégulation va croissant.

C. Les signataires du code reconnaissent que les titres de «*coach*», «*mentor*» et «superviseur» ne sont pas protégés et qu'ils peuvent être utilisés par quiconque pour désigner sa pratique, que ces personnes soient ou non membres d'une organisation professionnelle.

D. Chaque signataire définit précisément qui, parmi ses membres et autres interlocuteurs (*ci-après collectivement dénommés «membres»*), **doit se conformer au présent code.**

E. Les membres doivent connaître la terminologie et les définitions utilisées par leur propre organisation professionnelle **pour la bonne compréhension de ce code de déontologie et de la signification des termes clés qui y figurent,** par exemple coach, coaching, client, membre, mentor, mentorat, commanditaire, superviseur, supervision et formation.

2. Relations avec le client

Contexte

Lors de l'exercice d'activités professionnelles avec des clients, à quelque titre que ce soit, les membres adoptent une conduite conforme au présent code et **s'engagent à fournir la qualité de service qui peut raisonnablement être attendue d'un membre actif.**

Contractualisation

Avant le début de la relation de travail, les membres doivent mettre le code à disposition de leurs clients et **expliciter clairement leur engagement à le respecter**. Les membres présentent également à leurs clients et commanditaires les procédures de recours de leurs organisations respectives.

Avant le début de la relation de travail, les membres doivent expliquer précisément et **vérifier la bonne compréhension par le client et le commanditaire** de la nature et des termes du contrat de coaching, de mentorat ou de supervision, y compris des dispositions financières, logistiques et de confidentialité qu'il contient organisations respectives.
Les membres se fondent sur leurs connaissances et leurs expériences professionnelles pour comprendre les attentes de leurs clients et commanditaires, afin de définir avec eux un programme de travail permettant d'y répondre. Les membres doivent également **s'attacher à tenir compte des attentes et besoins d'autres interlocuteurs concernés.**
Les membres doivent expliquer ouvertement les méthodes qu'ils emploient et, si le client et le commanditaire le demandent, fournir des informations complémentaires sur les processus en cause.
Les membres s'assurent que la durée du contrat permet d'atteindre les objectifs du client et du commanditaire, et **ils veillent en permanence à favoriser l'indépendance et l'autonomie du client.**
Les membres s'assurent que les locaux où se déroulent les activités de coaching, mentorat, supervision ou formation offrent des conditions optimales pour l'apprentissage et la réflexion, conditions qui favorisent l'atteinte des objectifs fixés par contrat.
Les membres veillent à faire passer les intérêts de leur client en priorité, en s'assurant toutefois que lesdits intérêts ne vont pas à l'encontre de ceux du commanditaire.

Intégrité

Les membres communiquent à tout client, commanditaire et collègue **des informations précises et véridiques** sur leurs qualifications professionnelles, l'association professionnelle à laquelle ils appartiennent, leur expérience, leur formation, leurs certifications et accréditations.
Lors d'échanges avec des tiers, les membres **doivent exposer précisément et honnêtement la valeur ajoutée de leur travail de coach, mentor ou superviseur.**
Les membres s'assurent qu'aucune publication, support promotionnel ou autre ne contient ou **ne suggère des indications erronées ou trompeuses sur leurs compétences, qualifications ou accrédita-**

tions professionnelles. Les membres précisent qui sont les personnes à l'origine des activités, idées et outils qu'ils utilisent et n'en revendiquent en aucun cas la paternité.
Les membres s'engagent à respecter les lois applicables et à ne jamais encourager, faciliter ou cautionner de quelconques activités malhonnêtes, illégales, non professionnelles ou discriminatoires.

Confidentialité

Pendant la relation de travail, les membres garantissent **le plus strict degré de confidentialité** avec tous les clients et commanditaires, sauf si la loi les oblige à divulguer certaines informations.
Les membres définissent clairement avec leurs clients et commanditaires les conditions dans lesquelles la confidentialité pourra être levée (activités illicites ou danger pour eux-mêmes ou des tiers, etc.) et recherchent activement un accord sur ces limites de confidentialité, sauf si la loi les oblige à divulguer certaines informations.
Les membres sauvegardent, conservent et détruisent tous les documents utiles relatifs à leur travail avec leurs clients, notamment les fichiers et messages électroniques, de façon à garantir la confidentialité, la sûreté et le respect de la vie privée, **conformément aux lois et autres dispositions applicables dans leur pays en matière de protection des données et de confidentialité.**
Les membres doivent expliquer à leur client qu'ils travaillent avec un superviseur et **s'assurer que le client est d'accord** pour que son cas soit évoqué anonymement à l'occasion de cette supervision. Ils doivent par ailleurs préciser au client que la relation de supervision est elle-même soumise à des règles strictes de confidentialité.
Si le client est un enfant ou un adulte vulnérable, les membres prennent les dispositions utiles avec le commanditaire ou le tuteur pour assurer un degré de confidentialité approprié et conforme à l'intérêt du client, **tout en respectant les dispositions légales en vigueur.**

Interactions inappropriées

Il est de la responsabilité des membres de définir et de maintenir des limites claires, appropriées et culturellement admissibles en ce qui

concerne toute forme d'interactions physiques ou virtuelles avec les clients ou commanditaires.
Les membres évitent toute relation sentimentale ou sexuelle avec leurs clients ou commanditaires pendant le déroulement d'un contrat. En outre, les membres doivent être attentifs à la possibilité d'une quelconque intimité sexuelle avec les parties susvisées et **prendre les mesures appropriées** pour mettre fin à une telle situation ou pour résilier le contrat afin de garantir une relation saine.

Conflits d'intérêts

Les membres s'interdisent d'exploiter leurs clients et de tirer de quelconques avantages financiers ou autres de leurs relations.
Pour éviter tout conflit d'intérêts, les membres établissent une distinction claire **entre leurs relations professionnelles et toute autre forme de relations**.
Les membres sont conscients du risque de conflit d'intérêts de nature commerciale ou affective pouvant découler de la relation de travail et **s'engagent à régler ces situations de façon rapide et efficace** afin qu'elles ne portent aucun préjudice au client ou au commanditaire.
Les membres doivent évaluer l'impact d'une relation de travail donnée sur leurs relations avec d'autres clients et **évoquer le risque de conflit d'intérêts avec les personnes concernées.**
Les membres discutent franchement de tout conflit d'intérêts avec leur client et, s'il n'est pas possible de le régler efficacement, s'attachent à trouver un accord pour mettre fin à la relation.

Fin d'une relation professionnelle et responsabilités ultérieures

Les membres **respectent le droit d'un client de mettre fin à une relation** à tout moment du processus, dans les conditions prévues au contrat de coaching, de mentorat ou de supervision.
Les membres doivent inciter le client ou le commanditaire à mettre fin à la **relation** de coaching, mentorat ou supervision s'ils estiment que le client tirerait un meilleur parti du travail avec un autre membre actif ou avec un professionnel d'une autre spécialité.

Les membres sont conscients que leurs responsabilités perdurent au-delà de la fin de la relation professionnelle. Ceci implique :
Les membres **doivent prendre les dispositions utiles pour que les clients et leurs dossiers puissent être transférés**, au cas où ils se trouveraient dans l'incapacité d'exercer leur activité ou s'ils décidaient d'y mettre fin.

3. Conduite professionnelle

Préservation de la réputation de la profession

Les membres doivent adopter un comportement **reflétant positivement et renforçant** la réputation d'une prestation de service de plus en plus professionnalisée.
Les membres font preuve de respect vis-à-vis des différents membres actifs, ainsi que vis-à-vis des différentes approches du coaching, du mentorat et de la supervision.

Égalité et diversité

Les membres s'engagent à respecter les politiques et directives de leurs organisations respectives en matière de diversité.
Les membres **s'interdisent toute forme de discrimination**, pour quelque motif que ce soit, et s'attachent à renforcer leur propre sensibilité face à de potentiels motifs de discrimination.
Les membres sont conscients de la possible existence de **biais inconscients** et veillent à adopter une approche respectueuse et inclusive qui reconnaît et tient compte des spécificités de chacun.
Les membres doivent remettre en question, dans un esprit constructif, les comportements perçus comme discriminatoires de tout collègue, collaborateur, fournisseur de services, client ou participante leurs organisations respectives en matière de diversité.
Les membres sont attentifs à leur communication orale, écrite ou non-verbale pour éviter toute forme de discrimination involontaire.
Les membres participent à des activités de développement destinées à renforcer leur propre sensibilité aux questions **d'égalité et de diversité**.

Infraction au code de déontologie

Les membres sont conscients que toute infraction au code donnant lieu à une procédure disciplinaire **peut entraîner une sanction, voire la résiliation de leur accréditation et/ou la radiation de leur organisation.** Les organisations échangent des informations sur le type d'infraction en cause afin de préserver les intérêts des clients, de maintenir des standards de qualité élevés, ainsi que la réputation de la profession.
Un membre doit s'opposer à un confrère s'il a une bonne raison de penser que ce dernier agit de façon contraire à la déontologie de la profession. Si la discussion ne permet pas d'aboutir à une solution, il doit en référer à son organisation.

Obligations légales et réglementaires

Les membres **sont tenus de se conformer aux obligations réglementaires en vigueur** dans les pays où ils exercent, ainsi qu'aux politiques et procédures définies par les organisations et applicables à leurs activités.
Les membres doivent souscrire une assurance responsabilité civile professionnelle couvrant leurs activités de coaching, mentorat et supervision dans les différents pays où ils exercent.

4. Excellence de la pratique

Capacités professionnelles

Les membres possèdent les qualifications, compétences et expériences nécessaires pour répondre aux besoins des clients et s'engagent à ne pas excéder les limites de leurs compétences. Le cas échéant, **ils doivent orienter leur client** vers un membre actif plus expérimenté ou aux qualifications mieux adaptées.
L'état de santé des membres doit leur permettre d'exercer leurs activités **dans de bonnes conditions.** À défaut, ou s'ils doutent de leur capacité à exercer en raison de problèmes de santé, ils doivent **demander conseil ou assistance auprès d'autres professionnels.** Si nécessaire ou préférable, le membre actif doit suggérer au client de mettre fin à la relation de travail et l'orienter vers un autre membre actif.

Supervision permanente

Les membres établissent une relation avec un superviseur qualifié ou un groupe de pairs, **à une fréquence adaptée à leur pratique du coaching, du mentorat ou de la supervision, et conforme aux exigences de leur organisation professionnelle et à leur niveau d'accréditation**. À défaut, ils doivent démontrer qu'ils sont engagés dans un processus de réflexion sur la pratique, de préférence avec des pairs et/ou des collègues plus expérimentés.
Les membres veillent à ce qu'aucun autre type de relation avec leur superviseur ne risque de nuire à la qualité de la relation de supervision.
Les membres **doivent discuter de tout problème éthique réel ou potentiel** ainsi que de toute infraction au présent code avec leur superviseur ou groupe de pairs pour obtenir soutien et conseils.

Développement professionnel continu

Les membres élargissent leurs compétences de coach et/ou mentor **en suivant des formations et/ou actions de développement professionnel continu (DPC)** adaptées à leur situation.
Il est attendu des membres qu'ils apportent une contribution à la communauté professionnelle, **en fonction de leur degré d'expertise**. Cette contribution peut prendre diverses formes, par exemple une assistance informelle à d'autres membres actifs, une contribution au développement de la profession, la réalisation d'études, des publications, etc.
Les membres **évaluent systématiquement la qualité de leur pratique**, par exemple au travers du feedback de leurs clients, de leur superviseur et d'autres interlocuteurs pertinents.

CODE DE DÉONTOLOGIE DE L'ICF, INTERNATIONAL COACH FEDERATION

Adresse ICF :
213, boulevard Davout, 75020 Paris
www.coachfederation.fr

Première Partie : Présentation du Code de Déontologie

Qui sommes-nous

L'objectif principal d'ICF (International Coach Federation) est de conduire le développement global de la profession de coach. ICF est un organisme sans but lucratif, dont les membres sont des professionnels du coaching du monde entier qui pratiquent, enseignent et font de la recherche.

ICF a pris l'initiative d'élaborer une définition du coaching et de sa philosophie, ainsi que l'établissement de normes éthiques pour ses membres dans le monde entier. Grâce à son propre Code de Déontologie, son processus de Contrôle de Conduite Éthique et son « Independant Review Board » (Conseil de Contrôle Indépendant), ICF établit des normes professionnelles de coaching tout en donnant aux clients un lieu pour déposer des plaintes concernant l'éthique, concernant les membres d'ICF ou des coachs certifiés ICF.

ICF offre également une assistance en ligne qui peut être utilisée en envoyant un courriel à ethics@coachfederation.org ou en appelant le +1.859.219.3580 et en indiquant que vous avez une question concernant l'éthique et la déontologie.

La vision d'ICF

Le coaching fait partie intégrante d'une société prospère et tous les membres ICF sont les représentants d'un coaching professionnel de grande qualité.

Les valeurs fondamentales d'ICF

Les coachs ICF se sont engagés à la fiabilité, l'ouverture, l'acceptation et la congruence et considèrent toutes les parties de l'ensemble de la communauté ICF mutuellement responsables du respect des valeurs suivantes :

- **Intégrité**
  Nous soutenons les normes les plus élevées à la fois pour la profession de coach et pour notre organisation.
- **Excellence**
  Nous fixons et démontrons les normes d'excellence pour des professionnels du coaching
- **Collaboration**
  Nous valorisons le lien social et le renforcement de la communauté qui se produit à travers le partenariat de collaboration et de co-création.
- **Respect**
  Nous sommes inclusifs et apprécions la diversité et la richesse de nos membres dans le monde entier. Les personnes sont notre priorité tout en respectant les normes, les politiques et la qualité.
- **L'éthique**
  L'éthique consiste en des principes moraux que suivent les coachs pour être congruents avec les valeurs d'ICF énoncées ci-après.

Ce que nous attendons des membres ICF pour respecter le Code de déontologie et donner le meilleur d'eux-mêmes

Les Membres et les coachs d'ICF s'engagent à :

- Avoir un comportement éthique qui est le fondement de la profession de coach.
- Suivre un apprentissage continu dans le domaine du coaching, ce qui est une obligation.
- Être en recherche pour développer la conscience de soi, l'autocontrôle et l'auto-améliorassions.
- Être et agir comme un individu éthique dans toutes les interactions professionnelles.
- Être conscient de la responsabilité assumée en tant que membre et coach ICF.
- Être complètement engagé et être un exemple à la fois pour la profession de coach et pour la communauté.

- Respecter les normes les plus élevées d'une manière qui reflète positivement la profession de coach.
- Être pleinement présent dans chaque interaction dans laquelle nous nous engageons.
- Reconnaître et respecter les lois et règlements en vigueur au niveau national, régional, municipal et local.
- Fournir un espace sûr pour les formateurs, les fournisseurs de services, les coachs confirmés et les coachs en formation pour apprendre, exceller sur le plan éthique et s'efforcer de devenir des coachs professionnels au meilleur niveau.
- Opter pour la diversité et l'inclusion et valoriser la richesse des parties prenantes mondiales.

Deuxième Partie : Le Code de Déontologie

Préambule

ICF s'engage à maintenir et à promouvoir l'excellence en coaching. Par conséquent, ICF attend de tous ses membres et des coachs certifiés (coachs, coachs mentors, superviseurs, formateurs de coachs ou étudiants) qu'ils se conforment aux éléments et principes de conduite éthique : être compétent et intégrer efficacement les 11 Compétences de base dans leur travail.

En ligne avec les valeurs fondamentales d'ICF et la définition du coaching d'ICF, le Code de déontologie est conçu pour fournir des directives appropriées, la responsabilisation et les normes de conduite applicables à tous les Membres d'ICF et aux détenteurs des certifications ICF, qui s'engagent à le respecter et à le suivre.

Définitions

- **Coaching** : Le coaching est à la fois une relation de partenariat avec des clients et un processus créatif qui les inspirent et les incitent à maximiser leur potentiel personnel et professionnel.
- **Coach ICF** : Un coach ICF accepte de pratiquer les 11 compétences de base et s'engage à respecter le Code de Déontologie d'ICF.

- **La relation de coaching professionnel** : Une relation de coaching professionnel existe lorsque le coaching comprend un accord (incluant des contrats) qui définit les responsabilités de chaque partie

ICF France
57 rue d'Amsterdam 75008 Paris Cedex
+33 (0) 3 20 91 95 68
contact@coachfederation.fr www.coachfederation.fr

Les rôles dans la relation de coaching

Afin de clarifier les rôles dans la relation de coaching, il est souvent nécessaire de faire la distinction entre le client et le commanditaire. Dans la plupart des cas, le client et le commanditaire sont la même personne et sont donc conjointement dénommées le client.

Aux fins d'identification cependant, ICF définit ces rôles comme suit :

- **Client** : Le « client ou le coaché » est la personne bénéficiant du coaching.
- **Commanditaire** : Le « commanditaire ou le prescripteur » est l'entité (y compris ses représentants) qui paye ou qui organise le coaching qui doit être fourni. Dans tous les cas, des contrats d'engagement de coaching devraient établir clairement les droits, rôles et responsabilités à la fois du client et du commanditaire si ce sont des personnes différentes.
- **Étudiant** : L'« étudiant » est une personne inscrite à un programme de formation de coaching ou qui travaille avec un superviseur ou un mentor de coach pour apprendre le processus de coaching ou pour améliorer et développer ses compétences de coaching.
- **Conflit d'intérêts** : Une situation dans laquelle un coach a un intérêt privé ou personnel suffisant pour paraître influencer l'objectif de sa mission officielle en tant que coach professionnel.

Troisième Partie : Les normes de conduite éthique

Article 1 : Le code de conduite professionnel

En tant que coach, je m'engage à :

1. Me conduire en accord avec le Code de Déontologie d'ICF dans toutes les interactions, y compris les activités de formation, de mentorat et de supervision de coach.

2. Prendre les mesures appropriées avec le coach, le formateur de coach ou le mentor et/ou prendre contact avec ICF pour informer de toute violation de l'éthique ou tout manquement éventuel dès que je m'en rends compte, que je sois directement impliqué ou non.
3. Communiquer et sensibiliser les entreprises, les employés, les prescripteurs, les coachs et autres intervenants qui pourraient avoir besoin d'être informés des responsabilités établies par le présent Code.
4. Éviter toute discrimination illicite dans les activités professionnelles, comme l'âge, la race, le sexe, l'origine ethnique, l'orientation sexuelle, la religion, l'origine nationale ou l'invalidité.
5. Faire des déclarations verbales et écrites qui sont exactes et précises sur ce que je propose en tant que coach et sur ce qu'est le coaching professionnel pour ICF.
6. Identifier avec précision mes qualifications de coach, mon expertise, mon expérience, ma formation, mes diplômes ou certificats de coach et ma certification ICF.
7. Reconnaître et honorer les efforts et les contributions des autres et ne revendiquer que la propriété de mes ressources originales. Je comprends que la violation de cette norme peut faire l'objet d'un recours judiciaire par un tiers.

ICF France
57 rue d'Amsterdam
75008 Paris Cedex
+33 (0) 3 20 91 95 68
contact@coachfederation.fr www.coachfederation.fr

8. M'efforcer en permanence d'identifier mes propres questions personnelles qui pourraient influencer, générer un conflit intérieur ou interférer avec ma pratique professionnelle ou mes relations professionnelles en coaching. Je chercherai rapidement une assistance professionnelle pertinente afin de déterminer les mesures à prendre, y compris si c'est nécessaire de suspendre ou de résilier ma relation de coaching chaque fois que les faits et les circonstances l'exigeront.

9. Reconnaître que le Code de Déontologie du coaching s'applique à ma relation avec les clients, les coachés, les étudiants et les personnes mentorées ou supervisées.
10. Mener et publier des travaux de recherche avec compétence et honnêteté et en respectant les normes scientifiques reconnues et les directives applicables dans le domaine. Ma recherche sera effectuée sous réserve du consentement et de l'approbation des personnes impliquées et avec une approche permettant de protéger les participants de tout dommage potentiel. Tous les efforts de recherche seront faits en conformité avec l'ensemble des lois applicables dans le pays dans lequel la recherche est effectuée.
11. Maintenir, stocker et détruire tous les dossiers, y compris les fichiers et les communications électroniques, créés au cours de mes missions de coaching d'une manière qui favorise la confidentialité, la sécurité et la vie privée et qui se conforme à toutes les lois et accords applicables.
12. Utiliser mes coordonnées de membre ICF (adresses e-mail, numéros de téléphone, etc.) tout en respectant la manière et la mesure autorisées par ICF.

Article 2 : Conflits d'intérêts

En tant que coach, je m'engage à :

13. Chercher à être conscient de tout conflit d'intérêts existant ou potentiel, à divulguer ouvertement un tel conflit et offrir de me retirer lorsque survient un conflit.
14. Clarifier les rôles pour les coachs internes, fixer des limites et examiner avec les parties prenantes des conflits d'intérêts qui peuvent surgir entre la fonction de coaching et d'autres fonctions.
15. Divulguer à mon client et au commanditaire toutes les rémunérations que je pourrais recevoir d'un tiers, pour avoir été référencé ou pour recevoir des clients.
16. Assurer une relation coach/client équitable, quelle que soit la forme de rémunération.

Article 3 : Conduite professionnelle avec les clients

En tant que coach, je m'engage à :

17. Parler avec éthique de ce que je sais être vrai pour les clients, les clients prospects ou les commanditaires sur la valeur potentielle du processus de coaching ou ma propre valeur en tant que coach.
18. Expliquer clairement et m'assurer qu'avant ou à la première réunion, mon client et son commanditaire comprennent la nature du coaching, la confidentialité et ses limites, les arrangements financiers et tous les autres termes du contrat de coaching.
19. Avoir un contrat de coaching clair avec mes clients et commanditaires avant le début de la relation de coaching et respecter cet accord. L'accord doit inclure les rôles, les responsabilités et les droits de toutes les parties concernées.
20. Être conscient de ma responsabilité et fixer des limites claires, appropriées et adaptées à leur culture, concernant les interactions physiques ou virtuelles que je peux avoir avec mes clients ou leurs commanditaires.

ICF France
57 rue d'Amsterdam
75008 Paris Cedex
+33 (0) 3 20 91 95 68
contact@coachfederation.fr www.coachfederation.fr

21. Éviter pendant le déroulement d'un contrat de coaching toute relation sexuelle ou sentimentale avec les clients, leurs commanditaires, les étudiants et les coachs mentorés ou supervisés. En outre, je serai attentif à la possibilité d'une quelconque intimité sexuelle entre les parties, y compris les personnes employées par moi. Je prendrai les mesures appropriées pour résoudre le problème ou résilier l'engagement afin de garantir la sécurité de tous.
22. Respecter le droit du client à résilier la relation de coaching à tout moment pendant le processus, sous réserve des dispositions du contrat. Je resterai attentif pour déceler toute altération de la qualité de la relation de coaching.

23. Encourager le client ou le commanditaire pour faire un changement si je crois que le client ou le commanditaire serait mieux servi par un autre coach ou par une autre ressource et suggérer à mon client de solliciter les services d'autres professionnels lorsque cela est jugé nécessaire ou approprié.

Article 4 : Confidentialité/Respect de la vie privée

En tant que coach, je m'engage à :

24. Maintenir les niveaux les plus stricts de confidentialité avec tous les clients, sauf si la loi m'oblige à divulguer certaines informations.
25. Avoir un accord clair sur la façon dont les informations sur le coaching seront échangées entre le coach, le client et le commanditaire.
26. Avoir un accord clair en tant que coach, mentor, superviseur de coaching ou formateur avec le client, le commanditaire, l'étudiant ou la personne mentorée ou supervisée sur les conditions dans lesquelles la confidentialité ne peut être maintenue (par exemple, les activités illégales suite à une ordonnance d'un tribunal ou une assignation ; ou encore un risque imminent ou probable de danger pour soi ou pour les autres ; etc.) et s'assurer que le client, le commanditaire, l'étudiant ou la personne mentorée ou supervisée conviennent volontairement et sciemment par écrit de cette limite de la confidentialité. Si je crois raisonnablement que l'une des circonstances ci-dessus se produit, je dois en informer les autorités compétentes.
27. Exiger que tous ceux qui travaillent avec moi dans le processus de coaching de mes clients se conforment aux normes de confidentialité et de respect de la vie privée du Code de Déontologie d'ICF (Numéro 26, Article 4) et tous les autres articles du Code de Déontologie qui pourraient s'appliquer.

Article 5 : Développement continu

En tant que coach, je m'engage à :

28. Respecter l'obligation de développer en permanence mes compétences professionnelles.

Quatrième Partie : L'engagement déontologique d'ICF

En tant que coach ICF, je reconnais et accepte d'honorer mes obligations éthiques et juridiques envers mes clients de coaching et leurs commanditaires, les collègues et toutes les personnes avec qui je suis en contact. Je promets de respecter le Code de Déontologie d'ICF et d'appliquer ces normes avec ceux que je coache, que je forme, que je mentore ou supervise.

Si je contrevenais à cet engagement de conduite éthique ou à une partie quelconque du Code de Déontologie d'ICF, j'accepte qu'ICF, à sa seule discrétion, m'en tienne responsable. Je suis d'accord en outre que ma responsabilité envers ICF pour tout manquement éthique pourrait inclure des sanctions, comme la perte de mon adhésion à ICF et/ou de mes lettres de créance d'ICF.

Pour plus d'informations sur le processus de Contrôle de Conduite Éthique, ou pour les liens pour déposer une plainte, merci de cliquer ***ici.***
Ce Code de Déontologie a été adopté par le Conseil d'Administration d'ICF Monde en juin 2015.

CODE DE DÉONTOLOGIE DE LA SFCOACH, SOCIÉTÉ FRANÇAISE DE COACHING

Adresse SFCoach :
22, boulevard Sébastopol, 75004 Paris
www.sfcoach.org

Ce code est établi par la Société française de coaching exclusivement pour la pratique du coaching professionnel. Il est opposable à tout membre de la Société française de coaching. Il vise à formuler des points de repères déontologiques, compte tenu des spécificités du coaching en tant que processus d'accompagnement d'une personne dans sa vie professionnelle.

Ce code de déontologie est donc l'expression d'une réflexion éthique ; il s'agit de principes généraux. Leur application pratique requiert une capacité de discernement.

Principes généraux de la SF Coach

Titre 1 – Devoirs du coach

Art. 1-1 – Exercice du coaching

Le coach s'autorise en conscience à exercer cette fonction à partir de sa formation, de son expérience et de sa supervision initiale.

Art. 1-2 – Confidentialité

Le coach s'astreint au secret professionnel.

Art. 1-3 – Supervision établie

L'exercice professionnel du coaching nécessite une supervision. Les membres accrédités de la Société française de coaching sont tenus de disposer d'un lieu de supervision, et d'y recourir à chaque fois que la situation l'exige.

Art. 1-4 – Respect des personnes

Conscient de sa position, le coach s'interdit d'exercer tout abus d'influence.

Art. 1-5 – Obligation de moyens

Le coach prend tous les moyens propres à permettre, dans le cadre de la demande du client, le développement professionnel et personnel du coaché, y compris en ayant recours, si besoin est, à un confrère.

Art. 1-6 – Refus de prise en charge

Le coach peut refuser une prise en charge de coaching pour des raisons propres à l'organisation, au demandeur ou à lui-même. Il indique dans ce cas un de ses confrères.

Titre 2 – Devoirs du coach vis-à-vis du coaché

Art. 2-1 – Lieu du coaching

Le coach se doit d'être attentif à la signification et aux effets du lieu de la séance de coaching.

Art. 2-2 – Responsabilité des décisions

Le coaching est une technique de développement professionnel et personnel. Le coach laisse de ce fait toute la responsabilité de ses décisions au coaché.

Art. 2-3 – Demande formulée

Toute demande de coaching, lorsqu'il y a prise en charge par une organisation, répond à deux niveaux de demande : l'une formulée par l'entreprise et l'autre par l'intéressé lui-même. Le coach valide la demande du coaché.

Art. 2-4 – Protection de la personne

Le coach adapte son intervention dans le respect des étapes de développement du coaché.

Titre 3 – Devoirs du coach vis-à-vis de l'organisation

Art. 3-1 – Protection des organisations

Le coach est attentif au métier, aux usages, à la culture, au contexte et aux contraintes de l'organisation pour laquelle il travaille.

Art. 3-2 – Restitution au donneur d'ordre

Le coach ne peut rendre compte de son action au donneur d'ordre que dans les limites établies avec le coaché.

Art. 3-3 – Équilibre de l'ensemble du système

Le coaching s'exerce dans la synthèse des intérêts du coaché et de son organisation.

Titre 4 – Devoirs du coach vis-à-vis de ses confrères

Art. 4-1-1 – Les membres postulants peuvent, dans toute communication professionnelle les concernant, faire état de leur « engagement écrit à respecter la déontologie de la Société française de coaching ».

Art. 4-1-2 – Selon l'accréditation qu'ils ont reçue, les autres membres ont le droit d'utiliser les appellations déposées ci-dessous dans toute communication professionnelle les concernant :
– pour les membres titulaires : « membre titulaire de la SF Coach » (logo déposé) ;
– pour les membres associés : « membre associé de la SF Coach » (logo déposé).

Art. 4-1-3 – Les droits ci-dessus sont conditionnés au versement effectif par le membre concerné de sa cotisation annuelle appelée.

Art. 4-2 – Obligation de réserve

Le coach se tient dans une attitude de réserve vis-à-vis de ses confrères.

Titre 5 – Recours

Art. 5-1 – Recours auprès de la SF Coach®

Toute organisation ou personne peut recourir volontairement auprès de la Société française de coaching en cas de manquement aux règles professionnelles élémentaires inscrites dans ce code ou de conflit avec un coach de la SF Coach®.

Les auteurs, tous 3 coachs depuis 20 ans, ont fondé le cabinet atout coach www.atoutcoach.fr leur blog : http://blog.atoutcoach.fr

Odile Cluzel a exercé pendant 10 ans au sein d'un service ressources humaines avant de choisir le métier de coach et formatrice en relations humaines. Spécialiste de la conduite du changement individuel et collectif, elle intervient en entreprises et auprès de particuliers. Enseignante en PNL, formée à l'Analyse Systémique, et à la Process Com®, certifiée MBTI®, et Interqualia®. Elle est également enseignante en coaching à l'Institut Repere de Paris et chargée de cours à l'Université de Cergy Pontoise dans le DU Executive coaching.

Francis Colnot, professionnel des médias dans le service public pendant 15 ans, il a également dirigé des projets de communication dans la grande distribution et occupé des fonctions de responsable de la communication en France et à l'étranger.

Maître Praticien en PNL, enseignant certifié et coach agréé Process Com®, formé aux interventions stratégiques et systémiques brèves, certifié MBTI®, Golden® et Interqualia®, il est coach associé de la Société Française de Coaching et membre fondateur de l'Association Européenne de Coaching (EMCC). Co-créateur du DESU de Coaching

Personnel en 2004 à l'Université Paris 8 et ancien chargé de cours du DESU Pratiques du Coaching à l'université Paris 8.

Florence Vitry a exercé durant 20 ans des fonctions de cadre, DRH et de Direction générale dans les secteurs privé et public, où elle a notamment développé une grande expertise de la Fonction Publique Territoriale.

Maître Praticien en PNL, formée à l'Approche systémique orientée solutions, aux interventions systémiques brèves et paradoxales, Praticienne en Coaching Génératif certifiée Interqualia® et aux indicateurs de personnalités MBTI®, Golden® et Process Com® coaching, elle est également membre de l'Association Européenne de Coaching (EMCC) et intervient comme enseignante en coaching à l'Institut Repere ainsi qu'à l'Université de Paris 8 Vincennes Saint-Denis en tant que chargés de cours dans le DESU Pratiques du coaching.

Tous trois sont enseignants et superviseurs de coachs certifiés ESQA (European Supervisors Quality).

Tables des matières

pca
cmb
édition pré-presse
livres numériques

44400 Rezé

901934 - I - OSB80° - PCA - MPN
Achevé d'imprimer par Dupli-Print à Domont (95)
N° d'impression : 2019032564
Dépôt légal : avril 2019
Dépôt légal de la 1re édition : février 2008
www.dupli-print.fr

Imprimé en France